DE L'« ÉCOLE GIFFARD » À L'INSTITUT FRANÇAIS DE GRÈCE (1907-2022)

MONDES MÉDITERRANÉENS ET BALKANIQUES

18

DE L'« ÉCOLE GIFFARD » À L'INSTITUT FRANÇAIS DE GRÈCE (1907-2022)

Nicolas MANITAKIS et Lucile ARNOUX

ÉCOLE FRANÇAISE D'ATHÈNES

2023

École française d'Athènes

Directrice des publications : Véronique Chankowski
Responsable des publications : Bertrand Grandsagne

De l'« École Giffard » à l'Institut français de Grèce (1907-2022)/ Nicolas Manitakis et Lucile Arnoux
Athènes : École française d'Athènes, 2023
ISBN : 978-2-86958-601-7
(Mondes méditerranéens et balkaniques, 1792-0752 ; 18)

1. Écoles françaises -- À l'étranger
2. Institut français de Grèce -- Histoire
3. Français (langue) -- À l'étranger
4. Français langue étrangère -- Grèce -- 20e siècle
5. Politique linguistique

Bibliothèque de l'École française d'Athènes

Préparation des textes : Clara Villain
Suivi éditorial : EFA, Samia Samara
Mise en page : Lina Khanmé (Rome, Italie)
Conception graphique de la couverture : Lina Khanmé (Rome, Italie)
Impression et reliure : Sepec numérique (Péronnas, France)

ISBN 978-2-86958-601-7
ISSN 1792-0752

Préface

Récit d'une histoire partagée, ce livre sur l'Institut français de Grèce est une plongée dans les archives et la mémoire de nos deux établissements. Si l'École et l'Institut relèvent aujourd'hui de deux ministères français différents, avec des missions bien distinctes, leur développement prend naissance dans un attachement à la Grèce qui s'est montré indéfectible au fil du temps. Aussi revenait-il à l'EFA, créatrice du premier Institut, d'offrir à l'IFG ce retour sur ses origines.

Fondée en 1846 pour l'exploration de la Grèce antique et moderne, l'École française d'Athènes se préoccupe alors également de la diffusion de la langue et de la culture françaises, en créant dès 1907, avec l'appui du ministère de l'Instruction publique et de l'ambassade de France en Grèce, une école d'enseignement du français à destination de la jeunesse grecque. Ce premier établissement, qui fonctionnait alors dans l'orbite de l'École française d'archéologie, avec les compétences de ses membres scientifiques et sous l'autorité de son directeur, a connu, malgré les années de guerre, de nombreux développements qui ont favorisé la connaissance mutuelle des cultures grecque et française. Dans les années 1930, l'Institut d'études françaises s'est émancipé progressivement de l'École d'Athènes, tout en restant pour un temps sous sa tutelle administrative et financière, avant de devenir en 1946 un établissement doté d'un statut propre, sous l'autorité de son premier directeur Octave Merlier.

Né d'une mission de renforcement de la présence française, l'Institut français s'est ouvert dès ses débuts à la société hellénique de son temps, tissant des liens durables avec les Grecs, autour de la langue et de la culture. Sous l'occupation allemande durant la Seconde Guerre mondiale, puis dans les troubles de la guerre civile, l'équipe de l'Institut, tout comme celle de l'EFA, s'est tenue aux côtés des Grecs : l'organisation de l'expédition du Mataroa en fut assurément le témoignage le plus marquant. Dans les années d'après-guerre, c'est un véritable réseau d'enseignement culturel français qui s'est développé, promouvant des pédagogies innovantes et jetant des ponts vers les universités françaises, publiant aussi les travaux de nombreux intellectuels athéniens avant que des institutions grecques ne prennent le relais. Dans l'animation de la vie culturelle athénienne, proposant expositions, films et conférences, accueillant à Athènes artistes et intellectuels français, l'Institut a occupé une place déterminante dans le dialogue des cultures.

Aujourd'hui, l'École française d'Athènes développe ses missions de recherche, de formation et de diffusion des savoirs sur les mondes grecs et balkaniques, sous l'égide du ministère de l'Enseignement supérieur et de la Recherche. Elle tisse pour la recherche un réseau dense de partenariats internationaux. L'Institut français de Grèce, au sein du ministère de l'Europe et des Affaires étrangères, répond à sa vocation de diffusion de la langue et de la culture françaises en Grèce et à la mise en place de coopérations durables entre institutions de nos deux pays, notamment en matière éducative et universitaire. Nos deux établissements, différents et complémentaires, trouvent de multiples complicités, non seulement par la proximité géographique de leurs implantations, mais surtout dans leur profonde amitié pour la Grèce, tissée tant dans les joies que dans les épreuves politiques et économiques partagées au fil des décennies. L'une du côté de la recherche, l'autre du côté de l'éducation et de la culture, sont des passeurs entre la France et la Grèce, entre les Français et les Grecs dans toute leur diversité d'hier et d'aujourd'hui. Nous sommes particulièrement reconnaissants à Lucile Arnoux-Farnoux et à Nicolas Manitakis, auxquels l'IFG et l'EFA ont ouvert leurs archives, ainsi qu'aux Éditions de l'EFA pilotées par Bertrand Grandsagne, d'avoir joint leurs compétences pour permettre à toutes et tous de découvrir cette histoire philhellène.

Athènes, juin 2023

Véronique Chankowski
Directrice de l'École française d'Athènes

Nicolas Eybalin
Conseiller de coopération et d'action culturelle, Directeur de l'Institut français de Grèce

Ce livre est dédié à la mémoire d'Isabelle Auriault (1958-2020).

Enseignante de 1989 à 1994 à l'annexe de l'Institut français d'Athènes à Cholargos et brièvement à l'annexe d'Ambelokipi ainsi qu'à l'Institut central, responsable des manifestations de 1995 à 1998, puis adjointe de l'attaché culturel jusqu'en mars 2018, elle a effectué un travail précieux, unanimement reconnu et apprécié. Son amour et sa connaissance de la Grèce, sa vaste culture, les liens qu'elle a su forger avec tous les acteurs du monde culturel grec, joints à sa personnalité chaleureuse et volontaire ont été des atouts majeurs pour l'institution qu'elle a servie avec dévouement.

Sigles et abréviations utilisés

ACE : Associations, culture et enseignement
ADN : Archives diplomatiques de Nantes
AEFA : Archives de l'École française d'Athènes
AIFG : Archives de l'Institut français de Grèce
AMAE : Archives du ministère des Affaires étrangères
AN : Archives nationales
AOM : Archives Octave Merlier
BCH : Bulletin de correspondance hellénique
CEAM : Centre d'études d'Asie Mineure
DGRC : Direction générale des relations culturelles
DGRCST : Direction générale des relations culturelles, scientifiques et techniques
EFA : École française d'Athènes
EHESS : École des hautes études en sciences sociales
EPHE : École pratique des hautes études
IFA : Institut français d'Athènes
IFG : Institut français de Grèce
ISEF : Institut supérieur d'études françaises
MAE : ministère des Affaires étrangères
c. : carton

Introduction

L'Institut français de Grèce est une institution centenaire, ce qui lui confère une place à part dans le paysage culturel athénien. À l'exception des écoles archéologiques, en effet, rares sont les établissements de ce genre qui disposent d'un passé aussi long. L'Institut français est bien la plus ancienne des institutions étrangères éducatives et culturelles ayant fait leur apparition en Grèce au cours du XXe siècle. À titre de comparaison, rappelons que l'Instituto italiano di cultura d'Athènes y est fondé au début des années 1930, la Deutsche Akademie d'Athènes, l'ancêtre du Goethe Institut, en 1933, l'Institute of English Studies (British Council) en 1938, et enfin l'Instituto Cervantes (d'abord Instituto Cultural Español « Reina Sofia ») en 1976[1]. Créé au début du XXe siècle, l'institut a dépassé avec succès le cap du XXIe siècle, sans que sa capacité à rayonner, à produire une riche œuvre culturelle et éducative, à agir comme un médiateur culturel entre la France et la Grèce et à interagir avec la société grecque sur plusieurs niveaux en soit affectée. Cette longévité, couplée avec une indéniable réussite, est bien la preuve d'une réelle capacité d'adaptation et de transformation au cours du temps.

Car, si les missions d'enseignement et de promotion de la culture française ont bien cent ans, elles ont été assumées par des institutions au profil et au périmètre variables. L'établissement, qui ne s'est pas toujours appelé Institut français d'Athènes, a en effet connu trois périodes bien distinctes dans sa longue existence, séparées par une profonde rupture. Dans la première, de 1907 à 1945, comme école annexée à l'École française d'Athènes, puis comme Institut supérieur d'études françaises, il est avant tout un établissement éducatif, avec des visées scientifiques, sous l'autorité de l'École française d'Athènes, qui l'a fondé. Ce n'est qu'en 1946 qu'il devient un établissement éducatif culturel dépendant du ministère des Affaires étrangères et obtient son autonomie totale vis-à-vis de l'EFA. Cette période, qui s'étend du début du XXe siècle jusqu'à la Libération, forme la première partie de ce livre. C'est le temps de la *genèse* de l'institution.

1. Koutsoukou 2008, p. 122-123 ; Petritsi 2015 ; https://atenas.cervantes.es/gr/about_us_centre_spanish.htm.

Il s'ensuit une deuxième période, presque aussi longue, allant de la deuxième moitié des années 1940 jusqu'aux années 1980, marquée notamment par le changement de taille de l'institut. Ses cours sont désormais fréquentés par des milliers d'élèves et son personnel comprend plusieurs centaines d'enseignants, majoritairement autochtones. Des dizaines d'annexes sont fondées dans plusieurs quartiers d'Athènes et du Pirée, ainsi que dans une quinzaine de villes de province, faisant ainsi de l'Institut français un établissement d'enseignement de la langue français à caractère panhellénique, présent sur une large partie du territoire de la Grèce. Sous l'impulsion de son premier directeur charismatique Octave Merlier et de son adjoint Roger Milliex, ainsi que de certains de leurs successeurs tout aussi inspirés, tels que Jean-Marie Drot, l'institution développe une très riche activité culturelle, allant de l'organisation de conférences et de tables rondes jusqu'à des projections cinématographiques et à la tenue d'expositions à caractère artistique ou littéraire. C'est aussi au cours de cette période qu'elle se transforme en éditeur, assurant la production de centaines de livres à caractère littéraire, artistique ou scientifique, grâce notamment à son service d'édition, à ses installations typographiques et à son personnel spécialisé. Au cours de ces quatre décennies, l'Institut devient une grosse structure, bouillonnant de dynamisme.

Cet âge de l'*expansion* touche à sa fin lors des deux dernières décennies du XXe siècle. Sous l'effet d'une profonde crise de fréquentation donnant lieu à une érosion continue des effectifs, l'institution, passée sous la houlette du ministère des Affaires étrangères et faisant partie intégrante de l'ambassade de France à Athènes, entame une profonde réorganisation de son mode de fonctionnement, ainsi que des ses activités. C'est bien ainsi une nouvelle ère qui débute dans les années 1980. Tout en maintenant un certain nombre d'activités éducatives, l'Institut français d'Athènes recentre progressivement son action sur le domaine culturel, aidé en cela par une politique de partenariats qu'il développe avec des acteurs culturels locaux. Tout en continuant à accomplir, comme dans le passé, un certain nombre de missions, telles que la promotion du cinéma et de l'édition française, la traduction d'œuvres françaises en langue grecque ou le soutien aux études universitaires en France, il s'investit dans de nouvelles tâches, comme la certification de connaissances en langue française. Les dernières décennies du XXe siècle marquent ainsi un indéniable tournant dans son histoire. C'est bien l'âge de la *mutation*. En témoignent également le rétrécissement de son appareil institutionnel et la réduction de la taille de son personnel. Redimensionnée, l'institution change également de nom, renommée dans les années 2010 Institut français de Grèce. Elle maintient toujours, par ailleurs, une présence hors de la capitale, assurant le fonctionnement d'annexes dans les villes de Patras et Larissa.

Confrontée tout au long de son histoire centenaire à de nombreux défis, l'institution a su, chaque fois, faire face avec succès et aller de l'avant. C'est de cette histoire complexe que le présent ouvrage entend rendre compte. L'ambition de ce livre est plus précisément d'apporter un aperçu d'ensemble, de proposer un schéma interprétatif permettant de mieux saisir l'évolution dans le temps de l'établissement français de la rue Sina tout au long de ses 115 ans d'existence. Il n'est nullement dans l'intention des auteurs de ce livre de retracer minutieusement l'ensemble des faits liés à l'institution. Enumérer les très nombreuses manifestations organisées par l'Institut, notamment au cours des dernières décennies, s'avère d'ailleurs une tâche extrêmement difficile à réaliser, tant ses initiatives se sont multipliées au cours de cette période. L'état actuel des sources ne nous le permet pas, d'ailleurs, les archives récentes de l'institution étant encore en cours de classement. Il reste, certainement, d'autres recherches encore à mener sur l'histoire de l'Institut ; nous espérons que la présente étude pourra, au moins, servir de « boussole » et faciliter la tâche des chercheurs à venir.

Nous tenons à remercier Mikaël Hautchamp, directeur de l'IFG de 2017 à 2019, qui est à l'origine du projet de ce livre et qui nous a généreusement facilité l'accès aux fonds d'archives de l'établissement. Nous sommes également redevables à ses successeurs, Patrick Comoy (2019-2021) et Nicolas Eybalin (2021-), qui nous ont apporté un soutien constant pour sa réalisation. Tout au long de ces années, nous avons pu compter, par ailleurs, sur l'appui sans faille de Cécile Petit, assistante de direction, et de Christine Pourret, responsable de la Bibliothèque. L'illustration de cet ouvrage a été considérablement enrichie par les recherches iconographiques de Diamantis Diamantopoulos. Ce livre a aussi beaucoup bénéficié des discussions que nous avons eues jusqu'à sa disparition avec Isabelle Auriault, qui s'est montrée très intéressée dès le début par l'entreprise. Nous sommes très reconnaissants à Véronique Chankowski, directrice de l'École française d'Athènes, d'avoir accepté d'accueillir ce livre dans la prestigieuse collection Mondes Méditerranéens et Balkaniques des éditions de l'EFA. Nous tenons, enfin, à remercier chaleureusement Bertrand Grandsagne et l'équipe du service des publications pour le soin apporté à l'édition de cet ouvrage.

Genèse (1907-1946)

Sous la tutelle de l'École française d'Athènes

Diffuser la langue française : une mission datant du XIXe siècle

L'École française d'Athènes, fondée en 1846 sous le règne de Louis-Philippe, est à la fois la plus ancienne des Écoles françaises à l'étranger – sa cadette, l'École française de Rome, n'a été créée qu'en 1875 – et le plus ancien établissement scientifique étranger à Athènes, devançant d'une quarantaine d'années l'École américaine d'études classiques (1881) et l'École anglaise (1886). Elle a pour vocation principale l'étude de la civilisation hellénique sous toutes ses formes et à toutes les époques, depuis l'Antiquité jusqu'à nos jours ; cependant la diffusion de la langue et de la culture françaises fait aussi partie de ses missions premières, inscrites en 1846 dans l'Ordonnance de fondation :

> L'École française d'Athènes pourra ouvrir, avec l'autorisation de S. M. le roi de la Grèce, des cours publics et gratuits de langue et de littérature françaises et latines. Ses membres pourront, à la demande du Gouvernement grec, professer dans l'Université et les écoles grecques tous les cours compatibles avec leurs études. Ils seront institués en Commission des lettres pour conférer le baccalauréat ès lettres aux élèves des écoles françaises et latines de l'Orient, qui ont reçu ou qui recevraient le plein exercice de l'Université de France[1].

Cette vocation est ensuite réaffirmée, en des termes quasiment identiques, en 1850 par l'Académie des Inscriptions et Belles-Lettres lorsqu'elle devient l'autorité de tutelle de l'École[2]. L'académicien chargé du premier rapport sur l'École française d'Athènes place l'enseignement du français sur le même plan que les études archéologiques et, il faut le

1. AEFA, Ordonnance de fondation de l'École française d'Athènes, 11 septembre 1846.
2. Rapport à l'Académie des Inscriptions et Belles-Lettres au nom de la commission chargée de préparer les propositions destinées à régulariser les travaux de l'École française d'Athènes, 8 mars 1850, p. 4.

noter, que l'étude du « grec vulgaire », c'est-à-dire du grec moderne, tel qu'il est parlé, par opposition au grec ancien : « Trois objets principaux ont occupé jusqu'ici les élèves membres de l'École d'Athènes : le grec vulgaire, les études archéologiques, historiques et littéraires, et, pour quelques-uns, les cours de langue et de littérature française faits à la jeunesse du pays[3]. » En effet, l'une des fonctions de l'École est d'assurer la présence de la culture française en Grèce, comme le rappelle en 1858 un autre académicien : « L'École d'Athènes n'est pas seulement, aux yeux de l'Empereur comme à ceux de l'Institut, une mission scientifique permanente de la France en Grèce ; elle est comme la garde avancée de l'esprit français et de la civilisation française au berceau même de la civilisation et à la porte de l'Orient[4]. »

L'École assume cette dernière mission, comme le prévoit l'ordonnance de fondation, non seulement en conférant le baccalauréat ès lettres aux élèves des écoles françaises d'Orient, fonction qu'elle exercera sans discontinuer jusqu'à la fin des années 1980, mais aussi, plus généralement, en supervisant l'enseignement qui y est dispensé. Les membres sont régulièrement chargés d'inspecter les écoles religieuses du Levant placées sous la tutelle de l'EFA, en particulier les nombreux établissements tenus par les Lazaristes. En mai 1847, le ministre de France Piscatory propose ainsi au directeur Daveluy une mission à Smyrne ou à Constantinople pour y examiner les écoles des Lazaristes[5]. C'est finalement Emmanuel Roux qui l'effectue, en juillet de la même année[6], tandis que Charles Benoît inspecte les établissements de Santorin, à l'occasion de son voyage dans l'Archipel grec[7] et Louis Lacroix ceux d'Alexandrie, lors d'une mission scientifique sur le Nil[8].

Dans les premières années de son existence, de 1847 à 1849, à l'instigation du diplomate Piscatory, l'École tente également de mettre en place les cours publics gratuits évoqués par l'ordonnance de 1846. Ces cours remportent au début un grand succès, comme le raconte Georges Radet dans *L'Histoire et l'œuvre de l'École française d'Athènes*[9], mais l'expérience est sans lendemain, faute d'une organisation et d'une structure adéquates. C'est seulement au début du XXe siècle que cette mission ancienne peut enfin donner lieu à une véritable mise en œuvre, avec création d'un établissement, construction de locaux, établissement de programmes et recrutement de professeurs.

3. Rapport à l'Académie des Inscriptions et Belles-Lettres au nom de la commission chargée de préparer les propositions destinées à régulariser les travaux de l'École française d'Athènes (8 mars 1850), p. 5.
4. Joseph-Daniel Guigniaut, « Rapport de la Commission chargée d'examiner les travaux de l'École française d'Athènes », Comptes rendus des séances de l'Académie des Inscriptions et Belles-Lettres, 2e année, 1858, p. 317-356 ; citation p. 356.
5. Radet 1898, p. 20.
6. *Ibid.*, p. 21.
7. Benoit 1850.
8. Lacroix 1850.
9. Radet 1901, p. 76-78 ; voir aussi Radet 1898, p. 29, 35, 37.

Une annexe scolaire à l'usage des jeunes Grecs

L'initiative en revient à Théophile Homolle, directeur de l'École française d'Athènes de 1890 à 1903 (**fig. 1**). Inquiet des progrès de la propagande intellectuelle allemande en Grèce, il a l'idée de la contrer en créant une école afin, d'une part, de favoriser la diffusion de la langue et de la culture françaises et, d'autre part, de former les professeurs de français en Grèce, sujet qui le préoccupe depuis la fin des années 1890. Homolle doit batailler ferme pour convaincre le ministère de l'Instruction publique du bien fondé de son projet, car aucun établissement similaire n'existe alors. Il trouve heureusement en 1902 un allié en la personne de Charles Bayet, directeur de l'enseignement primaire au ministère de l'Instruction publique et des Beaux-Arts, et sait persuader Olivier d'Ormesson, le ministre de France à Athènes, d'agir également en faveur de l'entreprise.

Reste la question du financement. Après avoir envisagé diverses combinaisons, il est décidé d'utiliser le reliquat d'un legs fait à l'État français par l'ingénieur Henry Giffard. Les réticences initiales de l'exécuteur testamentaire sont rapidement levées, grâce à l'intervention personnelle d'Olivier d'Ormesson, et un décret daté du 29 mai 1903 attribue 115 000 francs à l'École française d'Athènes sur le reliquat du legs Giffard afin de créer une école primaire à Athènes – d'où le nom communément employé d'« école Giffard » pour désigner l'établissement, au début de son existence. Le 17 juin 1903, le directeur Théophile Homolle écrit au ministre de l'Instruction publique grec pour lui présenter le projet :

Fig. 1 — L'École française d'Athènes, 1900. © Archives Photographiques ELIA-MIET.

> Cette somme est destinée, dans mon esprit, et avec l'autorisation du ministre de l'Instruction publique, à fonder à Athènes une école laïque d'enseignement français pour les garçons.
> Durant le long séjour que j'ai fait en Grèce, j'ai recueilli souvent les doléances de mes compatriotes, des étrangers ou des indigènes qui, désireux de faire donner à leurs enfants une éducation française, n'en trouvaient pas les moyens. J'ai également entendu à plusieurs reprises des particuliers, des députés ou des ministres, déplorer l'insuffisante préparation des professeurs chargés, dans les gymnases, de l'enseignement du français, et exprimer le désir qu'ils pussent, sous des maîtres français, recevoir une préparation spéciale et efficace qui les rendît plus capables d'enseigner avec compétence et avec fruit.
> Il m'a semblé qu'il y avait là un double service à rendre et c'est dans ce but que j'ai commencé, il y a plusieurs années déjà, les négociations qui ont abouti à la concession du legs Giffard[10].

Cette nouvelle école, à la différence des institutions religieuses qui enseignent depuis longtemps le français en Grèce, serait laïque, « afin d'écarter toute susceptibilité confessionnelle », et devrait comporter, selon Homolle, un double enseignement, répondant aux deux catégories d'élèves qui pourraient la fréquenter : d'une part, « les enfants qui viendraient y chercher l'enseignement français suivant nos méthodes et nos programmes, ou exclusivement l'enseignement du français » et, d'autre part, « les élèves, candidats aux chaires de français dans les gymnases helléniques, qui voudraient se perfectionner dans la connaissance théorique et la pratique de la langue française, et étudier l'histoire de la littérature française ». L'établissement aurait un caractère privé, puisque « fondé sur une libéralité d'un particulier », mais offrirait « toutes les garanties de l'enseignement public » puisque les maîtres seraient « choisis parmi les meilleurs dans le cadre métropolitain et détachés [en Grèce] avec la jouissance de tous leurs droits ». Enfin, en ce qui concerne « l'enseignement spécial de la langue française », les horaires seraient prévus de telle sorte que les enfants et les jeunes gens puissent le recevoir tout en suivant les cours du gymnase. Afin d'éviter tout soupçon d'empiètement sur des prérogatives nationales et de ménager les susceptibilités, Homolle conclut sa lettre par ces propos rassurants : « Nous voulons nous faire les auxiliaires et non point les concurrents de l'enseignement public ou privé en Grèce, et nous croyons, en facilitant l'étude de notre langue, répondre à la fois à un désir presque général des familles et à un des besoins du personnel enseignant[11]. »

On voit qu'en fait, à l'origine, l'établissement est censé s'adresser non pas à deux mais bien à trois publics différents : les enfants désirant suivre une scolarité à la française, selon

10. AEFA, 1 ACE 1, Lettre de Théophile Homolle au ministre de l'Instruction publique grec, Athènes, 17 juin 1903.

11. *Ibid.*

les méthodes et les programmes mis en œuvre dans les établissements de la métropole (« nos méthodes et nos programmes »), ceux souhaitant suivre exclusivement des cours de français, et les jeunes gens se destinant à devenir professeurs de français dans les établissements secondaires grecs et voulant dans ce but améliorer leur connaissance de la langue et de la littérature françaises. La structure envisagée par Homolle doit en quelque sorte être à la fois une école française, une école de langue et une École normale. C'est extrêmement ambitieux, et sans commune mesure avec les moyens qui seront réellement accordés par le ministère.

Une originalité supplémentaire du projet tient au fait qu'il s'adresse avant tout aux Grecs, et non aux enfants des ressortissants français habitant à Athènes : « Il importe de ne pas perdre de vue que cette école n'est pas destinée à instruire dans leur langue maternelle les jeunes Français, d'ailleurs très rares, qui peuvent habiter Athènes. Elle est au contraire et avant tout une école d'enseignement français à l'usage de jeunes Grecs qui voudront faire sur place leurs études primaires dans notre langue[12] », écrit en 1905 Maurice Holleaux, le successeur de Théophile Homolle à la direction de l'EFA (1903-1912). Cela la distingue à ses yeux des écoles allemande et italienne existantes, destinées en priorité à dispenser l'enseignement national aux enfants des communautés allemande et italienne, très nombreuses l'une et l'autre, et qui n'admettent qu'exceptionnellement de jeunes Grecs.

Une fois obtenue l'affectation du reliquat du legs Giffard, Maurice Holleaux négocie l'achat des terrains jouxtant la parcelle sur laquelle s'élève l'École, dans le rectangle formé par le haut de la rue Sina et la perpendiculaire, la rue Arachovis (aujourd'hui rue Octave Merlier). Il presse le ministère de conclure la vente au plus vite, car le change est très défavorable, le franc a perdu « vingt points en un an » et continue de baisser par rapport à la drachme, ce qui fait monter le prix des terrains. « Une semaine peut nous coûter un ou deux pour cent[13] », écrit-il au ministre de l'Instruction publique. Les terrains sont finalement acquis pour la somme de 89 000 francs et Joseph Replat, l'architecte de l'EFA, est chargé d'un devis estimatif pour la destruction d'une des maisons de la rue Sina – les deux autres sont conservées à des fins de logement – et la construction d'un nouveau bâtiment. Les 25 000 francs restant de la dotation initiale se révèlent insuffisants, en raison de la hausse des prix, si bien qu'on doit se contenter de construire un simple rez-de-chaussée, ne comprenant que deux salles de classes, et trouver de nouvelles ressources pour l'achat du matériel et la rémunération des maîtres.

La Loi de Finances du 17 avril 1906 ouvre au budget de l'EFA un crédit supplémentaire et permanent de 7 700 francs pour les traitements du personnel – un instituteur primaire et un instituteur-adjoint d'école primaire supérieure, qui seront détachés à l'EFA. Il n'est déjà plus question, on le voit, de nommer un professeur d'École normale, comme l'envisageait

12. AEFA, 1 ACE 1, Maurice Holleaux, « Rapport du directeur de l'EFA au ministre de l'Instruction publique », 1905.

13. AEFA, 1 ACE 5, Lettre de Maurice Holleaux au ministre de l'Instruction publique, 28 avril 1904.

Holleaux, afin d'enseigner la langue, la littérature et l'histoire à des élèves-maîtres, candidats à l'enseignement du français dans les gymnases helléniques. Cette loi désigne officiellement l'établissement comme « École primaire annexée à l'École française d'Athènes », puisqu'elle a été conçue à l'origine comme une école primaire, devant dispenser un enseignement élémentaire complet. Quelques jours plus tard, d'ailleurs, une lettre du ministère annonce l'envoi du matériel qui équipe ordinairement ce type d'établissement : un globe terrestre, huit cartes Vidal-Lablache, quatre cartes Bonnefont, un nécessaire métrique, une collection de tableaux géographiques et une collection de tableaux d'histoire naturelle[14]. En juillet 1907, le ministère de l'Instruction publique grec donne l'autorisation d'exercer et l'ouverture effective a lieu à l'automne 1907, date généralement retenue comme étant celle de la « fondation » de l'établissement (**fig. 2-3**).

Le recrutement des enseignants se révèle cependant plus compliqué que prévu, en raison de l'éloignement de la métropole et des conditions financières peu intéressantes qui sont faites. Un certain nombre de candidats qui se sont déclarés dans un premier temps se retirent finalement, invoquant l'insuffisance du traitement ou diverses raisons personnelles. Faute de candidats présentant les qualités requises, on ne peut engager qu'un seul instituteur pour la première rentrée, et encore avec difficulté, au lieu des deux prévus à l'origine. En juillet 1907, le choix se porte finalement sur un certain Jean Courtiau, instituteur de 5e classe dans les Landes, qui est mis à disposition du directeur de l'EFA pour exercer ses fonctions à l'École primaire annexée à cet établissement, à compter du 1er septembre 1907. On doit par conséquent renoncer, au moins dans l'immédiat, non seulement au projet de former des futurs professeurs de français, mais aussi à celui de dispenser un enseignement général. À l'automne 1907, seul un cours élémentaire de français est ouvert, au terme duquel un diplôme est délivré aux élèves (**fig. 4**). Heureusement, dès la deuxième année, une solution providentielle se présente en la personne de l'helléniste Louis Roussel. Membre de l'EFA de 1906 à 1908, linguiste et grammairien[15], Louis Roussel (1881-1971) s'est orienté durant son séjour à Athènes vers l'étude de la langue et de la civilisation grecques modernes. En octobre 1908, il est donc délégué dans les fonctions de Professeur d'École primaire supérieure et mis à disposition du directeur de l'EFA, à compter du 1er novembre 1908. Son dévouement et ses dons de pédagogue font merveille à l'« École Giffard », où il enseigne d'abord de 1908 à 1911, puis de nouveau de 1917 à 1924, en tant que professeur principal, période durant laquelle il joue un rôle déterminant dans l'évolution de l'établissement.

14. AEFA, 1 ACE 1, Lettre du ministère de l'Instruction publique au directeur de l'EFA, Paris, 4 mai 1906.

15. ROUSSEL 1921a.

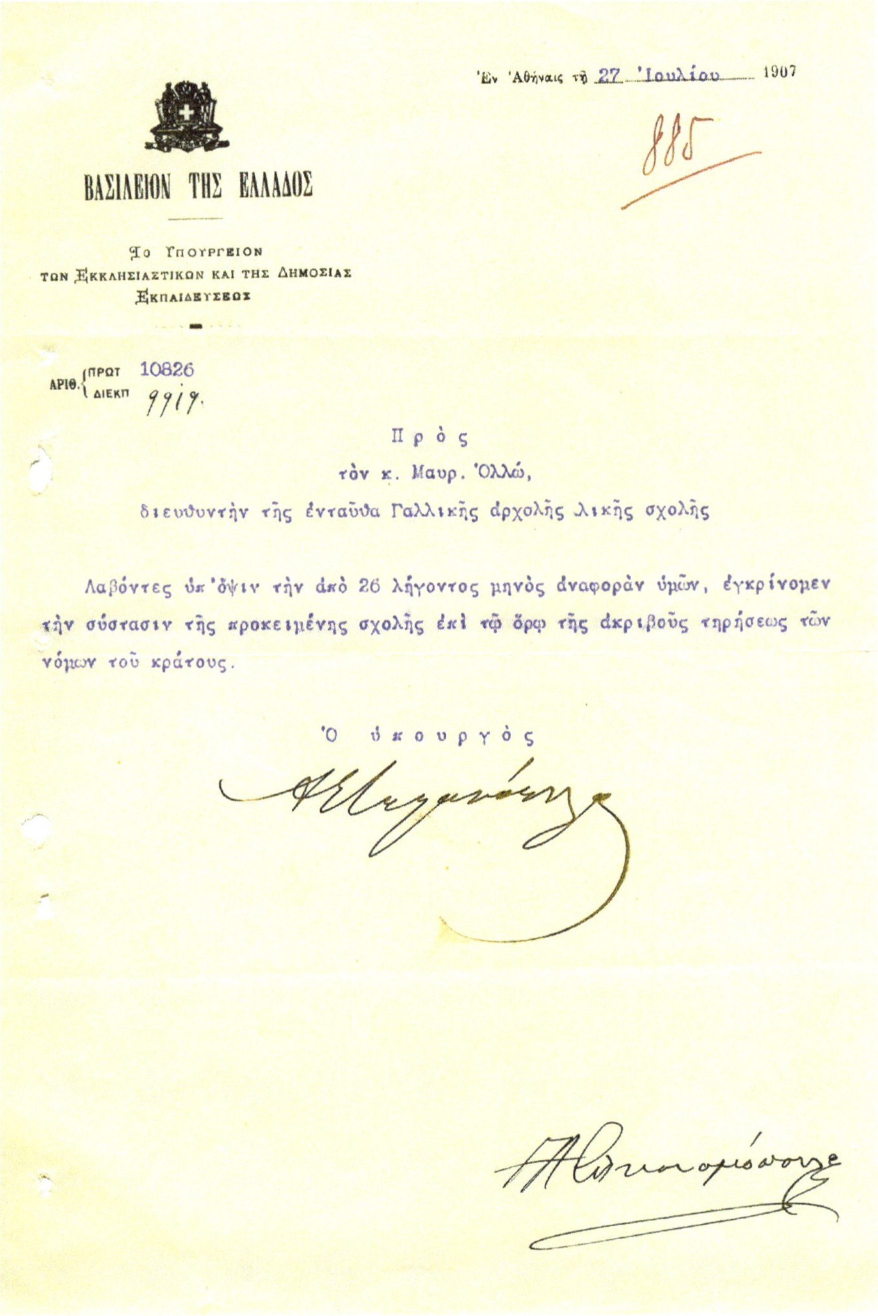

Ἐν Ἀθήναις τῇ 27 Ἰουλίου 1907

885

ΒΑΣΙΛΕΙΟΝ ΤΗΣ ΕΛΛΑΔΟΣ

Τὸ Υπουργεῖον
ΤΩΝ ΕΚΚΛΗΣΙΑΣΤΙΚΩΝ ΚΑΙ ΤΗΣ ΔΗΜΟΣΙΑΣ
ΕΚΠΑΙΔΕΥΣΕΩΣ

ΑΡΙΘ. ΠΡΩΤ 10826
ΔΙΕΚΠ 9919.

Πρὸς
τὸν κ. Μαυρ. Ὀλλώ,
διευθυντὴν τῆς ἐνταῦθα Γαλλικῆς ἀρχολῆς λικῆς σχολῆς

Λαβόντες ὑπ'ὄψιν τὴν ἀπὸ 26 λήγοντος μηνὸς ἀναφορὰν ὑμῶν, ἐγκρίνομεν τὴν σύστασιν τῆς προκειμένης σχολῆς ἐπὶ τῷ ὅρῳ τῆς ἀκριβοῦς τηρήσεως τῶν νόμων τοῦ κράτους.

Ὁ ὑπουργός

Fig. 2 — Autorisation d'ouverture de l'École primaire annexée à l'École française d'Athènes en 1907.

ÉCOLE FRANÇAISE
D'ATHÈNES

ÉCOLE PRIMAIRE FRANÇAISE

1907

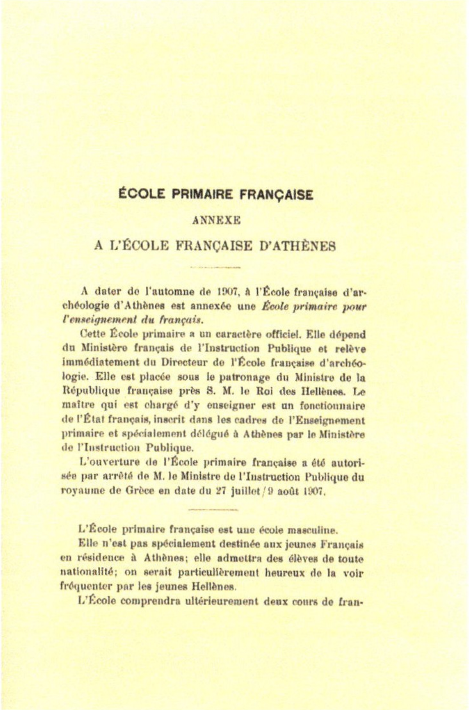

ÉCOLE PRIMAIRE FRANÇAISE

ANNEXE

A L'ÉCOLE FRANÇAISE D'ATHÈNES

A dater de l'automne de 1907, à l'École française d'archéologie d'Athènes est annexée une *École primaire pour l'enseignement du français.*

Cette École primaire a un caractère officiel. Elle dépend du Ministère français de l'Instruction Publique et relève immédiatement du Directeur de l'École française d'archéologie. Elle est placée sous le patronage du Ministre de la République française près S. M. le Roi des Hellènes. Le maître qui est chargé d'y enseigner est un fonctionnaire de l'État français, inscrit dans les cadres de l'Enseignement primaire et spécialement délégué à Athènes par le Ministère de l'Instruction Publique.

L'ouverture de l'École primaire française a été autorisée par arrêté de M. le Ministre de l'Instruction Publique du royaume de Grèce en date du 27 juillet/9 août 1907.

L'École primaire française est une école masculine.

Elle n'est pas spécialement destinée aux jeunes Français en résidence à Athènes; elle admettra des élèves de toute nationalité; on serait particulièrement heureux de la voir fréquenter par les jeunes Hellènes.

L'École comprendra ultérieurement deux cours de fran-

Fig. 3 — Brochure de l'École primaire annexée à l'École française d'Athènes, 1907. © École française d'Athènes.

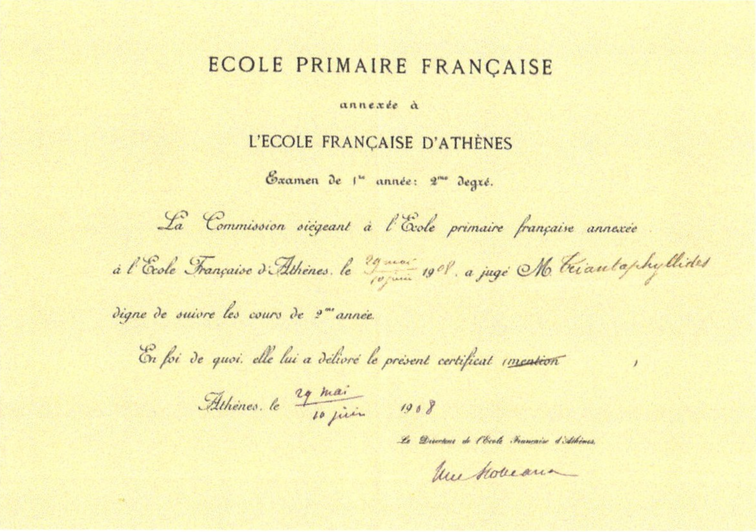

ECOLE PRIMAIRE FRANÇAISE

annexée à

L'ECOLE FRANÇAISE D'ATHÈNES

Examen de 1re année: 2me degré.

La Commission siégeant à l'École primaire française annexée à l'École Française d'Athènes, le 29 mai / 10 juin 1908, a jugé M. Triantaphyllides digne de suivre les cours de 2me année.

En foi de quoi, elle lui a délivré le présent certificat ~~mention~~

Athènes, le 29 mai / 10 juin 1908

Le Directeur de l'École Française d'Athènes.

Fig. 4 — Certificat d'études de l'École primaire annexée à l'École française d'Athènes, 1908. © École française d'Athènes.

Un développement rapide et régulier

Croissance des effectifs et diversification des cours

De 1907 jusqu'à la Deuxième Guerre mondiale, l'École primaire annexée à l'EFA connaît un développement rapide et régulier sous l'autorité des directeurs successifs de l'EFA. Le nombre de cours dispensés augmente peu à peu. Dès la deuxième rentrée, en novembre 1908, la présence de Louis Roussel permet d'ouvrir une seconde année. Jusqu'en 1911-1912, seul existe ce « cours mixte », ouvert aux élèves des deux sexes, sans limite d'âge. L'école, conçue à l'origine comme un établissement réservé aux garçons, accueille en effet également les filles, ce qui est tout à fait novateur et progressiste pour l'époque et ne manque pas de poser problème dans un pays où, comme en France d'ailleurs, on ne pratique pas encore la mixité à l'école. Ce cours se fait en deux années, séparées par un examen, et prépare à un diplôme décerné par l'école à la suite d'un examen écrit et oral. Il ne s'adresse pas à des débutants, la connaissance du français usuel est exigée, car il se déroule en français, selon la méthode dite « directe » ; chacun de ces deux cours, de 1re et de 2e année, correspond à une durée totale de quatre fois une heure trente, soit six heures hebdomadaires, de novembre à mai. L'enseignement est à la fois théorique et pratique : vocabulaire, grammaire et explications de textes en première année, explications de textes, expression écrite et orale, cours d'histoire de la littérature française et composition française en deuxième année. L'examen final est difficile : en 1909, on demande aux élèves une dissertation sur chacun des deux auteurs étudiés pendant l'année, Victor Hugo et Anatole France, ainsi que deux explications écrites, l'une sur un texte de Victor Hugo, l'autre sur un texte d'Anatole France, et deux explications de textes également à l'oral. De sorte que sur trente-cinq bons élèves ayant commencé leurs études en 1907, seuls deux sont reçus en 1909. Par la suite, la difficulté est davantage adaptée au niveau des élèves, et surtout les professeurs s'efforcent d'inculquer à ces derniers, parallèlement à la correction de la langue et à des rudiments d'histoire littéraire, les qualités de clarté et de précision qui, d'après eux, leur font cruellement défaut.

Le public de ces premiers cours est extrêmement hétérogène, composé d'abord majoritairement d'adultes. En 1908-1909, sur 58 inscrits au cours de 1re année, on dénombre 32 étudiants, 14 fonctionnaires et 11 personnes exerçant une profession libérale[16]. Par la suite, le nombre d'adultes engagés dans la vie active diminue et aux étudiants s'ajoutent les élèves des grandes classes du gymnase, la limite d'âge pour s'inscrire ayant été fixée à 13 ans. En 1910-1911, par exemple, sur 146 inscrits au total (pour les deux années), il y avait 26 « dames et jeunes filles », 44 étudiants dont 35 en droit, 21 élèves de gymnase, 13 employés, 2 avocats et 36 personnes sans profession déclarée (**fig. 5**)[17].

16. AEFA, 1 ACE 14, Jean Courtiau, « Rapport d'activités pour l'année 1908-1909 ».

17. AEFA, 1 ACE 14, Jean Courby, « Rapport d'activités pour l'année 1910-1911 ».

Fig. 5 — Élèves et enseignants de l'École Giffard en 1914. © Archives familiales Courby.

Le Cours supérieur pour les jeunes filles est créé à la rentrée 1912, sous la deuxième direction de Théophile Homolle (1912-1913). Pourquoi avoir réservé ce « cours supérieur » à un auditoire féminin et en avoir exclu, au moins dans un premier temps, les jeunes gens ? Homolle, dans son rapport au ministère, justifie ce choix en expliquant que, d'une part, les jeunes filles ont un meilleur niveau que les garçons et sont plus intéressées par la littérature et que, d'autre part, elles sont habituées à l'enseignement non mixte en Grèce. Les garçons en effet, peu accoutumés eux-mêmes à la mixité, se montrent souvent peu courtois, effarouchant les demoiselles[18]. Il s'agit donc d'amener à l'établissement un public intéressant, car doté d'un bon niveau de français et appartenant souvent à la meilleure société, mais rebuté par la mixité. Homolle n'en juge pas moins souhaitable d'ouvrir également un Cours supérieur pour les jeunes gens, ce qui n'adviendra que huit ans plus tard. Le Cours supérieur pour les jeunes filles, doté de quatre heures hebdomadaires, a lieu en matinée, de 11 heures à 12 heures, et non en fin d'après-midi, comme les autres. Il fait une place beaucoup plus large à la littérature, avec un cours d'histoire de la littérature française des origines au XIXe siècle, des explications de textes plus approfondies et des compositions françaises très régulières (**fig. 6-7**). Passée la toute première année, il attire très

18. AEFA, 1 ACE 2, « Rapport d'activités pour l'année 1912-1913 ».

vite un public de plus en plus nombreux (47 inscrites en 1917, 71 en 1919, 120 en 1921) de jeunes filles et dames entre 16 et 30 ans – la moyenne se situant autour de 18 ans –, de manière générale très assidues. Leur bonne connaissance du français s'explique par le fait qu'elles ont souvent accompli leur scolarité dans des écoles religieuses où l'enseignement se déroule intégralement en français, et certaines font preuve, d'après leurs professeurs, de véritables qualités littéraires. Louis Roussel, durant les années où il assure ce cours (1917-1924), jugeant que la dissertation « ne conv[ient] pas à ces cerveaux féminins », leur propose volontiers des sujets de narration qui sont en fait de véritables « petites nouvelles[19] ». Mais en 1922, il reconnaît que les dissertations littéraires des meilleures d'entre elles sont du niveau de la licence[20]. Du fait de son public agréable et de son niveau élevé, ce cours jouit d'un statut un peu particulier ; d'abord partagé entre les deux enseignants, il est ensuite l'apanage du professeur principal, Louis Roussel d'abord, puis Octave Merlier.

Le Cours supérieur pour les jeunes gens est finalement ouvert à la rentrée 1921, sous la direction de Charles Picard (1919-1925). De niveau moins élevé que le Cours supérieur pour jeunes filles, et d'une durée hebdomadaire de trois heures au lieu de quatre, il attire également un public plus réduit, les jeunes gens, pris par leurs études ou leur activité professionnelle, étant réputés disposer de moins de temps libre que les jeunes filles. Il compte 17 inscrits seulement la première année, puis 29 la deuxième, et 67 en 1924 alors qu'il y en a 160 au Cours supérieur de jeunes filles. Comme beaucoup d'entre les élèves suivent des études commerciales, ou exercent des professions libérales, l'accent est mis sur les exercices pratiques, sans toutefois sacrifier l'enseignement littéraire, essentiellement centré sur le XIXe siècle.

À partir de novembre 1921, donc, et jusqu'à l'été 1926, sont proposés à l'école Giffard, devenue entre temps « Institut supérieur d'études françaises », le cours de 1re année, le cours de 2e année, mixtes tous les deux, puis le Cours supérieur de jeunes gens ou de jeunes filles. Au fil des années, cependant, les effectifs continuent à croître régulièrement. De 160 inscrits en 1912, on passe à 450 en 1918, malgré l'instauration d'un petit examen d'entrée, puis à 554 en 1922 et enfin à 650 en 1925. Le nombre d'élèves augmente ensuite fortement tout au long des années 1930, atteignant 1 000 inscrits à la veille de la Deuxième Guerre mondiale.

Certes, tous les inscrits n'assistent pas régulièrement aux leçons, il y a traditionnellement un taux d'abandon assez fort durant les premières semaines, puis d'un semestre à l'autre, mais malgré cela les cours sont surchargés et les effectifs pléthoriques – 200 inscrits par exemple au cours de 2e année en 1924-1925 – ne permettent pas d'exercer suffisamment les élèves à la pratique orale de la langue, en particulier de corriger leur prononciation, souvent fautive, ni de remédier aux lacunes des plus faibles.

19. AEFA, 1 ACE 14, Louis Roussel, « Rapport d'activités pour l'année 1917-1918 ».

20. AEFA, 1 ACE 14, Louis Roussel, « Rapport d'activités pour l'année 1921-1922 ».

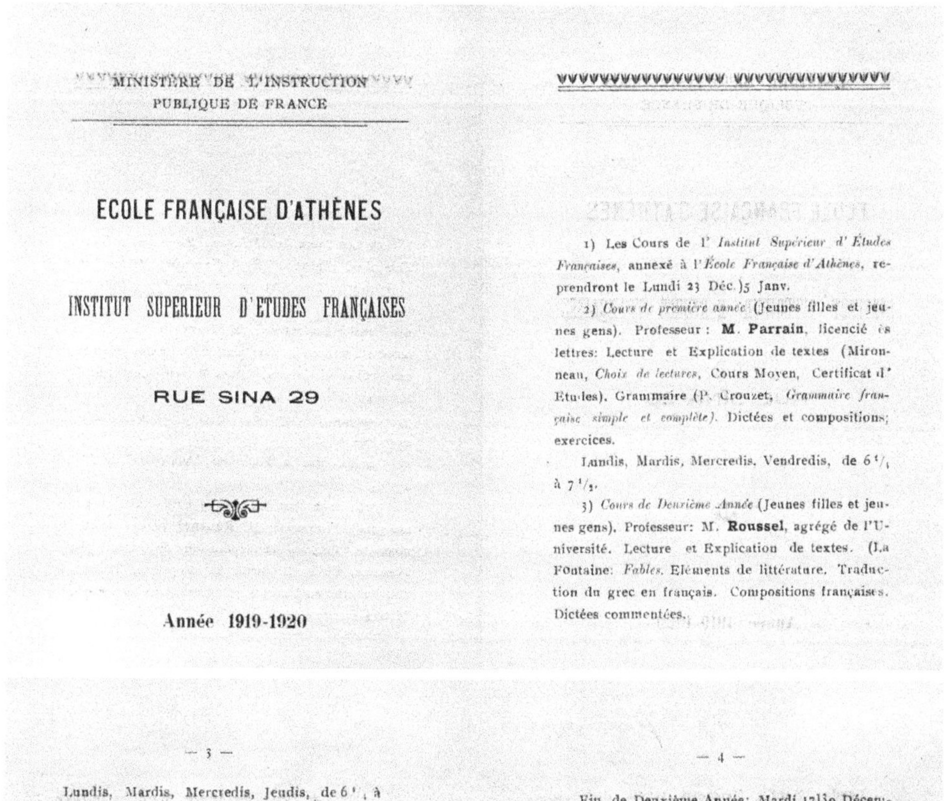

MINISTÈRE DE L'INSTRUCTION
PUBLIQUE DE FRANCE

ECOLE FRANÇAISE D'ATHÈNES

INSTITUT SUPERIEUR D'ETUDES FRANÇAISES

RUE SINA 29

Année 1919-1920

1) Les Cours de l' *Institut Supérieur d' Études Françaises*, annexé à l'*École Française d'Athènes*, reprendront le Lundi 23 Déc.)5 Janv.

2) *Cours de première année* (Jeunes filles et jeunes gens). Professeur : **M. Parrain**, licencié ès lettres: Lecture et Explication de textes (Mironneau, *Choix de lectures*, Cours Moyen, Certificat d'Etudes). Grammaire (P. Crouzet, *Grammaire française simple et complète*). Dictées et compositions; exercices.

Lundis, Mardis, Mercredis, Vendredis, de 6 $^1/_4$ à 7 $^1/_2$.

3) *Cours de Deuxième Année* (Jeunes filles et jeunes gens). Professeur: M. **Roussel**, agrégé de l'Université. Lecture et Explication de textes. (La Fontaine: *Fables*. Eléments de littérature. Traduction du grec en français. Compositions françaises. Dictées commentées.

— 3 —

Lundis, Mardis, Mercredis, Jeudis, de 6 $^1/_4$ à 7 $^1/_2$.

4) *Cours Supérieur de jeunes filles*. Professeur: **M. Roussel**: Etudes littéraires, Compositions françaises, Explication approfondie d' auteurs français (Racine: *Britannicus*. Leconte de Lisle: *Poèmes Barbares*).

Lundis, Mercredis, Jeudis de 11 à 12, 20.

5) Examens d'entrée. Les nouveaux élèves y sont tous astreints. Ces examens auront lieu, au choix des candidats, les jours suivants: lundi 16]29, mardi 17]30, mercredi 18]31, vendredi 20]2 janvier, à 3 heures précises de l' après-midi. (Apporter de quoi écrire).

6) Inscription. Tous les soirs, à partir de 6 heures, à la légation de France, Boulevard de Képhissia. Droits d'inscription pour l'année entière: 35 drachmes, qui sont payables d' avance et ne seront remboursées en aucun cas.

7) Les élèves *refusés* en juin 1919 pourront se représenter aux dates suivantes:

Fin de Première année: Lundi 16]29 Décembre. Le matin à 9 heures pour la dictée. Le soir à 4 $^1/_2$ pour l'examen oral.

— 4 —

Fin de Deuxième Année: Mardi 17]30 Décembre, le matin à 9 heures pour la dictée commentée; le soir à 4 $^1/_2$ pour la composition française. Le Mercredis 18]31 à 9 heures pour l'oral.

Fin du Cours Supérieur: Vendredi 20]2 Janvier, à 9 heures, pour la composition française: à 4 $^1/_2$ pour l'oral.

Pour ces trois séries d'examens, les résultats seront proclamés *ensemble*, le samedi 21]3 Janvier à 6 $^1/_2$.

8) Il est formellement interdit d'assister à deux séries de cours. Tout élève doit être porteur de sa carte, ou de son reçu.

Imprimerie de la Cour Royale A. Raftanis.Kolokotroni 13-Athènes.

Fig. 6 — Brochure de l'Institut supérieur d'études françaises, 1919-1920. © École française d'Athènes.

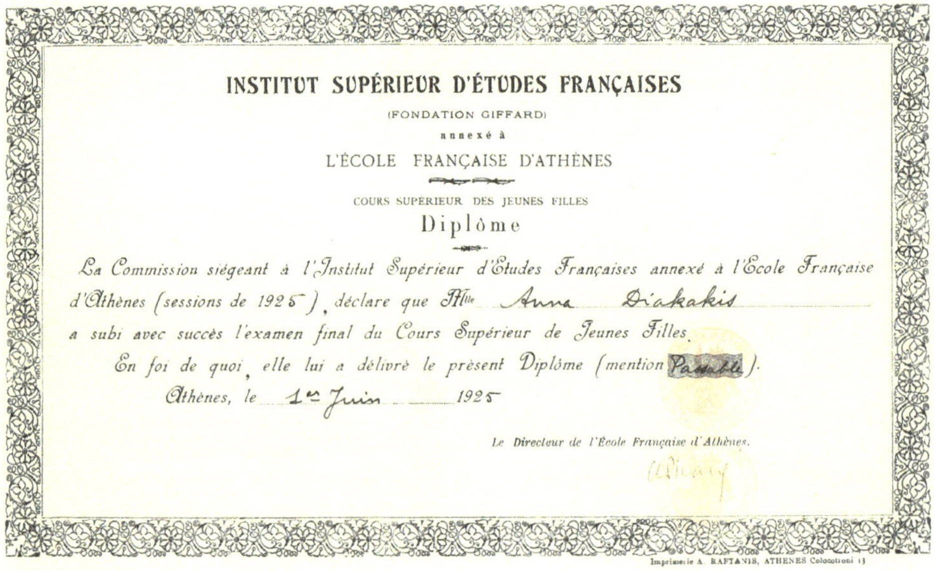
INSTITUT SUPÉRIEUR D'ÉTUDES FRANÇAISES

(FONDATION GIFFARD)

annexé à

L'ÉCOLE FRANÇAISE D'ATHÈNES

COURS SUPÉRIEUR DES JEUNES FILLES

Diplôme

La Commission siégeant à l'Institut Supérieur d'Études Françaises annexé à l'École Française d'Athènes (sessions de 1925), déclare que Mlle Anna Diakakis a subi avec succès l'examen final du Cours Supérieur de Jeunes Filles.

En foi de quoi, elle lui a délivré le présent Diplôme (mention Passable).

Athènes, le 1er Juin 1925

Le Directeur de l'École Française d'Athènes.

Imprimerie A. RAFTANIS, ATHENES Colocotroni 13

Fig. 7 — Diplôme du Cours supérieur des jeunes filles, 1925. © Institut français de Grèce.

En 1926-1927, à l'instigation d'Octave Merlier, arrivé en janvier 1925 et nommé professeur principal en octobre de la même année, en remplacement de Louis Roussel, a lieu une profonde réorganisation des cours qui transforme véritablement l'offre éducative. Deux nouveaux cours sont créés. Le premier est un cours préparatoire pour débutants, mixte, de trois heures par semaine, axé principalement sur la grammaire et sur des exercices pratiques (prononciation, lecture, traduction), destiné à alléger et rendre plus homogènes les effectifs du cours de 1re année, en absorbant les élèves les plus faibles. Le second est un cours intermédiaire, mixte également, permettant de dédoubler les cours supérieurs en accueillant les élèves les moins avancés venus du cours de 2e année ou directement de l'extérieur – il est d'ailleurs dans un premier temps nommé Cours supérieur 1re année, mais finalement la dénomination de Cours intermédiaire s'impose. De sorte qu'en 1927, il y a désormais six cours de français « réguliers » : Cours préparatoire, Cours de 1re année, Cours de 2e année, Cours intermédiaire, Cours supérieur pour les jeunes filles et Cours supérieur pour les jeunes gens. À cela s'ajoute une réforme de la structure des cours (à l'exception du Cours préparatoire) : tous les niveaux, y compris les cours supérieurs, sont dotés de six heures hebdomadaires, regroupées en trois séances de deux heures comprenant une première heure d'exercices pratiques et oraux, et une deuxième heure de cours généraux. Cette nouvelle organisation, qui permet à la fois d'obtenir des effectifs plus homogènes et de renforcer l'enseignement pratique, est progressivement affinée, dans les années qui suivent, par la subdivision interne des cours en deux ou trois sections, aboutissant à séparer de plus en plus les filles des garçons, mais aussi parfois à distinguer des groupes de niveau. En 1932, la dénomination « Cours préparatoire » fait place à celle de « Cours I », de sorte que l'on a désormais un premier cycle composé des Cours I, II et III, puis un deuxième cycle constitué des Cours intermédiaire et supérieur, chacun de ces cinq niveaux comprenant un nombre variable de sections de filles et de garçons, les premières étant désormais toujours en nombre très supérieur aux seconds (neuf sections de filles en 1932-1933 pour cinq de garçons).

Un établissement modeste

Avec le développement et la diversification des cours, accompagnés de l'accroissement régulier des effectifs, se pose la question des locaux. En 1905, faute de moyens, on a dû se contenter de construire rue Sina un bâtiment de proportions modestes, ne comprenant que deux salles de classes en rez-de-chaussée, séparées par un hall central, ce qui se révèle presque immédiatement insuffisant. Tous les premiers rapports font état du manque d'espace. En novembre 1913, le directeur Gustave Fougères souligne qu'on n'a pu inscrire cette année-là que 159 élèves et qu'on a dû en refuser 60, faute de place pour les installer[21]. Les travaux d'agrandissement sont donc décidés et rapidement exécutés, dès 1914 : on double la surface du rez-de-chaussée, ce qui permet de créer deux nouvelles salles de classes, et on construit un étage, qui comprend désormais deux autres salles, servant de salle de conférences et de bibliothèque (**fig. 8-9**). Les professeurs se plaignent cependant d'un certain manque de confort, en particulier de l'absence d'une pièce pour recevoir les parents d'élèves, lesquels les poursuivent à leur domicile personnel[22] (**fig. 10**). Le bâtiment reste toutefois en l'état jusqu'à la Deuxième Guerre mondiale. En 1937, Octave Merlier, désormais Secrétaire général de l'Institut, fait élaborer par l'architecte Henri Ducoux[23] un projet d'agrandissement et de surélévation, qui est cependant refusé par le directeur de l'EFA, toujours ordonnateur des dépenses[24]. Ce n'est qu'après la guerre, au milieu des années 1950, que de nouveaux travaux auront lieu.

Le personnel de service est très réduit et se résume, durant les trente premières années, à un garçon de salle, tout l'entretien étant pris en charge par l'EFA. Malgré les demandes répétées de Louis Roussel durant les années où il enseigne à l'ISEF, il n'y a ni secrétaire, ni bibliothécaire, les tâches de secrétariat et la gestion des livres étant laissées au professeur

21. AEFA, 1 ACE 2, Gustave Fougères, « Rapport d'activités pour l'année 1912-1913 ».

22. AEFA, 1 ACE 14, Robert Lejeune, « Rapport d'activités pour l'année 1918-1919 ».

23. Henri Ducoux (1903-1990), architecte français travaillant pour l'EFA de 1929 à 1942.

24. AEFA, 1 ACE 5, Lettre de Robert Demangel au ministère de l'Éducation nationale, 4 février 1938 ; AN, F/12, c. 14585, Lettre d'Octave Merlier au ministère de l'Éducation nationale, Athènes, 9 mars 1938 et lettre de Robert Demangel au ministère de l'Éducation nationale, 18 juin 1938.

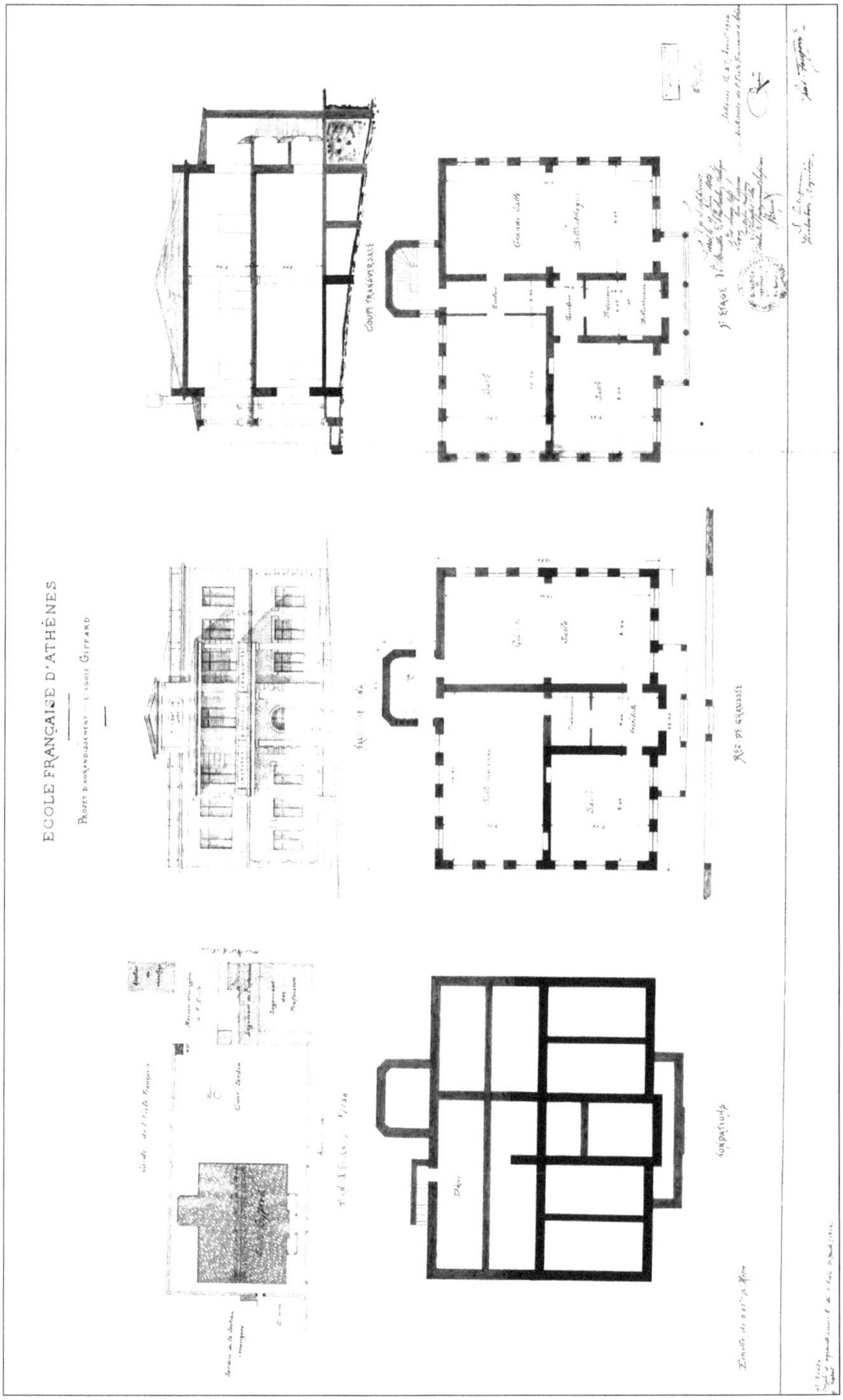

Fig. 8 — Projet d'agrandissement du bâtiment de l'Institut supérieur d'études françaises par J. Replat en 1914. © École française d'Athènes.

Fig. 9 — Le bâtiment de l'Institut supérieur d'études françaises après les travaux réalisés en 1914-1915. © Institut français de Grèce.

principal. Un changement se produit toutefois à ce sujet vers la fin des années 1930. En 1938, l'Institut dispose d'une bibliothécaire, Hélène Metaxas (future épouse de G. Mourélos), ainsi que d'une bibliothécaire-adjointe (Hellé Strombouli), ce qui permet d'élargir les horaires de fonctionnement de la bibliothèque (9h00-13h30, 15h30-21h30). En dehors de leur travail à la bibliothèque, elles s'occupent de l'inscription des élèves et assurent des travaux de dactylographie et de correspondance générale[25].

Le corps enseignant : du temps des pionniers à la normalisation

Le nombre d'enseignants reste longtemps extrêmement limité. Jusqu'en juin 1920, en effet, il n'y a que deux professeurs, qui se partagent l'ensemble des cours. À la rentrée 1920, pour la première fois, un troisième enseignant est recruté, rémunéré non par l'État français mais par l'Institut lui-même, grâce aux droits d'inscription payés par les élèves. En 1925, avec

25. AN, 312AP, c. 11, « Rapport sur l'activité de l'Institut d'études françaises d'Athènes pendant l'année scolaire 1938-1939 », p. 1-2 ; AMAE, 7GMII, c. 117, IFA, Robert Demangel, « Secours exceptionnel », Athènes, 14 août 1942.

Fig. 10 — Vue de la maison des professeurs et du bâtiment de l'Institut supérieur d'études françaises depuis les pentes du Lycabette, vers 1915. © Archives familiales Courby.

l'arrivée d'Octave Merlier, leur nombre passe à quatre, puis à cinq en 1927, et enfin à six en 1932, pour faire face à la fois à la multiplication des sections et à l'adjonction du cycle de préparation au professorat.

En même temps que ce corps enseignant s'étoffe, au fil des années, sa composition évolue. À l'exception de l'instituteur recruté en 1907, qui d'ailleurs quitte son poste au bout de deux ans, les professeurs de l'établissement sont, jusqu'en 1924, presque exclusivement de jeunes anciens membres de l'EFA. Louis Roussel y enseigne une première fois de 1908 à 1911, rejoint en 1910 par Johannès Pâris (1910-1913) puis, au départ de ce dernier, par Fernand Courby (1911-1914). En 1915, en raison de la situation générale, il n'y a pas de cours. L'école rouvre en janvier 1916 avec Paul Graindor, ancien membre belge, et Maurice Lacroix, membre en activité. En 1917, Louis Roussel, démobilisé après avoir servi dans l'Armée d'Orient, reprend son poste de professeur principal à l'Institut, qu'il garde pendant sept ans, jusqu'en 1924, faisant équipe avec d'autres membres ou anciens membres de l'EFA comme Robert Lejeune (1917-1919), Louis Renaudin (1919-1920), Robert Demangel (1919-1920), André Plassart (Secrétaire Général de l'EFA, 1919-1922), Pierre de La Coste Messelière (1921-1923), ou Alfred Laumonier (1923-1925). La seule véritable exception est représentée par Albert Roulant, simple bachelier, recruté en 1922. Cet ancien administrateur de théâtres parisiens, ancien officier de la mission militaire française en Grèce, devenu rédacteur au *Progrès d'Athènes*, est d'abord engagé par Louis Roussel à titre personnel pour l'aider à corriger les nombreux devoirs du Cours supérieur[26]. Officiellement recruté à la rentrée 1922 pour prendre en charge le cours de 1re année, il devient en fait un véritable pilier de l'établissement, où il reste jusqu'en 1955.

L'emploi d'anciens membres de l'École française d'Athènes comme professeurs à l'École Giffard présente un double avantage : il permet à ces jeunes scientifiques de rester sur place après leurs années à l'EFA afin de continuer leurs activités de terrain et la publication de leurs travaux, et il assure à l'école un personnel enseignant de haut niveau, puisqu'ils sont tous agrégés, parlent le grec moderne et connaissent très bien la Grèce. Certains de ces jeunes anciens membres s'investissent d'ailleurs très fortement dans leur enseignement et dans leurs responsabilités pédagogiques, comme Johannès Pâris et Fernand Courby, juste avant la Première Guerre mondiale, ou Robert Lejeune, immédiatement après. Mais celui qui donne le plus de lui-même à l'établissement est certainement Louis Roussel, pédagogue dans l'âme, adoré de ses élèves, qui y enseigne dix ans en tout, se dépensant sans compter. En 1936, Robert Demangel, dans une note au ministère, parle de lui comme du « véritable créateur de l'Institut ».

Ces agrégés, le plus souvent également docteurs de l'université, ne sont toutefois payés que comme des instituteurs, du fait que le statut administratif de l'École Giffard est toujours celui d'une école primaire, ce qui est extrêmement désavantageux. Louis Roussel, qui aurait volontiers fait toute sa carrière à l'Institut supérieur d'études françaises, essaie en vain de s'y faire nommer comme professeur agrégé. En désespoir de cause, il finit par accepter la chaire de grec de l'université de Montpellier, en 1924. Dans une note non signée mais sans doute rédigée par Charles Picard au moment de son départ, cette situation est dénoncée comme caractéristique de l'« insuffisance des efforts français » dans le domaine de la propagande intellectuelle :

> Au mois de novembre 1924, l'École française d'Athènes a perdu le record qu'elle détenait jusqu'à présent dans des conditions d'absolue sécurité : celui de posséder l'universitaire le moins payé dans toute l'Europe. Il s'agissait d'un professeur de l'Institut d'études supérieures françaises (fondation Giffard) qui, avec les titres d'agrégé des lettres, d'ancien membre de l'École française d'archéologie, et de docteur ès lettres, recevait de l'État français, à Athènes, un traitement de 4 600 francs par an [plus 3 000 francs d'indemnité complémentaire]. Si la situation est actuellement modifiée, ce n'est pas, comme on pourrait le croire, parce que ce traitement a été augmenté, c'est parce que le fonctionnaire qui en « bénéficiait », si l'on peut dire, est parti, et a été remplacé par un simple agrégé, non docteur. Lequel, gagnant précédemment près de 16 000 frs en France, ne recevra plus de l'État, à Athènes, pour une œuvre

26. AEFA, 1 ACE 14, Louis Roussel, « Rapport d'activités pour l'année 1921-1922 ».

> de difficile propagande, que 3 000 frs par an, avec le titre modeste, quoique honorable, d'instituteur. [...]. L'Institut Giffard à Athènes n'a que deux professeurs reconnus par l'État, et payés l'un (4 600 plus 3 000), l'autre (3 000 plus 3 000). Néanmoins, grâce à son succès, cet Institut d'études supérieures françaises groupe quatre professeurs (dont deux entièrement à sa charge), et reçoit *550 auditeurs* (ne pouvant en accueillir mille qu'il trouverait aisément). Il est dirigé, sans frais, par l'administration de l'École française d'Athènes[27]. »

Cette situation est en fait responsable de la grande instabilité du personnel enseignant de l'Institut supérieur d'études françaises : même les anciens membres qui auraient souhaité continuer à y enseigner plus longtemps, comme R. Lejeune, par exemple, ou définitivement, comme Louis Roussel, sont découragés par le salaire très bas et l'impossibilité d'obtenir un avancement. Ces jeunes universitaires y travaillent donc quelques années avant de rentrer en France, souvent à regret, pour y prendre un poste correspondant à leur qualification. Le départ de Louis Roussel à l'automne 1924 provoque d'ailleurs une véritable crise et Charles Picard doit chercher en toute hâte un remplaçant qu'il a le plus grand mal à trouver. Il demande au ministère qu'on lui envoie quelqu'un, si possible « un jeune agrégé de l'Université (lettres, grammaire, histoire), s'intéressant aux études classiques, à l'hellénisme spécialement, et aux disciplines qui s'y rattachent ». Il fait en outre valoir que cet enseignant se trouvera ainsi « utilement associé au milieu scientifique de l'École française d'Athènes » et placé « dans une situation assez comparable à celle des membres réguliers de ladite École ». Faute d'un agrégé, il engage finalement André Dhôtel, licencié en philosophie et répétiteur au lycée de Saint-Omer. Le séjour de quatre ans que le futur lauréat du prix Femina (1955) fait à Athènes, de 1924 à 1928, lui inspirera d'ailleurs plusieurs romans. Le souhait du directeur de l'EFA est cependant exaucé quelques mois plus tard avec l'arrivée, en janvier 1925, d'Octave Merlier, jeune agrégé recommandé par Hubert Pernot, qui assure les cours de grec moderne à la Sorbonne. Ce recrutement a joué, comme on le sait, un rôle décisif dans le destin de l'établissement. Nommé d'abord professeur en second, Merlier devient, en octobre 1925, au départ d'Alfred Laumonier, professeur principal, poste qu'il occupera jusqu'en 1937, avant d'être nommé Secrétaire général, puis directeur de l'établissement.

Après Louis Roussel, d'autres anciens membres de l'EFA enseignent encore à l'Institut, comme Yves Béquignon (1928-1929), Fernand Chapouthier (1926-1930) et surtout Antoine Bon, qui y passe sept ans (1929-1936), sans parler de tous ceux qui y travaillent pendant la guerre, remplaçant les professeurs rentrés en France, et même encore après, jusqu'au début des années 1950. Mais l'équipe professorale n'est plus désormais composée majoritairement d'anciens membres de l'École française. On y trouve également des agrégés

27. AEFA, 1 ACE 3, [Charles Picard], « Note sur la situation des intérêts intellectuels de la France en Grèce à la date du 1er janvier 1925 ».

venus de France, comme André Mirambel, agrégé de grammaire, qui enseigne trois ans comme professeur en second (1925-1928), avant d'être nommé en 1929 professeur de grec moderne à l'École nationale des Langues orientales, puis Léon Guichard (1930-1934) et Jean Nogué (1935-1937), un certain nombre de licenciés, parmi lesquels Roger Milliex, Jean Mérigot et François Fonvieille, tous trois recrutés en 1936 comme « maîtres libres chargés d'enseignement », ou encore de simples bacheliers. En 1929 est engagée pour la première fois une femme, dans cette équipe professorale jusque-là strictement masculine, Mlle Renvoysé, une institutrice qui fera une longue carrière à l'Institut. Cette mutation progressive dans la composition du corps professoral contribue à changer peu à peu l'esprit qui règne dans l'établissement, comme on le verra plus loin. Mais l'Institut ne se réduit pas à ses fonctions pédagogiques, loin de là.

Une institution assurant des fonctions multiples et diverses

Création du Cours spécial de préparation au professorat

Entre-temps cependant est venu s'ajouter un Cours spécial de préparation au professorat[28]. La formation des professeurs de français pour l'enseignement secondaire grec a été dès l'origine, on s'en souvient, au cœur du projet élaboré en 1903 par Théophile Homolle, qui l'appelle encore de ses vœux en 1913[29]. Des pourparlers s'engagent en 1914 entre le ministère grec de l'Instruction publique et Gustave Fougères, le directeur de l'École française d'Athènes, pour confier à l'école de français annexée à l'EFA la préparation du professorat du français en Grèce. Ils sont relancés durant l'année 1923-1924, alors que Charles Picard est directeur. Le ministère des Affaires étrangères grec demande alors au ministère de l'Instruction publique de s'entendre avec l'École française d'Athènes pour organiser, par le moyen de l'Institut supérieur d'études françaises, la préparation des professeurs de français destinés aux gymnases helléniques. Il s'agit de créer un cycle complet de formation de trois ans, autrement dit de fonder une véritable École normale au sein de l'ISEF, ce qui constituerait un fait sans précédent. Les négociations, en bonne voie à l'été 1924, n'aboutissent finalement pas, pâtissant, sans aucun doute, du départ prématuré de Charles Picard. Depuis plusieurs années, cependant, des élèves de l'Institut se présentent avec succès aux examens pour le recrutement de professeurs de français dans les établissements secondaires grecs, tandis que certains professeurs de l'ISEF sont appelés à siéger dans le jury qui les examine. Robert Lejeune, ancien membre de l'EFA et professeur à l'institut de 1917 à 1919, signale ainsi dans son rapport de juin 1919 qu'il a été appelé deux fois au cours de l'année à faire partie de la commission chargée

28. Sur le Cours spécial, voir aussi Efthymiou 2015a, p. 79-127.
29. Sur ce sujet, voir aussi Efthymiou 2015b.

d'examiner les candidats professeurs de français dans les gymnases helléniques et que, sur les neuf candidats admis, sept étaient des élèves du cours supérieur ou du cours de 2e année, préparés au concours par l'enseignement reçu à l'institut[30]. Le cours supérieur, en particulier, fait office de préparation informelle, comme le souligne la brochure présentant les programmes pour l'année 1927-1928 : « Le Cours supérieur peut être particulièrement utile aux jeunes gens et aux jeunes filles qui se destinent au professorat de français en Grèce. Les élèves y prenant la parole eux-mêmes pour des explications de textes ou des leçons, acquièrent des aptitudes pédagogiques[31] ».

En 1927, les discussions reprennent avec le ministère de l'Instruction publique grec et Merlier élabore à son tour un « projet de cours normal à l'usage des candidats au professorat du français[32] ». La formation se ferait en trois années, dont la première consisterait à suivre le Cours supérieur. Les cours auraient lieu dans les locaux de l'Institut, et les examens seraient passés devant un jury comprenant le directeur de l'EFA, des professeurs de l'université d'Athènes, des professeurs de l'Institut de français et des membres de l'EFA. Le programme des cours et celui de l'examen seraient établis conjointement avec le ministère grec de l'Instruction publique. Il suffirait de recruter un ou deux nouveaux agrégés, qui seraient payés par le Gouvernement grec. Sans attendre toutefois que les nouvelles négociations aboutissent et que le projet de loi en préparation soit déposé devant le Parlement Hellénique, l'Institut prend les devants et crée un Cours spécial. Dès l'automne 1927, Fernand Chapouthier, jeune ancien membre de l'EFA, est chargé, à titre expérimental, d'un premier cours qui n'apparaît pas dans la brochure. Plusieurs élèves – toutes des femmes, le cours est mixte mais aucun des jeunes gens n'est candidat – se présentent à l'examen du ministère et trois d'entre elles sont reçues. L'essai est jugé encourageant et l'année suivante (1928-1929) le Cours spécial de préparation au professorat de français est institué. L'admission se fait sur examen, le programme et les matières enseignées s'inspirent de ceux de l'École de Préparation des professeurs de français à l'étranger, organisée par la Faculté des Lettres de Paris, et comprend des cours de grammaire (historique et descriptive), de littérature, d'histoire et de géographie, et de traduction (du grec vers le français et du français vers le grec), ainsi que des exercices pédagogiques, soit un total de neuf heures de cours.

La loi 4595 sur la préparation du professorat de français, qui entre finalement en application en mai 1930, est un peu en retrait par rapport aux espoirs qu'elle avait suscités : la formation générale des candidats au professorat est assumée par l'Université d'Athènes, l'établissement français n'assurant que les enseignements de spécialité en français ; de plus, les candidats au Cours spécial de l'ISEF doivent être en troisième année à la Faculté des Lettres ou de Théologie, ce qui retarde de deux ans leur arrivée à l'Institut[33]. Les débuts

30. AEFA, 1 ACE 14, Robert Lejeune, « Rapport d'activités pour l'année 1918-1919 ».

31. AEFA, 1 ACE 14.

32. AEFA, 1 ACE 14.

33. Sur la loi 4985 et le Cours spécial, voir aussi Efthymiou 2015a, p. 84-134.

du Cours spécial sont donc un peu difficiles. Seule la moitié des candidats inscrits se destine véritablement au professorat, les autres cherchant simplement à se perfectionner en français. En outre, le niveau général est assez bas, de sorte qu'en 1931 est institué un Cours préparatoire au Cours spécial, en deux ans, réservé aux étudiants de l'université d'Athènes qui ne sont pas issus du Cours supérieur de l'Institut. L'ensemble de ces deux cours, le Cours préparatoire au Cours spécial et le Cours spécial lui-même, forment alors le troisième cycle des enseignements proposés par l'Institut, assuré dans sa quasi-totalité par des professeurs agrégés (**fig. 11**).

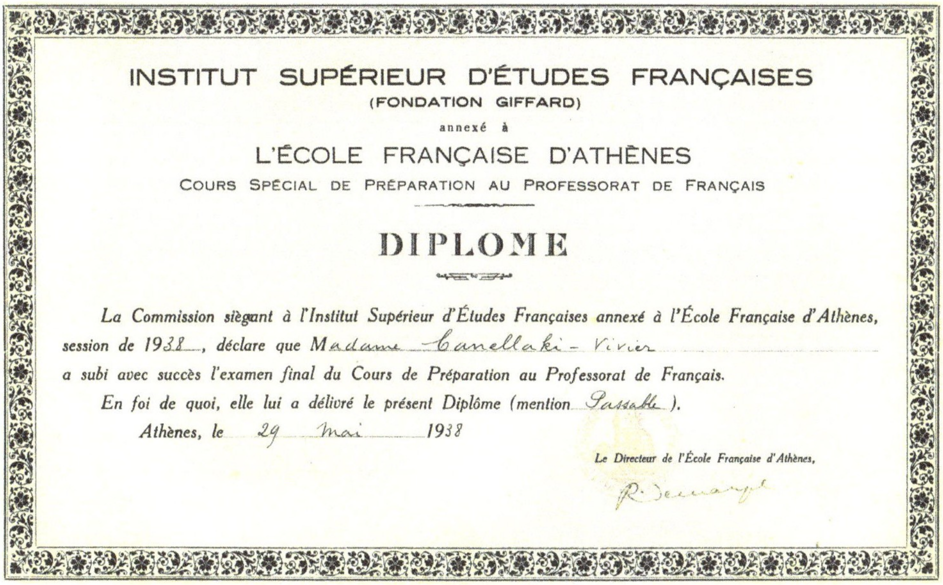
INSTITUT SUPÉRIEUR D'ÉTUDES FRANÇAISES
(FONDATION GIFFARD)
annexé à
L'ÉCOLE FRANÇAISE D'ATHÈNES
COURS SPÉCIAL DE PRÉPARATION AU PROFESSORAT DE FRANÇAIS

DIPLOME

La Commission siégeant à l'Institut Supérieur d'Études Françaises annexé à l'École Française d'Athènes, session de 1938, déclare que Madame Canellaki-Vivier a subi avec succès l'examen final du Cours de Préparation au Professorat de Français.

En foi de quoi, elle lui a délivré le présent Diplôme (mention Passable).

Athènes, le 29 mai 1938

Le Directeur de l'École Française d'Athènes,

Fig. 11 — Diplôme du Cours spécial de préparation au professorat de français, 1938. © Institut français de Grèce.

Les relations avec l'université d'Athènes prennent également une autre forme, celle de cours publics tenus par un professeur agrégé enseignant par ailleurs à l'Institut[34]. Ces cours sont inaugurés en 1933 par Léon Guichard, agrégé de lettres recruté en 1930 pour remplacer Fernand Chapouthier qui rentre en France. Outre son service à l'Institut, L. Guichard doit assurer trente conférences à l'université, pour lesquelles il est payé directement par le ministère des Affaires étrangères. Ces conférences sont de véritables événements mondains, signalés dans la presse. Dès 1935, Merlier obtient que la gratification du ministère des Affaires étrangères soit versée à l'Institut et que les conférences à l'université soient intégrées au service normal du professeur qui en est chargé, en l'occurrence Jean Nogué, qui succède à Léon Guichard (1935-1937), puis Henri Cottez (1937-1941).

34. Voir aussi Efthymiou 2015a, p. 136-145.

Cette offre éducative déjà très étendue est encore complétée, à partir du milieu des années 1930, par un dernier type d'enseignement : la préparation au baccalauréat. Des cours de français, de latin et de grec ancien, d'histoire et de géographie, de sciences et de mathématiques, à destination d'élèves désirant passer les épreuves de l'examen français, sont dispensés dans les locaux de l'Institut et par des professeurs de l'établissement, sans toutefois être à la charge de ce dernier. C'est l'embryon de ce qui deviendra après la Deuxième Guerre mondiale la « petite école » de l'Institut français d'Athènes. Se trouve ainsi réalisé, trente ans plus tard, le projet global imaginé par Théophile Homolle en 1903, d'un établissement s'adressant tout à la fois aux jeunes Grecs désireux d'apprendre le français, aux jeunes gens de toute nationalité voulant suivre un enseignement général conforme aux programmes et aux méthodes de la métropole, et à ceux enfin qui se destinent au professorat de français dans l'enseignement secondaire grec.

Mise en place d'un programme de conférences

Par ailleurs, les directeurs de l'École française d'Athènes comprennent très rapidement la nécessité de développer une offre culturelle, parallèlement à l'enseignement de la langue, afin de contribuer plus largement au rayonnement intellectuel français à Athènes. Le rapport sur l'année 1912-1913, préparé par Johannès Pâris, alors professeur principal, pour Gustave Fougères (directeur de 1913 à 1919), s'attarde longuement sur l'intérêt d'un programme de conférences :

> On pourrait également donner chaque hiver une série de conférences. M. Louis Roussel, ancien professeur de l'École, avait autrefois tenté de le faire. Quelques conférences faites par lui sur des sujets de littérature contemporaine avaient attiré beaucoup de monde et plu vivement. L'absence d'un local convenable, forçant une partie des auditeurs à rester debout dans un vestibule, avait seul empêché, malgré beaucoup de demandes, le renouvellement de cet essai.
>
> Il y aurait là un précédent à reprendre. Une série de six conférences, par exemple, données au cours de trois mois d'hiver, aurait bien des chances de plaire et de réussir, même si elles étaient payantes. Les conférenciers se recruteraient aisément parmi le personnel de l'École Giffard et ceux des membres de l'École d'Athènes qui voudraient bien prêter leur concours. Les sujets seraient laissés au choix de ceux qui les traiteraient : ils devraient cependant étudier de préférence quelque question relative à la littérature ou au mouvement des idées contemporaines ; c'est là ce qui peut intéresser le plus un public fort averti de ce qui nous touche et qui se tient au courant de tout ce qui se passe chez nous. Notre théâtre, par exemple, fort connu à Athènes où nos pièces nouvelles sont traduites et jouées presqu'aussitôt qu'à Paris, pourrait inspirer quelques sujets. Faire connaître aux Grecs notre

> pensée contemporaine, sous toutes ses formes, les mettre à même de la mieux comprendre et de l'apprécier, tel serait le but essentiel[35].

La guerre oblige à surseoir à ces projets mais ils ne sont pas oubliés. Charles Picard, directeur de 1919 à 1925, accorde, comme son prédécesseur, la plus grande importance à la propagande intellectuelle française et insiste particulièrement dans ses rapports sur les conférences données par les professeurs dans le cadre de l'établissement. Au cours de l'année 1920-1921, Louis Roussel, revenu enseigner à l'École Giffard, a ainsi présenté au public athénien « Les Œuvres de C. Palamas », « Valaoritis traducteur de Dante », « Le thème du Christ dans la littérature française », « *La Samaritaine* de E. Rostand » et « Sacha Guitry auteur dramatique ». En 1921-1922, il traite du comique chez G. Flaubert, de « La mort chez C. Palamas » et du théâtre d'ombres grec, sous le titre « Karagheuz grec et Karagheuz turc » (**fig. 12**), sujet qu'il connaît particulièrement bien. Louis Roussel est en effet le premier chercheur à s'intéresser au théâtre d'ombres traditionnel, auquel il consacre sa thèse secondaire, publiée à Athènes en 1921[36]. Ses conférences portent donc sur la littérature et la culture grecques tout autant que sur la littérature française, ce qui, souligne Charles Picard dans son rapport de l'été 1922, est tout à l'avantage de la France :

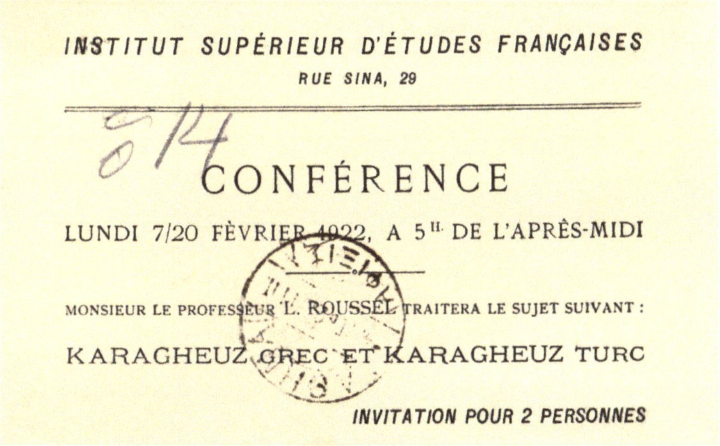
INSTITUT SUPÉRIEUR D'ÉTUDES FRANÇAISES
RUE SINA, 29

CONFÉRENCE

LUNDI 7/20 FÉVRIER 1922, A 5 H. DE L'APRÈS-MIDI

MONSIEUR LE PROFESSEUR L. ROUSSEL TRAITERA LE SUJET SUIVANT :

KARAGHEUZ GREC ET KARAGHEUZ TURC

INVITATION POUR 2 PERSONNES

Fig. 12 — Invitation à la conférence de Louis Roussel, Institut supérieur d'études françaises, 1922. © École française d'Athènes.

35. AEFA, 1 ACE 2, Johannès Pâris, « Rapport d'activités pour l'année 1912-1913 ».

36. Roussel 1921b. L'étude de Roussel porte en particulier sur le travail du montreur de Karaghiozis Antonis Mollas, dont il fréquentait assidûment le théâtre, situé à Dexameni, près de l'École française, et sur les pièces qu'il représentait.

« L'influence française à Athènes profite beaucoup, il le faut répéter, à l'intérêt qu'apporte M. Louis Roussel, *seul savant étranger*, à la langue et à la littérature du pays. Nous avons pu, à ce sujet, recueillir de nombreux témoignages[37]. » La même chose vaut pour l'ensemble de l'EFA : « L'École d'Athènes se mêle d'ailleurs le plus possible à la vie intellectuelle du pays : MM. Plassart, Roussel et Picard ont collaboré cette année à la publication de *Laographia*, revue ethnologique locale, à l'occasion des Mélanges en l'honneur de Nic. Politis[38]. » Le 23 janvier 1922, l'École d'Athènes célèbre le tricentenaire de la naissance de Molière par une conférence de Roussel sur « Molière farceur et tragique », avec une introduction de Ch. Picard. L'année suivante, pour le centenaire de la naissance d'Ernest Renan, c'est Charles Picard qui donne une conférence sur « Ernest Renan et la Grèce », dans la grande salle des fêtes de l'EFA, tandis qu'à l'École Giffard, le public peut entendre au moins trois conférences sur des écrivains grecs, par Louis Roussel (sur G. Drossinis puis P. Vlastos) et par Albert Roulant (sur l'œuvre théâtrale de Gr. Xenopoulos). Dans son rapport de 1924, Ch. Picard note qu'il a fallu renoncer cette année-là au programme de conférences, en raison d'une surcharge de travail, mais consacre un long paragraphe au périodique édité par Louis Roussel depuis le 15 décembre 1922, *Libre*, qui commente l'actualité littéraire grecque (**fig. 13**) ; cette revue « allègrement critique », « suivie de près dans les milieux grecs », constitue d'ores et déjà « un précieux répertoire pour l'histoire littéraire de la Grèce moderne », qu'il regrette toutefois de ne pouvoir transformer en « Annales de l'Institut d'Études Françaises », faute de moyens. La revue, dont Louis Roussel est l'unique rédacteur, paraît jusqu'en 1936, éditée à Athènes d'abord puis, à partir de 1924, à Montpellier où il occupe la chaire de grec de l'université. Le domaine scientifique n'est pas non plus négligé, comme le montre l'organisation, en 1920-1921, par l'École française d'Athènes, en accord avec l'Hôpital français, d'un cycle de huit conférences médicales très suivies par le public, ce qui permet à Charles Picard de conclure : « Leur succès prouve que l'*Institut d'études françaises d'Athènes* peut devenir, si l'on veut, un centre florissant de propagande intellectuelle. »

La longue voie vers l'autonomisation

De l'École Giffard à l'Institut (supérieur) d'études françaises

L'établissement a en effet bien changé depuis les premières années de l'École Giffard. Les rapports d'activité annuels révèlent que l'idée de faire évoluer cette dernière apparaît très tôt, chaque directeur développant des projets pour exploiter au mieux le potentiel de

37. AEFA, 1 ACE 2, Charles Picard, « Rapport d'activités pour l'année 1921-1922 ».

38. *Ibid.*

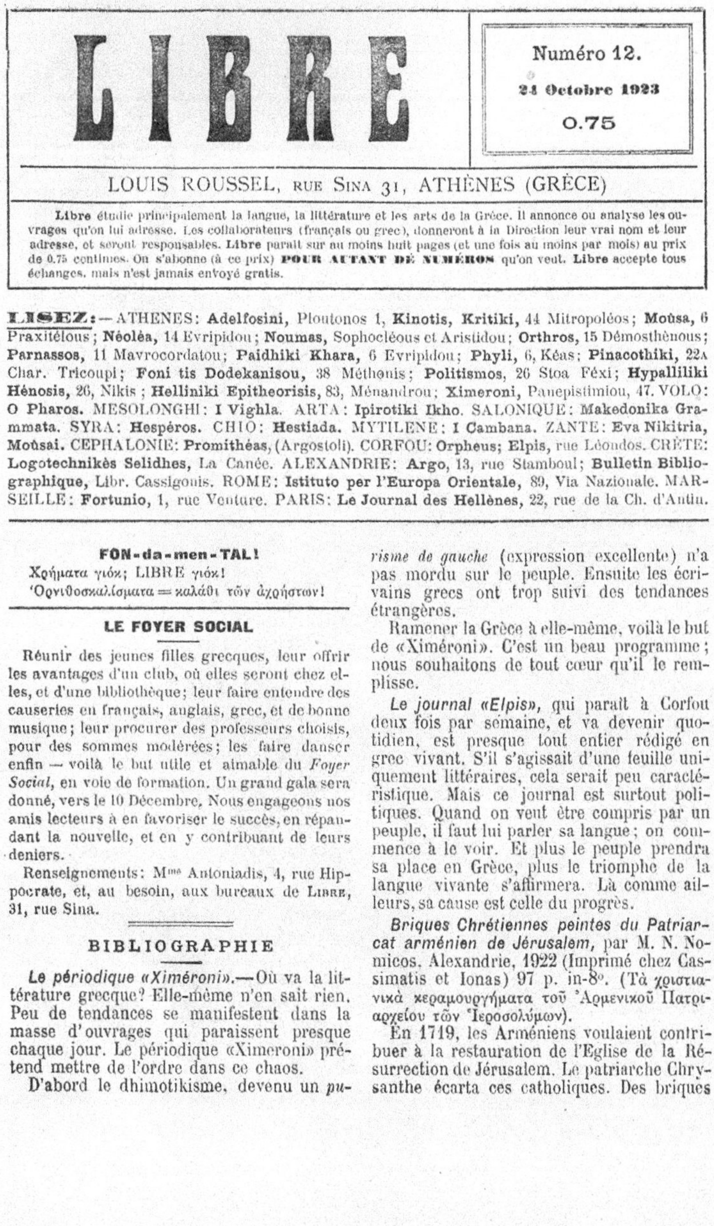

LIBRE

Numéro 12.

24 Octobre 1923

0.75

LOUIS ROUSSEL, rue Sina 31, ATHÈNES (GRÈCE)

Libre étudie principalement la langue, la littérature et les arts de la Grèce. Il annonce ou analyse les ouvrages qu'on lui adresse. Les collaborateurs (français ou grec), donneront à la Direction leur vrai nom et leur adresse, et seront responsables. **Libre** paraît sur au moins huit pages (et une fois au moins par mois) au prix de 0.75 centimes. On s'abonne (à ce prix) **POUR AUTANT DE NUMÉROS** qu'on veut. **Libre** accepte tous échanges, mais n'est jamais envoyé gratis.

LISEZ: — ATHENES: **Adelfosini,** Ploutonos 1, **Kinotis, Kritiki,** 44 Mitropoléos; **Moûsa,** 6 Praxitélous; **Néoléa,** 14 Evripidou; **Noumas,** Sophocléous et Aristidou; **Orthros,** 15 Démosthènous; **Parnassos,** 11 Mavrocordatou; **Paidhiki Khara,** 6 Evripidou; **Phyli,** 6, Kéas; **Pinacothiki,** 22A Char. Tricoupi; **Foni tis Dodekanisou,** 38 Méthonis; **Politismos,** 26 Stoa Féxi; **Hypalliliki Hénosis,** 26, Nikis; **Helliniki Epitheorisis,** 83, Ménandrou; **Ximeroni,** Panepistimiou, 47. VOLO: **O Pharos.** MESOLONGHI: **I Vighla.** ARTA: **Ipirotiki Ikho.** SALONIQUE: **Makedonika Grammata.** SYRA: **Hespéros.** CHIO: **Hestiada.** MYTILENE: **I Cambana.** ZANTE: **Eva Nikitria, Moûsai.** CEPHALONIE: **Promithéas,** (Argostoli). CORFOU: **Orpheus; Elpis,** rue Léondos. CRÈTE: **Logotechnikès Selidhes,** La Canée. ALEXANDRIE: **Argo,** 13, rue Stamboul; **Bulletin Bibliographique,** Libr. Cassigonis. ROME: **Istituto per l'Europa Orientale,** 89, Via Nazionale. MARSEILLE: **Fortunio,** 1, rue Venture. PARIS: **Le Journal des Hellènes,** 22, rue de la Ch. d'Antin.

FON-da-men-TAL!

Χρήματα γιόκ; LIBRE γιόκ!

Ὀρνιθοσκαλίσματα = καλάθι τῶν ἀχρήστων!

LE FOYER SOCIAL

Réunir des jeunes filles grecques, leur offrir les avantages d'un club, où elles seront chez elles, et d'une bibliothèque; leur faire entendre des causeries en français, anglais, grec, et de bonne musique; leur procurer des professeurs choisis, pour des sommes modérées; les faire danser enfin — voilà le but utile et aimable du *Foyer Social*, en voie de formation. Un grand gala sera donné, vers le 10 Décembre. Nous engageons nos amis lecteurs à en favoriser le succès, en répandant la nouvelle, et en y contribuant de leurs deniers.

Renseignements: Mme Antoniadis, 4, rue Hippocrate, et, au besoin, aux bureaux de Libre, 31, rue Sina.

BIBLIOGRAPHIE

Le périodique «Ximéroni». — Où va la littérature grecque? Elle-même n'en sait rien. Peu de tendances se manifestent dans la masse d'ouvrages qui paraissent presque chaque jour. Le périodique «Ximeroni» prétend mettre de l'ordre dans ce chaos.

D'abord le dhimotikisme, devenu un *purisme de gauche* (expression excellente) n'a pas mordu sur le peuple. Ensuite les écrivains grecs ont trop suivi des tendances étrangères.

Ramener la Grèce à elle-même, voilà le but de «Ximéroni». C'est un beau programme; nous souhaitons de tout cœur qu'il le remplisse.

Le journal «Elpis», qui paraît à Corfou deux fois par semaine, et va devenir quotidien, est presque tout entier rédigé en grec vivant. S'il s'agissait d'une feuille uniquement littéraires, cela serait peu caractéristique. Mais ce journal est surtout politiques. Quand on veut être compris par un peuple, il faut lui parler sa langue; on commence à le voir. Et plus le peuple prendra sa place en Grèce, plus le triomphe de la langue vivante s'affirmera. Là comme ailleurs, sa cause est celle du progrès.

Briques Chrétiennes peintes du Patriarcat arménien de Jérusalem, par M. N. Nomicos. Alexandrie, 1922 (Imprimé chez Cassimatis et Ionas) 97 p. in-8°. (Τὰ χριστιανικὰ κεραμουργήματα τοῦ Ἀρμενικοῦ Πατριαρχείου τῶν Ἱεροσολύμων).

En 1719, les Arméniens voulaient contribuer à la restauration de l'Eglise de la Résurrection de Jérusalem. Le patriarche Chrysanthe écarta ces catholiques. Des briques

Fig. 13 — Revue *Libre* de Louis Roussel, numéro 12, 24 octobre 1923. © Collection particulière.

l'institution et améliorer son efficacité. Par ailleurs, le nombre d'élèves augmentant très vite et les cours se diversifiant, l'établissement devient de plus en plus important, si bien que les directeurs successifs proposent diverses réformes pour adapter le statut de l'École à sa véritable fonction.

Dès 1912, Théophile Homolle suggère dans son rapport annuel de remplacer l'appellation « école primaire annexée à l'EFA » par le nom « École Giffard », qu'il trouve plus juste, puisque l'établissement, contrairement à ce qui avait été prévu à l'origine, ne remplit pas la fonction d'une école primaire, et aussi moins « humiliant » pour les jeunes Grecs qui s'y inscrivent, lesquels sont en général élèves au gymnase[39]. Homolle, outre le changement de dénomination, plaide en faveur de la nomination au poste de professeur de l'École Giffard de jeunes anciens membres de l'École d'Athènes, ce qui implique qu'il faudrait les réintégrer dans les cadres de l'enseignement secondaire, en tant qu'agrégés, et non comme instituteurs.

Fougères, l'année suivante, tout en recommandant comme son prédécesseur que l'on réserve toujours une ou deux places à d'anciens membres de l'École d'Athènes, suggère que le ministère fasse également appel à de jeunes agrégés de lettres ou de grammaire, ce qui, explique-t-il, serait profitable aussi à l'enseignement français car, à leur retour dans la métropole, ils connaîtraient « le pays, l'hellénisme actuel, l'archéologie », ce qui contribuerait « à la régénération de l'enseignement du grec en France[40] ». Johannès Pâris, en 1913, conclut son rapport par ce constat : « Il ne sera pas besoin de la [l'École Giffard] transformer beaucoup pour en faire à Athènes, au centre même de l'Hellénisme rénové, une véritable *École supérieure d'enseignement français* et, pour notre langue et notre culture, un agent très efficace de développement et d'expansion[41]. » C'est Gustave Fougères qui, le premier, a l'intuition du nom et du statut qui conviendraient à l'établissement. En mai 1914, il élabore en effet un projet de « Transformation de l'École Giffard en *Institut d'Études françaises* » qu'il envoie au ministre de l'Instruction publique à la suite de son rapport annuel[42]. L'établissement prend le titre d'« Institut » lors de la Première Guerre mondiale, d'après certaines sources en 1915[43], d'après d'autres en 1918[44]. L'appellation apparaît alors sous une double variante en tant que « Institut d'études françaises » ou en tant que « Institut supérieur d'études françaises » employée quasi indifféremment. Il faudra

39. AEFA, 1 ACE 2, Théophile Homolle, « Rapport d'activités pour l'année 1911-1912 ».

40. AEFA, 1 ACE 2, Gustave Fougères, « Addendum au rapport de Johannès Pâris pour l'année 1912-1913 ».

41. AEFA, 1 ACE 2, Johannès Pâris, « Rapport d'activités pour l'année 1912-1913 ».

42. AEFA, 1 ACE 2, Gustave Fougères, « Rapport du 7 mai 1914 au ministre de l'Instruction publique ».

43. Demangel 1950, p. 25 ; Milliex 1996, p. 71.

44. AEFA, 1 ACE 2, Gustave Fougères, « Rapport d'activités pour l'année 1917-1918 ».

cependant attendre le décret du 22 janvier 1931 pour que l'école devienne officiellement *Institut d'études françaises*[45], appellation reprise dans l'accord culturel bilatéral de 1938[46].

Charles Picard a contribué de manière décisive au développement de l'Institut d'études françaises : sous sa direction, le nombre d'enseignants est passé à trois, puis à quatre (en 1924), le cours supérieur pour jeunes gens a été créé (1921), ainsi que des cours facultatifs (cours d'été de L. Roussel, cours d'enseignement artistique assuré par deux architectes d'origine russe attachés à l'EFA, Youry Fomine et M. Lattry). C'est sous sa direction également que le ministère des Affaires étrangères grec a demandé à l'EFA d'organiser, par le moyen de l'Institut d'études françaises, la préparation des professeurs de français destinés aux gymnases helléniques, procédure qui devait aboutir finalement, on l'a vu, en 1930. Le rapport de Charles Picard en juillet 1924 révèle une vision très claire de la politique à mener pour renforcer l'influence de la culture française en Grèce : augmenter le nombre d'enseignants pour démultiplier les cours, développer la bibliothèque, mais aussi fonder un lycée laïque français, ou encore proposer des bourses ou des demi-bourses d'études aux lauréats des concours de fin d'année – toutes choses qui seront peu à peu réalisées par la suite.

Son projet va cependant bien au-delà d'un établissement destiné à assurer la diffusion de la langue et de la culture françaises en Grèce. Il ambitionne en fait de créer un centre de recherches sur la Grèce moderne et contemporaine, comme il l'explique dans son rapport d'activités au ministère de l'Instruction publique pour l'année 1924-1925 :

> Profitant par ailleurs de la nomination à l'Institut d'études françaises (Fondation Giffard) de M. O. Merlier, agrégé de l'Université, ancien candidat à l'École d'Athènes, le Directeur a repris la préparation d'un projet personnel touchant les études byzantines et néo-grecques, qui ne sauraient être exclues sans dommage du programme général de l'École française d'Athènes. M. O. Merlier a mené rapidement à bien, avec M. G. Sotiriou, Directeur des antiquités byzantines en Grèce, la publication d'un premier catalogue, en grec et en français, du Musée byzantin de l'Académie ; il a commencé d'autres recherches personnelles à Athènes et dans les Cyclades ; il doit être enfin associé aux travaux de l'éphorie grecque en Thessalie, dès l'an prochain. De son côté, Mme Merlier, ancienne lectrice de grec moderne à l'Institut néo-hellénique de la Sorbonne, ex-professeur au conservatoire d'Athènes – a poursuivi en Grèce ses recherches sur la musique byzantine et les chants populaires provinciaux. On vise à fonder ainsi peu à peu en Grèce, sous les auspices de l'Institut

45. « Création à l'École française d'archéologie d'Athènes, d'un Institut d'études françaises », *Journal officiel de la République française*, 7 février 1931, vol. 63, n. 32, p. 1635.

46. « Accord relatif aux rapports intellectuels et artistiques entre la France et la Grèce », *Εφημερίς της Κυβερνήσεως του Βασιλείου της Ελλάδος* [Journal officiel du gouvernement du royaume de Grèce], 14 février 1939, p. 386-387.

> supérieur d'études françaises, un centre nouveau d'études scientifiques, à la fois archéologiques et philologiques, se rapportant spécialement à la Grèce byzantine et moderne. La publication d'*Annales*, où prendraient place, à des intervalles non déterminés, les travaux des spécialistes groupés par l'École, est déjà prévue et s'organise[47].

L'Institut supérieur d'études françaises, tel que l'imagine Charles Picard en 1925, permettrait donc à l'École française d'accomplir pleinement le programme pour lequel elle a été créée, à savoir l'étude de l'hellénisme depuis l'antiquité jusqu'à l'époque contemporaine. Au-delà de ses fonctions d'enseignement de la langue française, cet établissement deviendrait ainsi un véritable centre de recherche de l'enseignement supérieur, à égalité avec l'institution mère. Il serait lui aussi doté de chercheurs, au statut équivalent à celui des membres, dont le couple Merlier fournit en quelque sorte le premier contingent : Octave Merlier est agrégé, comme les membres de l'École, et comme eux, il mène des recherches. Picard, de fait, lui demande, dès son arrivée à Athènes, de traduire en français le guide du musée byzantin rédigé par G. Sotiriou. Merlier se lance ensuite dans un travail de longue haleine sur le grand prosateur grec Alexandre Papadiamantis, qui aboutira en 1934 à l'édition (en grec) de la correspondance de l'écrivain, ainsi qu'à la traduction en français d'un certain nombre de ses nouvelles. Il semble même que le directeur ait cherché à associer le jeune agrégé à des recherches sur le terrain en Thessalie, sans doute en lien avec les études byzantines. Quant à Melpo, son épouse, ancienne lectrice de grec moderne à l'Institut néo-hellénique de la Sorbonne, elle étudie la musique byzantine tout en travaillant à une thèse sur la chanson populaire grecque sous la direction d'Hubert Pernot ; elle est même allée recueillir des chants populaires sur le terrain dans les montagnes de Roumélie, en 1922. Ils sont donc tout désignés pour constituer le noyau de ce nouveau centre de recherche, et on comprend l'empressement avec lequel Picard a reçu le jeune couple, en janvier 1925, faisant tout pour favoriser son intégration à l'EFA et traitant véritablement Merlier comme un nouveau membre[48].

L'institut se trouverait également doté d'une revue scientifique, équivalent du *Bulletin de Correspondance Hellénique*, la prestigieuse publication de l'École. Picard fait ici allusion au projet qu'il a de transformer *Libre*, le périodique créé par Louis Roussel en 1922, pour en faire l'organe de l'établissement :

> Dans un fascicule périodique qui a été fondé en 1923 [sic] par M. L. Roussel, et dont sept numéros ont été imprimés déjà jusqu'en mai, il est fait large place à la pédagogie. Cette revue, sous un autre titre, pourrait un jour devenir propre à l'IEF et constituer, en quelque sorte, les annales pédagogiques et littéraires de la maison. C'est là une innovation à retenir, d'autant que M. L. Roussel,

47. AEFA, 2 ADM 21, Charles Picard, « Rapport 1924-1925 ».

48. Merlier 1983, p. 178.

> avec son exceptionnelle connaissance du grec moderne, et de la littérature locale, rend compte régulièrement des ouvrages parus ici-même ; il s'est ainsi constitué une situation de critique, qui n'a pas d'équivalent en Grèce.
> La revue publiée par M. L. Roussel a été bien accueillie. Beaucoup d'élèves de l'Institut Giffard ou d'autres écoles ont pris l'habitude de lire ce périodique ; plusieurs font régulièrement les devoirs qui y sont proposés. L'administration essayera d'obtenir que ce Bulletin, qui constitue jusqu'ici une tentative libre et privée, puisse devenir, plus tard, sous réserve des modifications nécessaires, un périodique de pédagogie et de critique littéraire locales ; ce qui ne manquerait pas d'intérêt[49].

La transformation de la revue *Libre* en Annales de l'ISEF n'aura pas lieu, faute de crédits, pas plus que n'adviendra, en 1925, le centre de recherches sur la Grèce byzantine et moderne, pour les raisons que l'on verra plus loin. On ne peut toutefois manquer de remarquer que l'Institut supérieur d'études françaises, tel que l'envisage alors Picard, préfigure la section d'étude sur la Grèce moderne et contemporaine qui voit le jour à l'EFA à la fin du XXe siècle. Les membres scientifiques qui la constituent sont placés sous l'autorité d'un directeur des études, à partir de 2011, et, en 2019, avec la création du *BCH moderne et contemporain*, elle se trouve enfin dotée d'une revue scientifique. On peut donc dire, 95 ans plus tard, que le « projet personnel touchant les études byzantines et néo-grecques » de Charles Picard s'est en fait pleinement réalisé, quoique sous une forme un peu différente de celle qu'il avait imaginée, non pas à travers la structure de l'Institut, qui entre-temps a opté pour une tout autre évolution, mais au sein même de l'EFA.

Il faut souligner ici toute l'originalité de l'institution qui a vu le jour en 1907 et arrive à un premier stade de maturité près de vingt ans plus tard. Il s'agit en effet d'un cas unique. Aucun autre établissement scientifique étranger à Athènes n'a donné naissance à un institut culturel : le Goethe Institut n'est pas une émanation de l'Institut Archéologique allemand, pas plus que le British Council n'est né de l'École anglaise ou l'Union Helléno-Américaine de l'École américaine d'études classiques. L'École française d'Athènes est la seule à avoir considéré qu'il relevait de ses missions de s'ouvrir à la société hellénique de son temps et de tisser des liens directs avec elle autour de la langue et de la culture. Elle est d'ailleurs tout aussi originale si l'on prend en considération les autres Écoles françaises à l'étranger : ni l'École française de Rome, ni l'Institut français d'Archéologie orientale au Caire, ni la Casa de Velasquez à Madrid, ni l'École française d'Extrême-Orient n'ont pris ce genre d'initiative.

À cette première originalité, qui a sa source dans la spécificité des missions de l'École française d'Athènes depuis sa fondation, s'ajoute une autre caractéristique : la plasticité de l'institution mise en place et la rapidité avec laquelle ses fondateurs l'ont fait évoluer.

49. AEFA, 1 ACE 2, Charles Picard, « Rapport d'activités pour l'année 1922-1923 ».

Si Homolle a dans un premier temps simplement pensé fonder une école où les jeunes Grecs pourraient bénéficier du modèle éducatif français, il a bien vite pris conscience de l'énorme potentiel de la structure créée, comme après lui Fougères et Picard. Tous les possibles ont été rapidement envisagés, tant dans le domaine de l'enseignement, avec la multiplication des cours et des postes d'enseignants, l'attribution de bourses, la création d'un lycée français, le resserrement des liens avec l'université française et la formation des enseignants du secondaire, que dans celui des activités culturelles, avec le développement de la bibliothèque, la création d'une revue spécialisée, l'augmentation du nombre de conférences et leur ouverture à la littérature et à la culture grecques (**fig. 14**). Seuls le manque de moyens et la frilosité du ministère français de l'Instruction publique ont pu freiner l'audace de ces directeurs pionniers et ralentir le mouvement d'expansion de l'institution qu'ils avaient fondée.

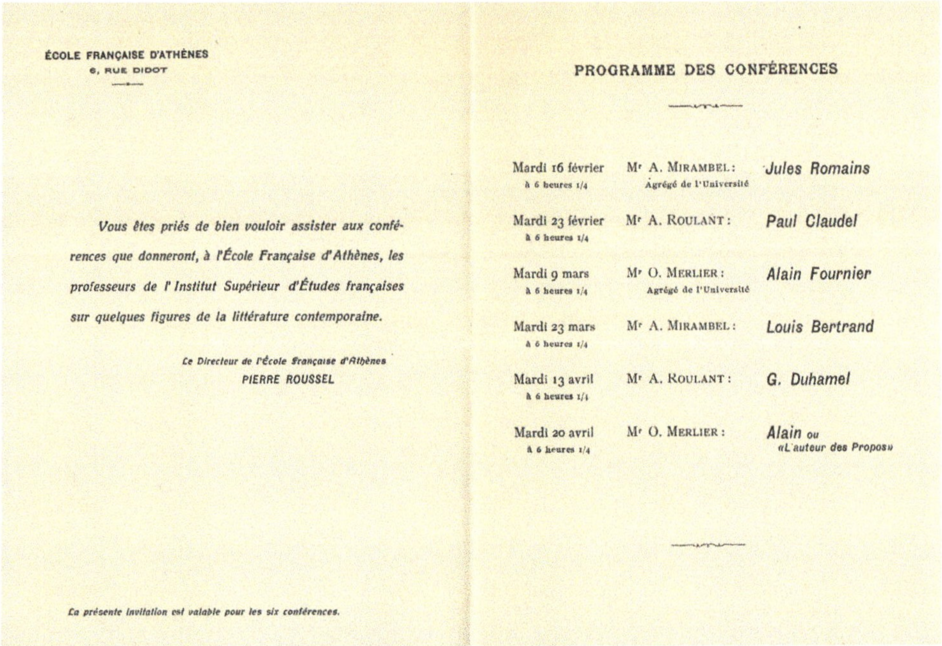

ÉCOLE FRANÇAISE D'ATHÈNES
6, RUE DIDOT

Vous êtes priés de bien vouloir assister aux conférences que donneront, à l'École Française d'Athènes, les professeurs de l'Institut Supérieur d'Études françaises sur quelques figures de la littérature contemporaine.

Le Directeur de l'École Française d'Athènes
PIERRE ROUSSEL

La présente invitation est valable pour les six conférences.

PROGRAMME DES CONFÉRENCES

Mardi 16 février à 6 heures 1/4	Mr A. MIRAMBEL : Agrégé de l'Université	*Jules Romains*
Mardi 23 février à 6 heures 1/4	Mr A. ROULANT :	*Paul Claudel*
Mardi 9 mars à 6 heures 1/4	Mr O. MERLIER : Agrégé de l'Université	*Alain Fournier*
Mardi 23 mars à 6 heures 1/4	Mr A. MIRAMBEL :	*Louis Bertrand*
Mardi 13 avril à 6 heures 1/4	Mr A. ROULANT :	*G. Duhamel*
Mardi 20 avril à 6 heures 1/4	Mr O. MERLIER :	*Alain* ou *«L'auteur des Propos»*

Fig. 14 — Programme de conférences de l'Institut supérieur d'études françaises, 1925-1926. © École française d'Athènes.

L'année 1925 représente cependant un tournant décisif dans l'histoire de l'Institut d'études françaises-École Giffard et de ses rapports avec l'École d'Athènes. En septembre 1925, Pierre Roussel succède à Charles Picard, contraint de quitter prématurément la direction pour des raisons personnelles ; au même moment, Octave Merlier, arrivé en janvier 1925 pour remplacer Louis Roussel, devient professeur principal de l'Institut

Giffard, à compter du 1er octobre 1925. Merlier, dont la femme, Melpo Logothéti-Merlier, musicienne et musicologue, est grecque, se prend rapidement de passion à la fois pour la Grèce et pour son poste, alors que Pierre Roussel s'intéresse moins que ses prédécesseurs à l'Institut d'études françaises, estimant sans doute que ses activités ne relèvent pas des missions premières de l'École. À partir de 1933, il laisse à Octave Merlier le soin de rédiger entièrement et de signer les rapports d'activité concernant l'établissement, se contentant de les transmettre à la Légation de France à Athènes[50]. La même année, il confie d'ailleurs au même Merlier la direction technique des sections de l'Alliance Française, ne conservant que la présidence du Comité Athènes-Pirée, assurée depuis 1922 par le directeur en place de l'EFA, Charles Picard ayant été le premier à assumer cette fonction. C'est sous la direction de Pierre Roussel, de 1925 à 1935, que l'Institut d'études françaises s'émancipe peu à peu de l'École d'Athènes, tout en restant encore sous sa tutelle administrative et financière.

Robert Demangel, arrivé à la direction de l'EFA au 1er janvier 1936 – et qui avait lui-même enseigné à l'Institut lorsqu'il était membre, en 1919-1920, puis géré l'institution en tant que secrétaire général de l'EFA, de 1924 à 1928 – tente de s'opposer à cette tendance, convaincu que l'institut doit rester dans le giron de l'École française. Alors qu'Octave Merlier le prie de demander officiellement pour lui le titre de directeur de l'Institut supérieur d'études françaises, Demangel, dans une lettre adressée en mars 1936 à la Direction de l'Enseignement supérieur, après avoir longuement rappelé la vocation de l'EFA et les liens qui l'unissaient à l'Institut Giffard, conclut :

> Pour ces diverses raisons, il me semble préférable que l'Institut supérieur d'études françaises continue à profiter du prestige de sa mère bientôt centenaire mais toujours vaillante, l'École d'Athènes, à l'ombre de laquelle il n'a cessé de grandir, et qu'il n'y ait, à partir du 1er janvier 1936 comme précédemment, qu'un directeur dans la maison de l'École française d'Athènes, celui de l'École française d'Athènes[51].

Robert Demangel propose pour Octave Merlier le titre d'administrateur, mais celui-ci est finalement nommé « Secrétaire général de l'Institut d'Études françaises d'Athènes » en 1936[52]. L'Accord bilatéral franco-grec relatif aux rapports intellectuels et artistiques entre la France et la Grèce, signé à Athènes le 19 décembre 1938 à la suite de la venue de Jean Zay, ministre de l'Éducation nationale du Front Populaire, en avril 1937[53], entérine toutefois le principe de la séparation. Cet accord définit en effet les missions respectives

50. AEFA, 1 ACE 3, Octave Merlier au directeur, « Rapport sur le fonctionnement des cours pendant l'année scolaire 1933-1934 », Athènes, 3 juin 1934.

51. AEFA, 1 ACE 3, Lettre de Robert Demangel à la Direction de l'Enseignement supérieur, 21 mars 1936.

52. AEFA, 1 ACE 3, Jacques Cavalier, directeur général de l'enseignement supérieur au ministère de l'Instruction Publique, au directeur de l'EFA, 12 septembre 1936.

53. Sur la visite en Grèce du ministre de l'Éducation nationale du Front Populaire, voir Zay 2020, p. 262-273.

des deux établissements, comme s'ils n'avaient aucun rapport l'un avec l'autre, alors qu'administrativement l'institut continue à dépendre de l'EFA :

> Le Gouvernement français entretient en Grèce deux grandes institutions officielles : l'École française d'Athènes et l'Institut d'études françaises d'Athènes.
> L'École française d'Athènes est un établissement d'enseignement supérieur consacré aux fouilles et aux recherches se rapportant à la Grèce et à l'hellénisme. Le directeur a qualité pour organiser chaque année les épreuves du baccalauréat français, pour les candidats français, grecs ou étrangers qui désirent obtenir ce diplôme.
> L'Institut d'études françaises d'Athènes a pour objet l'enseignement de la langue, de la littérature, de la civilisation française et de toute discipline complémentaire[54].

Lancé en 1939, le processus d'autonomisation de l'Institut d'études françaises est toutefois interrompu par la guerre. L'établissement continue à attirer un nombre croissant de jeunes Grecs sous l'Occupation allemande. Ses effectifs triplent, s'élevant d'année en année à 1 500, puis 2 000, 2 500 et jusqu'à 3 800 inscrits, de 1941 à 1944[55]. Cette forte hausse des effectifs tient en partie au fait que l'institution française continue à fonctionner, pratiquement sans interruption, tout au long des années de la guerre et de l'Occupation. Exploitant la rivalité entre Allemands et Italiens, nouveaux maîtres du pays à partir de 1941, Octave Merlier parvient, avec l'aide de l'attaché culturel allemand, à éviter la fermeture et la réquisition de l'établissement par les autorités d'occupation (**fig. 15**). Après le rappel en France de Merlier par le régime de Vichy, suivi de son assignation à résidence à Aurillac pendant plusieurs années, c'est le directeur de l'EFA, Robert Demangel, qui se trouve chargé provisoirement des fonctions de directeur de l'Institut français. Il est assisté par Roger Milliex, jeune professeur originaire de Marseille qui était arrivé à Athènes en 1936[56]. Nommé au poste de secrétaire général, sur proposition du directeur exilé, c'est lui qui assume de fait la gestion de l'établissement. Ce choix s'avère judicieux. Milliex, alors âgé de 28 ans, se montre tout aussi habile que Merlier, parvenant à maintenir ouvert l'établissement jusqu'à la fin de la guerre, à gérer avec efficacité la forte croissance des effectifs, à faire fonctionner le Cours spécial et même à organiser un certain nombre de manifestations culturelles. Comme on l'a vu, les effectifs étudiants connaissent une très

54. « Accord relatif aux rapports intellectuels et artistiques entre la France et la Grèce », *Εφημερίς της Κυβερνήσεως του Βασιλείου της Ελλάδος* [Journal officiel du gouvernement du royaume de Grèce], 14 février 1939, p. 386-387.

55. AMAE, 7GMII, c. 118, IFA, « Rapport de fin d'année sur l'activité de l'IFA (année scolaire 1943-1944) », 14 juin 1944.

56. Milliex 1996, p. 76-82 ; Flitouris 2005, p. 39-46.

forte progression au cours de cette période, en dépit des conditions adverses. Comme l'écrit un rapport de l'époque : « L'Institut semble être une oasis pour la jeunesse athénienne assoiffée de pensée libre ».

Partisan du mouvement de lutte contre l'occupant nazi, Milliex prend même le risque d'engager secrètement des contacts avec les milieux de la résistance communiste, d'organiser

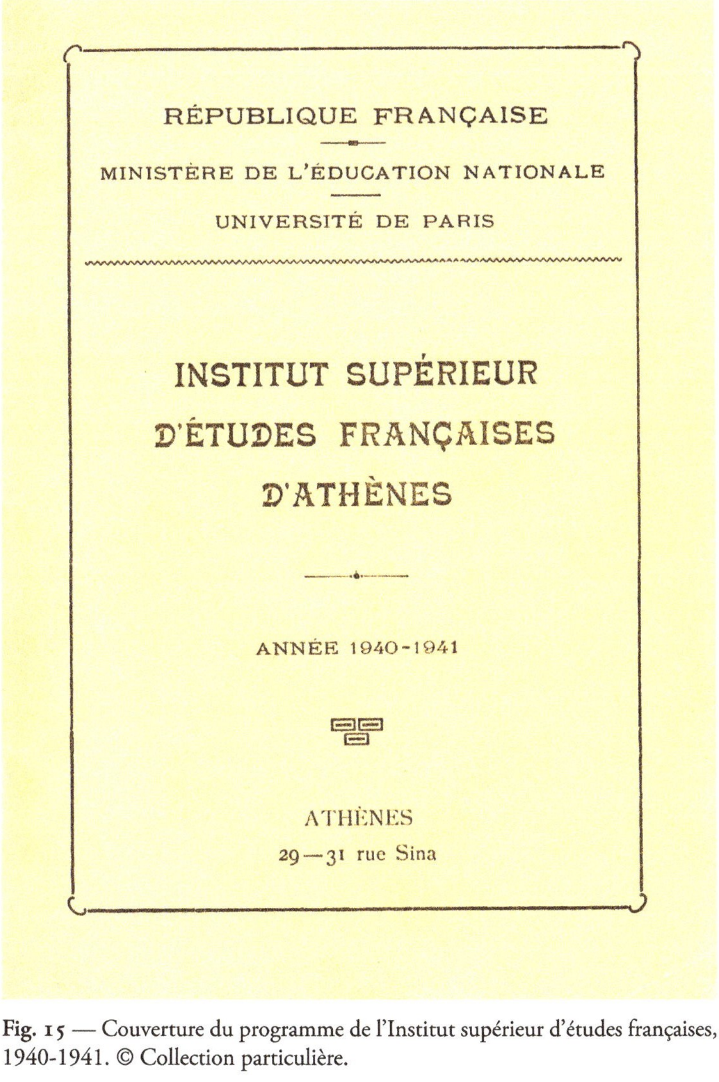
RÉPUBLIQUE FRANÇAISE

MINISTÈRE DE L'ÉDUCATION NATIONALE

UNIVERSITÉ DE PARIS

INSTITUT SUPÉRIEUR
D'ÉTUDES FRANÇAISES
D'ATHÈNES

ANNÉE 1940-1941

ATHÈNES
29—31 rue Sina

Fig. 15 — Couverture du programme de l'Institut supérieur d'études françaises, 1940-1941. © Collection particulière.

des réunions clandestines, ainsi que de cacher dans les locaux mêmes de l'établissement des personnes recherchées (résistants, déserteurs, juifs, réfractaires au travail obligatoire)[57]. Il introduit clandestinement des œuvres interdites par la censure de l'occupant, comme, en 1943, *Le Silence de la mer*, de Vercors, que sa femme Tatiana Gritsi-Milliex traduit en grec (**fig. 16**). Le positionnement discret de l'IFA aux côtés de la résistance lui vaut vers la

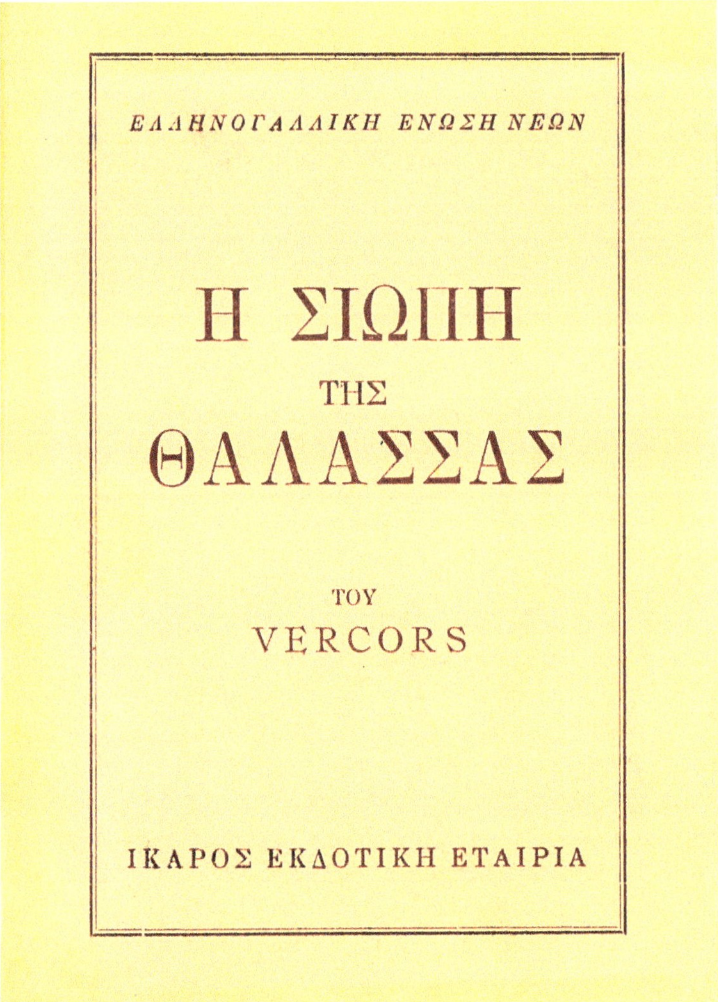

Fig. 16 — Couverture du roman de Vercors *Le Silence de la mer* traduit en grec par Tatiana Gritsi-Milliex. © Collection particulière.

57. ADN, 48PO/A, c. 96, « Note sur l'attitude de M. et Mme Milliex, à l'égard de la Grèce pendant les années de la guerre 1940-1944 et depuis la Libération (1945-1953) ».

fin de la guerre, et encore plus au moment de la Libération, une très forte popularité auprès des jeunes générations de Grecs, notamment dans les milieux qui s'étaient activement opposés à l'occupation allemande et italienne.

Après le retour à Athènes, en juillet 1945, d'Octave Merlier, réinstallé dans ses fonctions par les nouvelles autorités françaises, Roger Milliex devient son plus proche collaborateur. Tout rapproche, par ailleurs, ces deux Français, mariés à des femmes grecques, animés d'un philhellénisme sans faille, fins connaisseurs de la langue, de la culture et de la littérature néohelléniques et bien introduits dans les milieux intellectuels et artistiques athéniens. Le tandem Merlier-Milliex – ce dernier occupant officiellement depuis 1947 le poste de sous-directeur – se trouve aux commandes de l'établissement jusqu'à la fin des années 1950. Ce qu'est devenu l'IFA sous la direction d'Octave Merlier est aussi, en grande partie, l'œuvre de Roger Milliex, tout aussi engagé dans le développement de ce dernier et partageant pleinement la vision et l'ambition de celui qui fut son mentor.

L'École et l'Institut après la guerre : une séparation consommée

Engagé en 1938-1939, retardé par la guerre, le long processus d'autonomisation administrative de l'ancienne annexe scolaire de l'EFA, devenue Institut supérieur d'études françaises, arrive à sa fin : la séparation entre les deux établissements devient effective le 1er janvier 1946. L'établissement, renommé après la guerre Institut français d'Athènes, est désormais autonome sur le plan financier, ne dépendant plus en aucune manière de l'École française d'Athènes. Curieusement, il n'en est pas pour autant doté d'un statut administratif propre, ce dont Merlier se plaindra à plusieurs reprises durant ses années de direction. Ce n'est que dans les années 1970 que la question est réglée.

Cette rupture est très diversement vécue à l'École. Charles Picard, dans un article paru en 1948 dans la *Revue Historique*, parle de « faute irréparable[58] », mettant cet événement sur le même plan que le renoncement de l'EFA à ses travaux en Turquie après la défaite de la Grèce en Asie Mineure et la fondation à Istanbul de l'Institut français d'études anatoliennes. En 1954 encore, le directeur en place, Georges Daux, écrit que l'École n'a pas voulu cette séparation et l'a vécue comme une « amputation[59] ». Toutefois, la plupart des anciens membres de l'École française estiment au contraire que l'EFA n'était pas dans son rôle en remplissant cette mission d'enseignement. C'est le cas de Paul Courbin[60] qui, dans un article intitulé « La formation de l'École française d'Athènes », publié en 1954 dans la revue *France-Grèce*, écrit de manière caractéristique :

58. Picard 1948, p. 204.

59. AEFA, 1 ACE 3, Lettre de Georges Daux au ministre de l'Éducation nationale, 22 septembre 1954.

60. Paul Courbin, membre de l'EFA, promotion 1949.

> Ainsi l'École française d'Athènes aurait pu être tour à tour une Villa Médicis, une simple école d'application, un institut d'études néo-grecques, un Lycée Français – ces trois dernières possibilités auraient justifié son nom d'« École ». Elle a commencé par être tout cela, successivement ou simultanément ; puis elle a abandonné ou transmis certaines de ses attributions ; elle en a conservé une – mais sans la considérer comme sa tâche essentielle. Car celle-ci était toute différente ; mais ce n'est qu'avec le temps, et après bien des vicissitudes, qu'elle en a pris conscience[61].

L'École française reste cependant chargée de l'organisation du baccalauréat pour toute la Méditerranée orientale. Jusqu'à la fin des années 1980, le directeur de l'EFA est le président du jury et les membres en activité font passer les épreuves de littérature française, de grec et de latin.

Devenu pleinement indépendant de l'institution-mère sur le plan administratif et financier, l'IFA doit désormais disposer de ses propres structures administratives. L'institution se dote ainsi, pour la première fois, d'un secrétariat comptant cinq employées (secrétaire attachée à la direction, secrétaire chargée des inscriptions, secrétaire générale des écoles annexes, etc.), ainsi que d'un service de comptabilité, comprenant un responsable et une adjointe. À cela s'ajoute un personnel de service de onze salariés (cinq surveillants-appariteurs, une concierge, trois femmes de service, un jardinier et un menuisier)[62]. Tous ces postes de travail sont occupés par du personnel local, jusque-là en faible nombre dans l'établissement. Cette hellénisation du personnel s'accentue encore avec l'expansion géographique que connaît l'institution à partir de 1946, comme on va le voir.

61. Courbin 1954, p. 5.

62. ADN, 754PO/1, c. 27, IFA, « Rapport 1947-1948 », p. 13.

Expansion (1946-1981)

La deuxième période de l'histoire de l'Institut est marquée avant tout par une montée en puissance de l'établissement, qui se manifeste sur plusieurs plans. Elle s'exprime, d'abord, par une forte croissance du nombre d'élèves. Amorcée déjà avant la guerre et poursuivie pendant toute la période de l'Occupation allemande, cette hausse de la fréquentation s'accentue encore au cours des deux décennies qui suivent. Elle s'accompagne d'une forte augmentation du personnel : le nombre d'enseignants s'accroît rapidement, après la fin de la guerre, passant, en l'espace d'une décennie, de quelques dizaines à quelques centaines. L'immédiat après-guerre est également caractérisé par une importante expansion géographique. L'Institut dispose désormais de plusieurs annexes non seulement dans l'agglomération athénienne, mais aussi dans plusieurs villes de province. La période est enfin marquée par une diversification des activités éducatives, un renforcement des activités culturelles, peu développées jusqu'à cette date, et l'apparition d'activités à caractère scientifique. Dotée pour la première fois depuis sa fondation en 1907 d'une pleine autonomie, l'institution se développe donc largement, profitant de la marge de liberté dont elle dispose, et, sous l'impulsion de son premier directeur, elle se transforme rapidement ; centrée à l'origine surtout sur l'enseignement de la langue française et sur la formation des professeurs de français du secondaire, elle devient un établissement polyvalent, développant des activités multiples et très diversifiées. Il s'agit là d'une transformation capitale, qui s'opère durant ces années décisives. Rappelons pour finir que Merlier s'emploie également à renforcer l'infrastructure matérielle de l'établissement, en entreprenant des travaux de construction et d'agrandissement ou en achetant de nouveaux bâtiments pour l'IFA.

Montée en puissance

Des cours massivement suivis : l'explosion des effectifs

Cette montée en puissance, qui caractérise l'Institut durant la période 1945-1982, se manifeste d'abord au plan des effectifs. La tendance à la hausse notée précédemment ne se dément pas après la fin de la guerre et de l'Occupation. Ils sont 6 000 à suivre les cours lors de la première année suivant la Libération, 9 000 en 1946, à la suite de l'intégration en 1946 des sections de l'Alliance Française à l'Institut français, voire 10 000 en 1947[1]. En moins de huit ans, l'établissement voit ses effectifs multipliés par dix, malgré le contexte *a priori* extrêmement défavorable de la guerre, d'abord, puis de l'après-guerre. Cette augmentation ne sera pas sans entraîner, comme nous le verrons par la suite, d'importants changements concernant le personnel aussi bien que l'infrastructure matérielle de l'institution.

Cette forte croissance des effectifs est due, entre autres, à l'élargissement du public qui vient apprendre le français à l'IFA. Jusqu'à la fin des années 1930, celui-ci se compose principalement de jeunes adultes et de grands adolescents, c'est-à-dire d'étudiants d'université et d'élèves en fin d'études secondaires. Par la suite, des élèves de plus en plus jeunes – des collégiens surtout mais aussi des élèves des dernières années de l'école primaire – se mettent à le fréquenter. Les tranches d'âge concernées vont de 9-10 ans jusqu'à l'âge adulte[2]. À partir de la guerre et plus encore après la fin de celle-ci, les élèves de moins 16 ans forment la grande majorité des inscrits. C'est donc non seulement la taille, mais aussi certaines caractéristiques de la population étudiante qui ont changé. En élargissant son audience, l'IFA parvient à drainer vers la francophonie de nouvelles jeunes générations de Grecs en grand nombre.

Les années 1960 et 1970 sont également des années de très forte croissance du nombre d'élèves qui fréquentent le vaste réseau de centres d'enseignement de l'institut. La population étudiante explose littéralement, passant de 14 187 en 1967, à 16 849 en 1975, puis à 27 783 en 1982[3]. Le nombre d'inscrits a donc doublé en l'espace de quinze ans. La tendance à l'accroissement qui s'était déjà manifestée après la guerre se confirme ainsi au cours des décennies suivantes. Le déclin de la France comme puissance mondiale et l'affaiblissement après 1945 de son emprise politique, économique et militaire sur les affaires grecques, combinés à la montée en puissance de la langue anglaise, n'ont par conséquent nullement entraîné un recul de la clientèle de l'établissement culturel français. Après avoir été, de 1945 jusqu'à la fin environ des années 1950, la langue étrangère préférée

1. ADN, 754PO/1, c. 3, « Quelques chiffres sur le développement des écoles annexes de l'Institut de 1945 à 1951 », 24 décembre 1951 ; 754PO/1, c. 27, IFA, « Rapport 1947-1948 ».
2. ADN, 754PO/1, c. 27, IFA, « Rapport 1949-1950 », p. 25.
3. AIFG, c. Effectifs de cours IFA + Annexes, 1967-1982, « IFA. Effectifs », 16 décembre 1982 ; « Nombre d'élèves 1971-1978 », 9 mars 1978 ; ADN, 754/1, c. 30, IFA, « Rapport 1967-1968 », p. 5.

des Grecs, à égalité avec l'anglais, le français passe clairement en seconde place au cours des années 1960. Depuis, cette situation s'est stabilisée. Dans une note destinée au président Valéry Giscard d'Estaing, la veille de son voyage en Grèce, en septembre 1975, il est ainsi précisé que sur « trois Grecs possédant une langue étrangère, deux pratiquent l'anglais et un pratique le français (tout en sachant souvent l'anglais)[4] ». La demande pour l'apprentissage du français, souvent comme deuxième langue étrangère, reste forte même après la fin des années 1950, ce dont profite l'institut.

À la différence de celle qui avait eu lieu durant la période Merlier (1945-1961), la croissance des effectifs étudiants des années 1960 et 1970 ne s'accompagne pas d'une expansion institutionnelle, c'est-à-dire d'une extension supplémentaire du réseau des annexes ; comme nous l'avons vu, on se contente de conserver les établissements qui fonctionnaient déjà. C'est le nombre d'élèves inscrits par centre d'enseignement qui augmente considérablement. La hausse de la fréquentation de l'institut et de ses annexes dans les années 1960 et 1970 est plus importante encore que celle de la période 1945-1961, car cette fois-ci ce n'est plus par milliers, mais par dizaines de milliers que se comptent les inscrits. Pendant la dictature militaire, de 1967 à 1974, les effectifs de l'IFA augmentent de 23 % (14 000 élèves en 1967, 17 000 en 1974). Mais c'est au cours des trois premières années après le rétablissement de la démocratie, de 1974 à 1977, que l'affluence connaît un véritable bond en avant, passant de 17 000 à 24 000 inscrits, ce qui correspond à une hausse de 40 %, une des plus importantes jamais enregistrées dans l'histoire de l'institution[5]. Des sources diplomatiques attribuent ce gonflement des effectifs de l'institut, ainsi que la forte hausse de la demande pour des cours privés de français observée au cours de ces mêmes années, à l'attitude de la France lors de la chute de la dictature. Le point culminant de cette forte hausse se situe au cours de l'année scolaire 1982-1983, lorsque l'IFA atteint le nombre record de 27 738 inscrits[6].

À plusieurs reprises, même, durant ces années, la demande est supérieure aux capacités d'accueil de l'établissement, de sorte qu'un grand nombre de personnes désirant s'inscrire dans tel ou tel des centres d'enseignement ne peuvent finalement être admises, faute de place[7]. Autrement dit, le potentiel de croissance de l'institut est freiné, au cours de cette période, par l'insuffisance de ses structures, notamment le manque de classes. Ce fait ne semble pas être fortuit. Les responsables de l'établissement se prononcent clairement, dès le début des années 1970, si ce n'est même avant, contre l'agrandissement supplémentaire

4. AIFG, c. Politique culturelle II 31, « La présence culturelle de la France en Grèce. Note pour M. Giscard d'Estaing ».
5. AIFG, c. Politique culturelle II 31, « Note. Tableau de notre action culturelle, scientifique et de coopération technique en Grèce (1977-1978) », 20 septembre 1978 ; Jean-Marie Merillon à la DGRCST, « Rapport d'activités pour l'année 1976 », 8 juillet 1977.
6. AIFG, IFA, Secrétariat des annexes, « Effectifs », Athènes, 16 décembre 1982.
7. AIFG, c. Politique culturelle II 31, « Note. Action culturelle en Grèce », 26 janvier 1982.

de l'institution. « Il est indispensable de freiner l'expansion, d'éviter une suractivité engendrant une surchauffe, et à moyen ou à long terme, une véritable crise », peut-on lire dans une note interne rédigée en 1975[8]. L'ambassadeur Jacques de Folin se réfère, en 1978, « aux risques que comporte une croissance peut-être excessive[9] ». À ses yeux, le « gigantisme » ne peut créer que des problèmes à l'institut et l'exposer aux critiques des propriétaires d'établissements privés enseignant le français[10]. Il y a donc là un paradoxe : l'IFA a connu au cours de cette période une très forte croissance de ses effectifs, sans que cela soit recherché et encore moins souhaité.

Cet accroissement du nombre d'élèves dans les années 1960 et 1970 a cependant un impact très positif sur les finances de l'établissement. Grâce à la perception des droits de scolarité d'un nombre aussi élevé d'inscrits, les recettes de l'institut ne cessent d'augmenter. À tel point qu'avec un chiffre d'affaires de 25 millions de nouveaux francs et un personnel de 380 agents, enseignants et administratifs, en 1978, l'organisme éducatif se place, comme le signale avec satisfaction dans son rapport annuel l'ambassadeur Jacques de Folin, au deuxième rang parmi les établissements français implantés en Grèce, après Péchiney, le géant industriel de l'aluminium[11]. En tant que modèle économique, ayant trouvé une source importante d'autofinancement dans sa clientèle étudiante, l'institut semble plutôt bien fonctionner au cours de cette période. Comme le note l'ambassadeur Christian de Margerie en 1974, « les seules recettes d'écolage et d'examen couvrent tous les frais d'enseignement, de personnel, administration, loyers, matériel et bâtiments malgré l'inflation considérable qui est apparue à partir de juin 1973[12] ».

Le prestige dont jouit l'institut, comme centre d'enseignement par excellence, lui assure aussi une clientèle plus spécifique. À la suite d'un accord signé en 1978 avec les autorités grecques, notamment avec le ministère de la Coordination, l'IFA est chargé d'enseigner, par des cours intensifs, la langue française aux futurs fonctionnaires grecs de la Communauté économique européenne, celle-ci étant avec l'anglais l'une des langues de travail des institutions européennes. Ainsi, à la demande des autorités helléniques, en 1977 et en 1978, un total de 212 fonctionnaires grecs concernés par l'adhésion de la Grèce à la C.E.E. et susceptibles d'être envoyés à Bruxelles suivent, à hauteur de 25 heures par

8. AIFG, « Préparation pour la rentrée de Septembre 1975. VII Organisation des cours ».
9. AMAE, INVA BSG345, c. 1416, Jacques de Folin, ambassadeur, à la DGRCST, « Institut français d'Athènes », 29 mars 1978.
10. AIFG, Jacques de Folin à la DGRCST, « Rapport d'activités 1977 », 18 avril 1978.
11. AMAE, INVA BSG345, c. 1416, Jacques de Folin, ambassadeur, à la DGRCST, « Institut français d'Athènes », 29 mars 1978 ; AIFG, c. Politique culturelle II 31, « Note. Tableau de notre action culturelle, scientifique et de coopération technique en Grèce (1977-1978) », 20 septembre 1978.
12. AIFG, Christian de Margerie à la DGRCST, « Action culturelle en Grèce : année 1973 », 15 mars 1974.

semaine pendant 9 mois, des cours de français assurés par l'institut[13]. Cette collaboration se poursuit en 1979 avec 115 agents publics participant à un stage linguistique[14]. Il est bien sûr dans l'intérêt de la France que les futurs fonctionnaires européens aient une bonne connaissance de la langue française, afin d'assurer l'usage de celle-ci au sein de l'administration des institutions européennes en plein croissance, une vingtaine d'années après la fondation de la Communauté européenne. L'existence de l'IFA permet d'atteindre cet objectif en ce qui concerne les fonctionnaires européens d'origine grecque. Les employés destinés à occuper des postes au sein de l'administration européenne ou à coopérer avec celle-ci ne sont cependant pas les seuls à recevoir une formation linguistique assurée par l'institut pendant la deuxième moitié des années 1970.

Au cours des années 1977-1980, près de 500 fonctionnaires de l'État grec, employés aux ministères des Affaires étrangères, de la Coordination, de la Justice, de l'Intérieur, de l'Agriculture, des Finances et de l'Éducation nationale, s'inscrivent pour suivre des cours de langue française dispensés par l'Institut français d'Athènes et par celui de Thessalonique, dont le coût est assumé par l'administration grecque[15]. L'établissement français se trouve ainsi une nouvelle clientèle parmi les employés de l'État. Le fait que les autorités grecques aient investi aussi massivement dans l'apprentissage du français par des fonctionnaires de l'État hellénique, à une époque de domination de la langue anglaise au niveau mondial, est en soi intéressant. Le rapprochement entre les gouvernements Giscard et Karamanlis, observé dès 1974, ainsi que l'antiaméricanisme ambiant, conséquence des événements liés à la dictature et à l'invasion turque de Chypre, ont sans aucun doute créé des conditions favorables à la promotion de la langue française en Grèce[16]. Mais il est peu probable qu'une telle initiative eût été prise si les autorités grecques n'avaient pu compter sur l'excellence des services éducatifs assurés par l'IFA.

Comment expliquer une telle croissance des effectifs de l'IFA ? Comment interpréter le succès éclatant que remporte son offre d'enseignement du français auprès de la population locale ? On pourrait, certes, invoquer plusieurs raisons pour expliquer ce phénomène, qui demande à faire l'objet d'études plus détaillées. Mais on peut d'ores et déjà se référer de manière succincte à l'une de ses causes. L'IFA a su très tôt s'imposer dans le paysage éducatif grec comme une institution d'excellence et accaparer, presque à lui seul, la très forte demande pour l'apprentissage du français qui s'est manifestée en Grèce – à Athènes, à partir de la fin des années 1930, et en province, après la Libération. Grâce à la qualité

13. AIFG, « Note. Visite en Grèce du Président de la République. Relations culturelles, scientifiques et techniques franco-grecques », Paris, 4 avril 1979.

14. AIFG, « Rapport d'activités pour l'année 1980. Note de synthèse », 19 avril 1981, p. 3.

15. AIFG, « Rapport d'activités pour l'année 1978. Note de synthèse », 11 avril 1979.

16. AIFG, Ambassade de France en Grèce, « Note. Analyse de la situation de la langue française », Athènes, 29 octobre 1985. Sur le rapprochement franco-grec de la deuxième moitié des années 1970, voir Plassmann 2012, p. 287-363.

de ses enseignants, issus pour la plupart de son Cours spécial, au caractère performant et innovant de ses méthodes d'enseignement et au bon fonctionnement de ses établissements, l'Institut français a pu se démarquer clairement de tout concurrent. Il ne serait pas excessif d'affirmer, même, qu'il n'y a pendant longtemps pas eu de concurrent à proprement parler : plusieurs sources s'accordent sur le fait que, jusqu'aux deux dernières décennies du XXe siècle, l'IFA exerce un véritable et incontestable monopole sur l'enseignement direct du français en Grèce.

Certains vont jusqu'à soutenir que l'institut a de fait « tué l'initiative privée ». Fonctionnant, grâce à la qualité de son offre, comme une sorte de « *frondistirio* modèle », il a « bien vite repoussé dans l'ombre » l'offre émanant d'écoles de langue privées (*frondistiria*)[17]. En outre, le réseau des annexes de l'IFA s'étant rapidement développé, tant dans la capitale qu'en province, et cela dès les premières années de l'après-guerre, lorsque ces établissements privés cherchent, à partir du milieu des années 1950, à se faire plus présents sur le marché des services éducatifs, le terrain est déjà largement occupé par l'institution française. Nombreux sont ainsi, jusqu'en 1973, les propriétaires de *frondistiria* qui jugent trop risqué de se lancer dans l'enseignement du français là où l'IFA est déjà implanté. Ils préfèrent dès lors se limiter à l'offre de cours d'anglais, d'autant que la demande pour l'apprentissage de cette langue est beaucoup plus importante que celle pour le français. Après des débuts réussis, la bonne image qui a longtemps été attachée à l'institut a créé une tradition qui continue à jouer en sa faveur par la suite, affaiblissant davantage la position des écoles privées et réduisant leurs ambitions. À une époque où, en Grèce, les écoles privées de langues étrangères sont florissantes, l'institut exerce un quasi-monopole dans l'enseignement direct du français.

Il apparaît, de plus, que le développement et le succès de l'IFA sont aussi liés, en quelque sorte, à l'enseignement du français par les établissements secondaires publics. Les lycées grecs ne se posent pas, en réalité – et contrairement à ce qu'on l'on pourrait croire –, en concurrents de l'institution française. Au contraire, leur existence semble plutôt favoriser le développement de cette dernière. Les directeurs constatent ainsi, à leur grande surprise, que la fermeture d'une classe de français dans un lycée provoque, non pas une hausse, mais une baisse des effectifs de l'institut. Inversement, l'ouverture d'une classe de français dans un établissement public se traduit par une hausse de la fréquentation de l'annexe la plus proche. Comme si la fonction des cours de français dispensés dans les lycées étatiques consistait principalement à susciter l'intérêt et à cultiver un goût initial de leurs élèves pour la langue française, qui par la suite s'adressent au centre d'enseignement de l'institut le plus proche pour bien l'apprendre.

L'enseignement du français dans les établissements secondaires publics pâtit de trop d'insuffisances pour que les élèves intéressés par l'acquisition de connaissances linguistiques solides n'aient pas à chercher ailleurs. Certes, le niveau de compétence des professeurs

17. AIFG, Jacques Fauve, « Institut français d'Athènes 1976 », p. 2.

de français des écoles publiques s'améliore considérablement après la guerre, à mesure qu'un nombre croissant d'entre eux proviennent soit des diplômés du Cours spécial de l'institut, soit des diplômés, à partir de la fin des années 1950, des départements d'études françaises des universités d'Athènes et de Thessalonique. Mais les horaires de langues sont trop faibles (2 heures hebdomadaires dans la majorité des cas), les classes trop chargées (avec souvent 50, voire 70 élèves), les méthodes didactiques paraissent obsolètes, les structures administratives demeurent trop rigides et les habitudes pédagogiques évoluent difficilement[18]. L'enseignement secondaire fournit ainsi à l'institut l'essentiel de sa clientèle. Ces élèves vont le matin au collège ou au lycée et suivent l'après-midi les cours dispensés dans l'un des centres d'enseignement de l'institution française. Il en résulte qu'après la guerre, l'écrasante majorité des élèves de l'IFA sont des jeunes filles et des jeunes garçons de 11 à 16 ans en moyenne. Au milieu des années 1960, ils représentent 85 % du total des inscrits[19]. Avec autant d'élèves inscrits dans ses cours, l'IFA forme, en fin de compte, une portion non négligeable d'une classe d'âge donnée à la connaissance de la langue française. Il est estimé que, dans les années 1970, un élève grec du secondaire sur quinze fréquente l'un des centres d'enseignement de l'institut[20]. L'IFA n'est pas simplement un *frondistirio* modèle, c'est aussi un « *mega-frondistirio* ». En raison du nombre de ses élèves, de la proportion des écoliers du secondaire inscrits dans l'un de ses établissements, du nombre de ses centres d'enseignement et de leur vaste répartition géographique, l'IFA se distingue clairement par son poids et son importance de tous les autres organismes dispensant après la guerre en Grèce un enseignement en langue étrangère, y compris de l'Union helléno-américaine. Le rôle de cette dernière dans la diffusion de la langue anglaise en Grèce paraît plutôt réduit, comme le souligne le rapport d'activités pour l'année 1971 : « L'Union américanohellénique [sic], les Services culturels ne font pas grande chose pour l'enseignement de la langue. Il existe suffisamment d'institutions privées qui y trouvent l'occasion d'un investissement fructueux[21] ». À l'inverse, si l'IFA occupe une position dominante, voire hégémonique, dans le domaine de l'enseignement du français en Grèce, jusqu'aux années 1980 environ, c'est aussi parce que, au-delà des faiblesses de l'appareil scolaire étatique, les acteurs privés, de leur côté, se montrent peu entreprenants, évitant de s'engager dans des entreprises éducatives comme ils le font avec l'anglais.

En raison de son rôle – pleinement assumé d'ailleurs – d'école de langue, dispensant un enseignement de masse, l'IFA a finalement occupé pendant longtemps une place unique, qui le distingue clairement des institutions homologues opérant en Grèce, notamment le British Council et le Goethe Institut. Aucune de ces deux institutions n'a joué un rôle

18. AIFG, Jean-Marie Mérillon à la DGRCST, « Rapport d'activités pour l'année 1976 », 8 juillet 1977, p. 3 ; Bernard Durand, ambassadeur, au MAE, « L'enseignement du français en Grèce », 6 janvier 1972.

19. ADN, 754PO/1, c. 30, « Rapport d'activités pour l'année scolaire 1965-1966 », p. 5.

20. AIFG, « Action culturelle en Grèce de 1970 à 1973 », p. 4.

21. AIFG, Ambassade de France, Service culturel, « Rapport d'activités pour l'année 1971 ».

aussi décisif dans la diffusion de sa langue nationale au sein de la société hellénique que l'Institut français. Aucun n'a attiré un nombre aussi élevé de Grecs dans ses cours, ni disposé d'autant de centres d'enseignement, ni d'un réseau d'annexes aussi étendu sur le territoire hellénique que l'Institut français. D'après les sources diplomatiques françaises, le Goethe Institut dispose en 1970 d'établissements à Athènes et à Thessalonique, ainsi que de « très petites représentations » dans quatre villes de province. Il compte 3 000 élèves (presque uniquement des adultes), alors que l'IFA enregistre cette même année plus de 15 000 inscrits, dans leur écrasante majorité des adolescents. Quant au British Council, il organise très peu de cours d'anglais. L'institution britannique se contente d'entériner les études faites dans les innombrables cours privés[22]. Une simple comparaison avec les autres instituts étrangers suffit pour faire aussitôt ressortir l'une des particularités qui caractérisent l'IFA en tant qu'institution de ce genre.

Les 30 annexes de l'Institut

Un autre indice de la montée en puissance de l'établissement lors des premières décennies de l'après-guerre est constitué par la très forte expansion géographique et institutionnelle survenue au cours de cette période. Une première annexe est fondée avant même la fin de la guerre, en automne 1943, lorsque Roger Milliex prend l'initiative de louer un local, au 62a rue Sina, afin de pouvoir accueillir les milliers d'élèves qui affluent vers le bâtiment historique, au numéro 29 de la même rue[23]. Cette tendance se trouve renforcée lorsque, peu après son retour en Grèce, Merlier décide d'intégrer toutes les sections de l'Alliance française à l'IFA. Depuis le début des années 1930, l'Alliance française a subi une profonde réorganisation et se trouve sous la tutelle administrative et pédagogique de l'institut. Ses enseignants, qui sont majoritairement des diplômés du Cours spécial de l'Institut français, appliquent les mêmes méthodes d'enseignement que ce dernier[24]. Dès avant la guerre, l'Alliance française apparaît ainsi de plus en plus comme une sorte de prolongement de l'institut. La dépendance administrative, financière et pédagogique des sections de l'Alliance à l'égard de ce dernier est si étroite que son directeur juge préférable en 1945 d'en faire des écoles annexes.

Héritant de ce vaste réseau de centres d'enseignement, l'institut se trouve dès lors doté de 22 annexes athéniennes et de 9 annexes provinciales. Grâce à des regroupements successifs, les centres d'enseignement athéniens sont réduits d'abord à 16, puis à 12[25].

22. AIFG, Ambassade de France en Grèce, Service culturel, « Rapport d'activités pour l'année 1971 », p. 1-3.
23. AMAE, 7GMII, c. 118, IFA, « Rapport de fin d'année sur l'activité de l'IFA (année scolaire 1943-1944) », 14 juin 1944.
24. AEFA, Octave Merlier à l'ambassadeur, Athènes, 24 janvier 1935 ; « Alliance Française. Annexe I. Liste des professeurs », Athènes, 20 Juillet 1942 ; « Règlement de l'Alliance Française ».
25. ADN, 754PO/1, c. 3, « Quelques chiffres sur le développement des écoles annexes de l'Institut de 1945 à 1951 », 24 décembre 1951.

De nouvelles annexes sont cependant créées au Pirée en 1946 (**fig. 17**) et dans le quartier de Patissia en 1947 (**fig. 18**). Dans le même temps, le nombre d'annexes provinciales augmente, passant de 8 à 17 au cours de cette décennie. Des centres d'enseignement sont ainsi créés en 1946 à Larissa et à Xylocastro, en 1947 à la Canée, à Aighion et à Agrinion, en 1949 à Corfou et en 1950 à Corinthe, à Nauplie et à Pyrgos[26]. À la fin des années 1940,

Fig. 17 — Annexe de l'Institut français d'Athènes au Pirée, années 1980.
© Institut français de Grèce.

26. AIFG, c. Annexes. Généralités. Enquête 1996, « Date de fondation des instituts français », s.d.

Fig. 18 — Annexe de l'Institut français d'Athènes dans le quartier de Patissia, années 1960. © Institut français de Grèce.

l'IFA dispose de 29 centres d'enseignement au total, dont 12 dans la région de la capitale et 17 dans d'autres villes de Grèce (**fig. 19**)[27]. Ainsi, contrairement à ce que laisse penser sa désignation officielle, l'Institut français d'Athènes devient après 1945 une institution panhellénique.

Ce vaste réseau d'une trentaine d'annexes environ, disséminées sur une large part du territoire hellénique, est administré d'une façon très centralisée. Même si des responsables sont désignés pour gérer les affaires courantes de chacun de ces centres d'enseignement, ces établissements sont, en réalité, complètement intégrés à l'institut, dont ils dépendent pour toutes les questions administratives, financières et pédagogiques. Tous ces centres d'enseignement suivent les méthodes et le programme définis par l'institut central. Ils sont, de plus, soumis à un contrôle régulier, effectué au moyen d'inspections. Chaque année, certains proches collaborateurs du directeur, notamment Roger Milliex et Hélène Papanicolaou, responsables des études menées dans les annexes, entreprennent des tournées d'inspection, parcourant le pays de long en large. De janvier à juin 1951, par exemple, H. Papanicolaou voyage pendant plus de 70 jours et se rend à plusieurs reprises dans

27. AMAE, 239QO, c. 139, « Institut français d'Athènes 1907-1960 ».

Fig. 19 — Annexe de l'Institut français d'Athènes à Volos, années 1960. © Institut français de Grèce.

15 écoles provinciales de l'institut, afin d'organiser des réunions de parents, d'assister aux cours des professeurs ou encore de préparer les fêtes scolaires de fin d'année[28].

L'agrandissement opéré sous la direction de Merlier dans les années 1940 et 1950 n'est pas remis en question par ses successeurs. Comme à l'époque de son premier directeur, l'IFA est toujours doté d'un vaste réseau d'annexes dans l'agglomération athénienne ainsi qu'en province et compte une trentaine environ de « filiales ». La plupart de celles-ci ont été créées dans la vague d'expansion institutionnelle des années 1946-1958. Les directeurs des années 1960, Ehret et Pouget, n'hésitent pas, cependant, à procéder à des réaménagements : ils ferment certaines petites annexes, considérées comme en déclin, et en créent d'autres, là où ils jugent les conditions favorables à un certain essor. Après plus de deux décennies de fonctionnement, les annexes de Thèbes (1967), Xylocastro (1969) et Pyrgos (1970) cessent leur activité[29]. En revanche, une nouvelle annexe est fondée en 1970 à Athènes, dans le secteur de Papagou. La présence géographique de l'IFA suit ainsi de près l'évolution démographique que connaît la Grèce de l'après-guerre, soumise à de puissants mouvements de population liés au phénomène d'urbanisation.

28. ADN, 754PO/1, c. 27, IFA, « Rapport 1950-1951 », p. 42-43.
29. ADN, 754PO/1, c. 30, IFA, « Rapport 1968-1969 », p. 6.

Comme dans le passé, la direction prend soin de maintenir un contact régulier avec les dizaines de centres d'enseignement de l'IFA, disséminés dans la capitale et dans une large partie du territoire hellénique, et d'exercer sur eux un contrôle effectif. Tout au long de l'année, le directeur ainsi que ses plus proches collaborateurs effectuent des tournées d'inspection, organisent des visites de classes et des réunions dans les annexes, ainsi que des consultations à l'institut central, et envoient fréquemment des circulaires. Tout semble indiquer que, après Merlier, ses successeurs à la tête de l'établissement savent trouver les outils adéquats pour gérer avec succès ce vaste organisme éducatif et assurer partout la même qualité d'enseignement, dans les établissements athéniens comme dans ceux de la province. Il s'agit là en soi d'une importante réussite, qui ne doit être ni sous-estimée, ni considérée comme évidente.

Il n'est pas sans intérêt d'examiner, ne serait-ce que brièvement, la « géographie » de l'IFA, en observant le taux de fréquentation de ses différents centres d'enseignement en 1980, année de forte scolarisation auprès de l'institution française. Dans la métropole, l'annexe de Patissia est de loin la plus fréquentée, réunissant près de 2 800 élèves. Viennent ensuite l'établissement central de la rue Sina (1 800 élèves) et la succursale de la ville du Pirée (1 700 élèves). Les annexes situées dans les quartiers proches du centre historique d'Athènes fournissent également un contingent important d'étudiants : l'annexe de Pangrati compte près de 1 600 inscrits, celles d'Exarchia et d'Ambelokipi environ 1 000 inscrits chacune. Mais les cours de lFA sont aussi très suivis à l'annexe située dans le quartier très bourgeois de Philothei, au nord de l'agglomération athénienne (1 300 inscrits), ainsi qu'à celle de Nea Smyrni, au sud, où résident plutôt des familles des classes moyennes aisées (voir Annexe III)[30].

En dehors de la capitale, les centres d'enseignement de l'institut les plus fréquentés se trouvent, sans surprise, dans les villes les plus peuplées du pays : l'annexe de Larissa vient en tête avec presque 1 000 inscrits, suivie par celles de Volos (880 inscrits) et de Patras (830 inscrits), puis, avec un écart plus important, celles d'Héraklion (440 inscrits) et de Ioannina (395 inscrits). Compte tenu de leur faiblesse démographique, les centres d'enseignement situés dans les villes de Lamia, Calamata et Chalkis, qui réunissent entre 330 et 250 inscrits, enregistrent également de bonnes performances. L'écart entre l'annexe de Patissia, fréquentée par plus de 2 800 élèves, et celle d'Aighion, qui en compte à peine 170, est énorme (voir Annexe III)[31].

Il faut bien noter ici que plusieurs annexes athéniennes réunissent entre 1 000 et 2 000 inscrits, alors qu'aucun établissement provincial ne dépasse le seuil des 1 000 et que leurs élèves se comptent plutôt par centaines. Les treize centres d'enseignement athéniens fournissent près des trois quarts des effectifs de l'IFA (16 650 sur 22 800). En revanche, les

30. AIFG, c. Effectifs de cours IFA + Annexes, 1967-1982, « IFA. Effectif au 30 novembre 1980 », 11 décembre 1980.

31. *Ibid.*

seize centres provinciaux, quoique plus nombreux, ne rassemblent qu'un quart seulement des inscrits de l'IFA (6 150 sur 22 800)[32]. Les profondes inégalités, qui ne cessent d'ailleurs de se creuser dans la Grèce de l'après-guerre, entre une capitale toute puissante, rassemblant la grande majorité des couches de la population les plus aisées, les plus éduquées et les plus ambitieuses en matière d'éducation de leurs enfants, et le reste du pays aux moyens limités – exception faite de Thessalonique où fonctionne un Institut français réunissant quelques milliers d'élèves –, sont clairement lisibles dans la répartition par annexes et par région des élèves.

Ce sont beaucoup plus les Athéniens que les provinciaux qui profitent de l'offre éducative constituée par l'IFA, à savoir, l'accès à un enseignement du français de haut niveau, dispensé par des éducateurs compétents et bien formés, dans un cadre institutionnel bien organisé, avec, qui plus est, la possibilité d'acquérir à l'issue d'un cycle d'études une certification amplement reconnue. Pourtant, Merlier et ses successeurs n'ont pas ménagé leurs efforts tout au long de plusieurs décennies pour faire de l'IFA une institution panhellénique, en fondant et en soutenant par tous les moyens possibles un vaste réseau de plus d'une quinzaine d'annexes dans des villes de province situées sur l'ensemble du territoire grec (exception faite des régions de Macédoine et de Thrace, placées en principe sous la juridiction de l'institut de Thessalonique). Le constat est sans appel : au vu de la provenance géographique de ses élèves, l'IFA est resté finalement, malgré l'entretien pendant des décennies d'un réseau d'agences provinciales très développé et unique en son genre, une institution essentiellement utilisée par la population athénienne.

Un personnel enseignant nombreux et de haut niveau

En raison de l'intégration des nombreux professeurs de l'Alliance Française à l'IFA et du recrutement de plusieurs nouveaux enseignants afin de pourvoir en personnel les annexes fondées dans les années 1940 et 1950, le corps enseignant de l'institution change de taille. En 1945, le personnel enseignant de l'institut comprenait au total 19 professeurs, 14 Français et 5 Grecs. En 1950, leur nombre s'élève à 136, dont 24 Français et 112 Grecs[33]. C'est non seulement la taille, mais aussi la composition de son personnel qui ont radicalement changé en quelques années. À l'École Giffard puis à l'Institut supérieur d'études françaises, de 1907 à 1942, les enseignants étaient tous français. L'Institut français d'Athènes, qui leur a succédé, emploie majoritairement des professeurs grecs, issus pour la plupart de sa propre école de formation de francisants, le Cours spécial.

Ces enseignants grecs ont non seulement reçu une formation pédagogique complète et très avancée, tant au niveau théorique qu'au niveau pratique, mais ils sont de plus, pour

32. AIFG, c. Effectifs de cours IFA + Annexes, 1967-1982, « IFA. Effectif au 30 novembre 1980 », 11 décembre 1980.

33. ADN, 754PO/1, c. 27, IFA, « Rapport 1950-1951 », p. 2.

la plupart d'entre eux, très dévoués à l'institut et à son directeur et exercent leur métier d'enseignant avec zèle et application. L'extrait suivant, provenant d'un rapport annuel de 1952, montre bien à quel point Octave Merlier apprécie l'œuvre menée par les enseignants de l'institut :

> L'outil que nous avons forgé ici est de bonne qualité. Les ouvriers qui l'ont en mains ont fait leur tâche avec conscience ; un grand nombre d'entre eux l'ont accomplie comme un apostolat. [...]. Le personnel français envoyé en Grèce et le personnel grec qui travaille à nos côtés constituent une élite rare[34].

Sans doute pourrait-on dire que Merlier a tendance à louer auprès de ses supérieurs les mérites de son personnel pour se faire valoir. Mais un autre témoignage, émanant cette fois-ci de Marie-Hélène Estève, conseiller culturel adjoint et directeur adjoint de l'IFA, en poste en 1991, vient confirmer ces observations sur la qualité et le dévouement des enseignants-diplômés du Cours spécial recrutés sous l'ère Merlier :

> Les enseignants soigneusement sélectionnés recevaient dans le fameux Cours spécial une formation linguistique et pédagogique théorique et pratique, très poussée, couronnée par un véritable concours qui leur donnait le droit d'être nommé sur l'un des postes de professeur de français alors vacant dans le réseau de l'Institut et des annexes ou dans celui de l'éducation publique hellénique. Ils suivaient ensuite une carrière qui les menait selon leurs demandes de mutation et les possibilités de notre réseau de l'un à l'autre de nos établissements. Ces enseignants pour la plupart d'une conscience professionnelle à toute épreuve portaient à l'Institut une orgueilleuse allégeance et un amour filial à la langue française qu'ils maniaient à la perfection. C'était ce corps professoral d'élite qui faisait de l'Institut cette « académie » où les parents grecs, avides pour leur progéniture d'instruction prestigieuse, inscrivaient en nombre leurs enfants[35].

Comme avant la guerre, il se trouve plusieurs agrégés parmi le personnel enseignant français de l'institut. En 1949, par exemple, ils sont six sur un total de vingt professeurs, les autres étant des licenciés de l'université et des instituteurs. Ces enseignants agrégés, regroupés à l'institut central, assurent les cours supérieurs, les cours pour le baccalauréat et l'enseignement de plusieurs matières du Cours spécial, mais aussi l'organisation de cours publics de littérature, de philosophie ou d'histoire, ainsi que de très nombreuses conférences sur des sujets variés. Ainsi, leur action, à la fois pédagogique et culturelle, ne concerne pas seulement la population scolaire de l'institut, mais touche également le public athénien qui fréquente les manifestations culturelles de l'établissement.

34. ADN, 754PO/1, c. 27, IFA, « Rapport 1951-1952 », p. 98.

35. AIFG, IFA, Conseil d'orientation pédagogique, M.-H. Estève, directeur-adjoint de l'IFA, 27 mars 1991.

« Une élite rare » se trouve aussi au sein du corps enseignant grec employé à l'IFA. Celui-ci ne comprend pas que des diplômés du Cours spécial. Merlier a pris soin de recruter dans les années 1940 un personnel enseignant grec de très haut niveau, y compris de docteurs et de licenciés de l'université. Signalons, entre autres, Georges Mourélos, docteur ès lettres de l'université de Thessalonique, et Nicolas Criticos, docteur ès sciences. Il convient d'observer à cet égard que tous les deux ont suivi dans les années 1950 et 1960 une carrière universitaire, le premier à l'université de Thessalonique, le second à l'École polytechnique d'Athènes. Notons également la présence parmi ces enseignants grecs des licenciés ès lettres Irène et Vrasidas Tsouchlos, du diplômé de l'université de Thessalonique Dimitris Thividopoulos, de chercheurs à l'Institut Pasteur d'Athènes Dimitris et Zoé Ioannidis, ainsi que de l'ingénieur civil Paul Collaros. Ces docteurs et diplômés grecs enseignent dans les classes supérieures et le Cours spécial, ainsi que dans le cadre de la préparation au baccalauréat[36]. Si la taille ainsi que la composition du personnel enseignant ont été profondément modifiés après la guerre, force est de constater que ce qui représente, en fin de compte, l'un des principaux atouts de l'établissement et qui explique en grande partie sa réussite en tant qu'institution éducative et culturelle, à savoir la qualité et le dévouement de ses enseignants, n'a nullement changé d'une période à l'autre.

Dans les années 1960, 1970 et 1980, l'IFA compte toujours un personnel nombreux et d'une grande diversité. Il se compose majoritairement d'enseignants, pour la plupart de nationalité hellénique. En gros, ce personnel enseignant est formé aux trois quarts par des Grecs et pour un quart par des Français. Ces derniers se subdivisent en deux catégories principales. D'un côté, il y a les expatriés, pour la plupart de sexe masculin, détachés de l'enseignement public français, hautement qualifiés, souvent détenteurs d'une agrégation, qui assurent les cours supérieurs et contribuent parfois au programme de conférences publiques organisé par l'institut. Ils occupent souvent des postes élevés au sein de la hiérarchie de l'établissement et accèdent aux postes de responsabilité (directeur d'annexe, chef de service, etc.). De l'autre, se trouvent les Français recrutés localement, pour la plupart de sexe féminin, moins dotés en titres universitaires, occupant des positions subalternes au sein de l'établissement, installés durablement en Grèce, ayant souvent un conjoint d'origine grecque. En 1966, parmi les 28 enseignants français de l'établissement, 18 ont été détachés de la métropole et 9 ont été recrutés localement[37]. En 1984, l'IFA compte au total 23 « détachés » parmi ses effectifs, dont 6 enseignants, 8 attachés linguistiques et 9 administratifs[38]. Le nombre de détachés a lui aussi légèrement augmenté des années 1960 aux années 1980, confirmant la tendance à l'accroissement du personnel de l'IFA observée pour cette période.

36. ADN, 754PO/1, c. 27, IFA, « Rapport 1947-1948 », p. 11 ; « Rapport 1950-1951 », p. 15-16.

37. ADN, 754/1, c. 30, IFA, « Rapport 1965-1966 », p. 2.

38. AIFG, Dominique Chapy, ambassadeur, à la DGRCST, « Évolution et restructuration de l'IFA », 4 avril 1984, p. 5.

Entre ces principales catégories d'employés (Français expatriés, Français résidant sur place et Grecs) les niveaux de rémunération, ainsi que, parfois, les horaires de travail, ne sont pas les mêmes. Les enseignants français expatriés ont ainsi un horaire de 18 heures d'enseignement par semaine contre 24 pour leurs collègues grecs. Ce qui ne manque pas de créer, parfois, des tensions entre eux, ainsi qu'avec la direction[39]. Une autre cause de grief est l'écart de rémunération entre les uns et les autres, les enseignants français détachés de la métropole étant deux à trois fois mieux payés que leurs collègues grecs recrutés locaux[40]. Gérer un personnel aussi divers quant à ses origines, son statut et ses droits, et désamorcer les éventuels conflits qui se profilent entre ses membres s'avère, en fin de compte, une entreprise fort délicate pour les administrateurs de l'institution.

Dix ans plus tard, en 1976, l'institut compte à peu près le même nombre d'enseignants (209), auxquels il faut ajouter un personnel administratif composé de 24 agents, ainsi qu'un personnel de service comprenant 55 autres personnes. De sorte qu'au cours des années 1970 l'établissement français emploie 282 personnes au total, majoritairement des Grecs[41]. Parmi les entreprises et institutions françaises de toute sorte (éducatives, scientifiques, etc.) présentes sur le territoire grec, mais aussi parmi les autres institutions culturelles étrangères (British Council, Goethe Institut, Istituto Italiano) du même genre opérant en Grèce, aucune, à notre connaissance, n'offre autant de postes de travail à la population locale que l'IFA – des emplois de nature diverse, allant du gardien et de la secrétaire à l'enseignant, localisés, qui plus est, non seulement à Athènes, mais aussi dans des petites villes de province. Reconnue essentiellement pour son apport dans les domaines éducatif et culturel, l'institution française a également joué un rôle social important en tant qu'employeur, rôle souvent négligé lorsque l'on rend hommage à son œuvre, à la fois riche et multiple.

Une première association syndicale regroupant les enseignants de l'institut fait son apparition dès 1961. Près des deux tiers du personnel y adhèrent aussitôt. Un dialogue s'établit entre les représentants syndicaux et le directeur Jacques Fauve, qui commence à se montrer plus attentif aux revendications des employés de l'établissement. En novembre 1971, le « Syllogue du personnel enseignant et administratif de l'Institut français d'Athènes » soumet au directeur Fauve des « suggestions » portant essentiellement sur les salaires et les conditions de travail. L'association syndicale demande, entre autres, une augmentation des émoluments de l'ordre de 10 %, la réduction de l'horaire d'enseignement pour les professeurs ayant dépassé 25 années de service ou ayant atteint l'âge de 50 ans, la promotion du personnel de service en fonction de l'ancienneté et des services rendus et la

39. AIFG, Petros Papadopoulos, Président de l'Association des professeurs grecs et du personnel de l'IFA au Ministre hellénique de l'Éducation nationale, Athènes, 19 février 1979.

40. « Τι γίνεται στο Γαλλικό Ινστιτούτο » [Que se passe-t-il à l'Institut français ?], *Pontiki*, 2 mai 1996.

41. AIFG, Jacques Fauve, « Institut français d'Athènes 1976 », p. 6.

mise en place d'une assurance complémentaire pour tout le personnel aux frais de l'institut. La principale revendication porte, cependant, sur l'alignement de la rémunération des enseignants sur celle des professeurs de l'État grec, ainsi que sur le droit de faire une carrière au sein de l'établissement[42].

En raison de l'essor que connaît le syndicalisme en Grèce après 1974, comme corollaire de la chute du régime militaire et du rétablissement des principales libertés, associé à l'ère post-68 qui consacre le militantisme, l'association du personnel se montre plus revendicative au cours de la deuxième moitié des années 1970. Une note de l'ambassadeur de France à Athènes Jean-Marie Mérillon, adressée au ministère, témoigne de ce fait en 1976 : « Les professeurs, plus nombreux et mieux organisés sur le plan syndical depuis le rétablissement de la démocratie, présentent des revendications de plus en plus fermes en ce qui concerne leurs conditions de travail et de rémunération[43] ». Aux principales revendications déjà formulées s'ajoute en 1976 une nouvelle demande : la participation du personnel à la gestion de l'établissement, au-delà des questions d'ordre pédagogique. Un appel à la grève est même lancé au sein du personnel[44]. De fait, une grève d'avertissement d'un jour a bien lieu le 16 janvier 1976 – une première dans la longue histoire de l'institution.

Le directeur de l'époque, Jacques Fauve, reconnaît que l'inflation a, effectivement, réduit sensiblement le pouvoir d'achat des salariés et signale au Département que les professeurs refusent désormais de s'accommoder de conditions de vie modestes comme ils l'avaient fait jusque-là. Il se montre ainsi disposé à rehausser leurs rémunérations en majorant les droits d'écolage versés par les élèves[45]. Sous la pression d'une nouvelle grève, survenue en mars 1977 et d'une durée de 15 jours, il s'engage finalement à accorder des hausses salariales et, plus généralement, à aligner le régime de travail des enseignants de l'institut sur celui de leurs collègues employés dans l'enseignement secondaire public[46]. Si les revendications salariales du personnel enseignant sont bel et bien prises en compte, la direction se montre, en revanche, plus réticente à modifier le nombre d'heures d'enseignement, c'est-à-dire à aligner l'horaire de travail de ses professeurs sur celui des fonctionnaires de l'État grec[47]. Cette réticence s'explique vraisemblablement par le fait que l'établissement est confronté dans les années 1970 à une hausse continue du nombre de ses élèves. Pour satisfaire à cette demande accrue, il faut, aux yeux de ses directeurs, que l'institution fonctionne au

42. AIFG, Syllogue du personnel enseignant et administratif de l'IFA, Président, A. Alexakis, secrétaire, E. Tiscoura, au directeur de l'IFA Jacques Fauve, 24 novembre 1971.

43. AIFG, Jean-Marie Mérillon, ambassadeur, à la DGRCST, « Rapport d'activités pour l'année 1976 », 8 juillet 1977.

44. AIFG, Jacques Fauve, « Note au personnel de l'Institut », 13 janvier 1976.

45. AIFG, Jacques Fauve, « Institut Français d'Athènes 1976 », p. 6-7.

46. AMAE, INVA/BSG/345, c. 1416, Yvon Omnès, chargé d'affaires, à la DGRCST, « Personnel Grèce de l'IFA », 17 mars 1977.

47. AIFG, ambassadeur de France en Grèce à la DGRCST, « Le mouvement de grève à l'IFA : conséquences », 17 mars 1977.

maximum de ses capacités, avec les horaires de travail élargis tels qu'on les a pratiqués jusque-là, afin d'éviter toute nouvelle embauche.

L'association syndicale lance ainsi un nouveau mouvement de grève en février 1980, demandant l'application de l'horaire de travail en vigueur pour les professeurs des établissements scolaires publics. Cela signifie que le temps d'enseignement doit être ramené de 24 à 21 heures, voire, en fonction de l'ancienneté, à 18 heures par semaine. Les syndicalistes réclament aussi que des hausses de salaire soient régulièrement octroyées, en suivant ce qui se pratique dans la fonction publique. Ils demandent, enfin, que l'alignement de leur régime de travail sur celui des enseignants du secteur public soit officiellement inscrit dans le règlement intérieur dont l'institution s'est dotée[48]. Leurs revendications sont même reprises par des députés du Parti communiste grec, qui interpellent à ce sujet le ministère grec de l'Éducation nationale, l'incitant à intervenir en faveur des grévistes[49]. Porté devant le Parlement et commenté par la presse grecque, le conflit social survenu au sein de l'établissement obtient une large publicité, évolution dont la direction se serait bien volontiers passée.

Les documents disponibles laissent penser que cette dernière finit par céder également sur le point concernant l'horaire des enseignants. Au début des années 1990, la plupart des professeurs permanents exercent 18 heures par semaine sur une année scolaire comprenant 25 semaines[50]. Au cours de cette même décennie, l'institut se présente comme un établissement ayant pris soin d'aligner depuis 1977 les salaires de ces professeurs sur ceux de l'enseignement public grec et de leur avoir accordé tous « les droits et les avantages de la Fonction Publique grecque ». Il est aussi signalé qu'un nombre important de ressortissants grecs assure des fonctions d'encadrement au sein de l'établissement[51].

Il faut cependant noter que, progressivement, depuis la fin des années 1970, la part des professeurs permanents dans l'ensemble du corps enseignant diminue, alors que progresse celle des suppléants. Au début des années 1990, l'institut emploie 245 enseignants permanents et 71 enseignants suppléants, ces derniers représentant ainsi presque un quart des effectifs[52]. À la tendance de la direction d'avoir recours de plus en plus à des contractuels, le syndicat du personnel répond en réclamant plus de « permanentisations ». De fait, alors que de 1976 à 1982 le nombre de professeurs passant de suppléant à permanent varie chaque année de 1 à 7, il augmente fortement au cours des années suivantes[53].

48. AMAE, INVA BSG345, c. 1416, Association de professeurs grecs et du personnel administratif de l'IFA, « Mémoire concernant le personnel grec de l'IFA » s.d. ; Jacques de Folin, ambassadeur, à la DGRCST, « Mémoire adressé au Département par le Syndicat des professeurs grecs de l'IFA », 12 mars 1980.

49. « Ερώτηση του ΚΚΕ για το Γαλλικό Ινστιτούτο » [Question posée par le PCG concernant l'IFA] », *Ριζοσπάστης*, 5 mars 1980.

50. AIFG, Michel Guérin, « Réflexion sur la mutation de l'IFA », Athènes, 10 janvier 1992, p. 6.

51. AIFG, « Projet Numéro 2 », s.d.

52. AIFG, « Réflexion sur la mutation de l'IFA », Athènes, 10 janvier 1992, p. 6.

53. AIFG, Pierre Zammit, « Réflexion sur la mutation de l'IFA », Athènes, 10 janvier 1992, p. 6.

Entre 1983 et 1987, sous la pression syndicale, 141 professeurs obtiennent le statut de permanent[54]. Cette évolution se produit alors que le nombre d'inscrits aux cours connaît une érosion continue et systématique. Critique, le directeur Michel Guérin fait observer dans un de ses rapports : « Plus de professeurs, moins d'élèves[55] ! ». De manière générale, les conflits sociaux des années 1970 et 1980 amènent les directeurs à reconsidérer la politique d'agrandissement suivie jusque-là : à mesure que ses structures se développent, l'administration de l'établissement devient de plus en plus compliquée. Simplifier la gestion de l'institution en matière de ressources humaines est une des préoccupations qui vont lourdement peser dans l'élaboration des plans de modernisation au cours des années suivantes.

L'agrandissement des locaux

La forte hausse des effectifs scolaires à partir de la fin des années 1930 a très vite fait surgir un grave problème d'insuffisance de locaux. Construit en 1906, agrandi en 1915 et pouvant accueillir jusqu'à 600 élèves, le bâtiment central de la rue Sina en reçoit près de 1 000 avant la Deuxième Guerre mondiale, 2 500 au lendemain de la Libération. Or, il ne dispose que de 4 salles d'enseignement, d'une salle de conférences (d'une capacité de 200 places), d'une bibliothèque et d'un bureau de direction. L'espace destiné à héberger des activités éducatives et culturelles en pleine croissance s'avère manifestement trop exigu. La question de l'agrandissement de l'édifice de la rue Sina se pose dès 1937 et un projet de surélévation d'un étage est même préparé avant la guerre par l'architecte de l'École française Henri Ducoux. Une procédure d'adjudication est engagée et des dossiers sont déposés par cinq entreprises de construction en mars 1940, mais l'opération est entravée par le déclenchement du conflit mondial.

Pour désengorger l'édifice de la rue Sina, un immeuble est loué en septembre 1945, au 25 rue Sina, pouvant recevoir 700 étudiants, et en septembre 1947, une annexe est créée dans le quartier proche de Patissia (à 3 km distance), attirant plus 700 inscrits[56]. Or, le problème qui se pose ne se limite pas à l'accueil des très nombreux élèves qui fréquentent les cours et des auditeurs qui assistent aux manifestations culturelles. L'établissement se trouve également dans un besoin urgent de loger les nombreux services administratifs qui se sont créés en son sein, comme conséquence de son autonomisation complète de l'École française et de sa croissance institutionnelle. En effet, l'IFA se dote après 1945 de plusieurs secrétariats, d'un service de comptabilité, d'un service des publications et même d'une

54. AIFG, Michel Guérin, « Réflexions sur la mutation de l'IFA », Athènes, 10 janvier 1992, p. 2.

55. *Ibid.*

56. AMAE, 69, Octave Merlier à la DGRC, Athènes, 22 octobre 1945 ; AMAE, 753PO/1, c. 27, IFA, « Rapport 1946-1947 », p. 4 ; IFA, « Rapport 1947-1948 », p. 17-18.

imprimerie, après 1949[57]. Un appartement de deux pièces est même loué, au 62 rue Sina, en mai 1947, pour abriter le service des publications, le secrétariat des annexes et les cours de baccalauréat, sans véritablement apporter une solution satisfaisante au problème accru de logement qui se pose[58].

Sous l'effet de la pression continue exercée par Merlier, qui ne cesse dans sa correspondance avec le ministère et l'ambassade de signaler l'insuffisance des locaux, la décision est prise au début des années 1950 d'engager des travaux d'agrandissement et de surélévation du bâtiment historique de la rue Sina, sur des plans établis par les architectes Bonis et Ducoux (**fig. 20**). Après avoir mis une nouvelle fois les travaux en adjudication, c'est la soumission de l'entreprise de construction d'Antonis Petsopoulos qui est retenue, pour un montant d'un peu plus de six milliards de drachmes. La tâche qui incombe à ce dernier n'est guère aisée, car pendant les travaux l'institut doit pouvoir fonctionner normalement, sans interruption, afin de ne pas perdre d'élèves. Ces travaux comprennent principalement la construction d'une nouvelle aile, ainsi que la surélévation de deux étages du bâtiment existant (**fig. 21-23**). L'entrepreneur doit, en outre, construire un abri militaire exigé par les autorités grecques, ce qui entraîne le creusement de la presque totalité du jardin de l'institut, l'exécution de murs et de plaques en béton armé, et la réfection du jardin au-dessus de l'abri. Commencés en juillet 1952, les travaux portant sur le bâtiment sont achevés en novembre 1953, l'abri est prêt en avril 1954 et le jardin refait en février 1955 (**fig. 24-25, 29**). L'institut dispose désormais de tous les bureaux dont il a besoin pour ses services d'administration (**fig. 26-27, 30**), d'une salle de conférences agrandie et dotée d'une scène (**fig. 28**), de onze salles spacieuses (contre cinq petites avant les travaux), d'un étage pour les salles de lecture et les réserves de livres ainsi que d'un sous-sol aménagé pour l'installation de l'imprimerie, comprenant une salle de composition, une salle de presses, un atelier de photographie et des espaces de stockage pour les livres. Merlier se montre très satisfait de l'œuvre accomplie, signalant que le nouveau bâtiment a été « remarquablement étudié et construit[59] ». Il loue, par ailleurs, les mérites de ceux qui en avaient été les principaux artisans :

> Je me plais à dire ici que l'ensemble des travaux d'agrandissement et de construction de l'Institut s'est effectué dans une atmosphère d'entière confiance et je n'ai eu qu'à me louer de la bonne volonté de M. Petsopoulos, comme de l'architecte, M. Bonis, qui, adjoint de M. Ducoux, a conduit les travaux avec la diligence souhaitable et nécessaire[60].

57. ADN, 753PO/1, c. 27, IFA, Rapport 1946-1947, p. 46-51.
58. ADN, 753PO/1, c. 27, IFA, Rapport 1946-1947, p. 4.
59. ADN, 753PO/1, c. 21, « Note sur les travaux de construction et d'agrandissement à l'Institut français d'Athènes », Athènes, 25 février 1955 [O. Merlier] ; IFA, architectes H. Ducoux et L. Bonis, « Travaux d'extension et de surélévation des bâtiments existants. Planning », Athènes, 10 mai 1952.
60. *Ibid.*

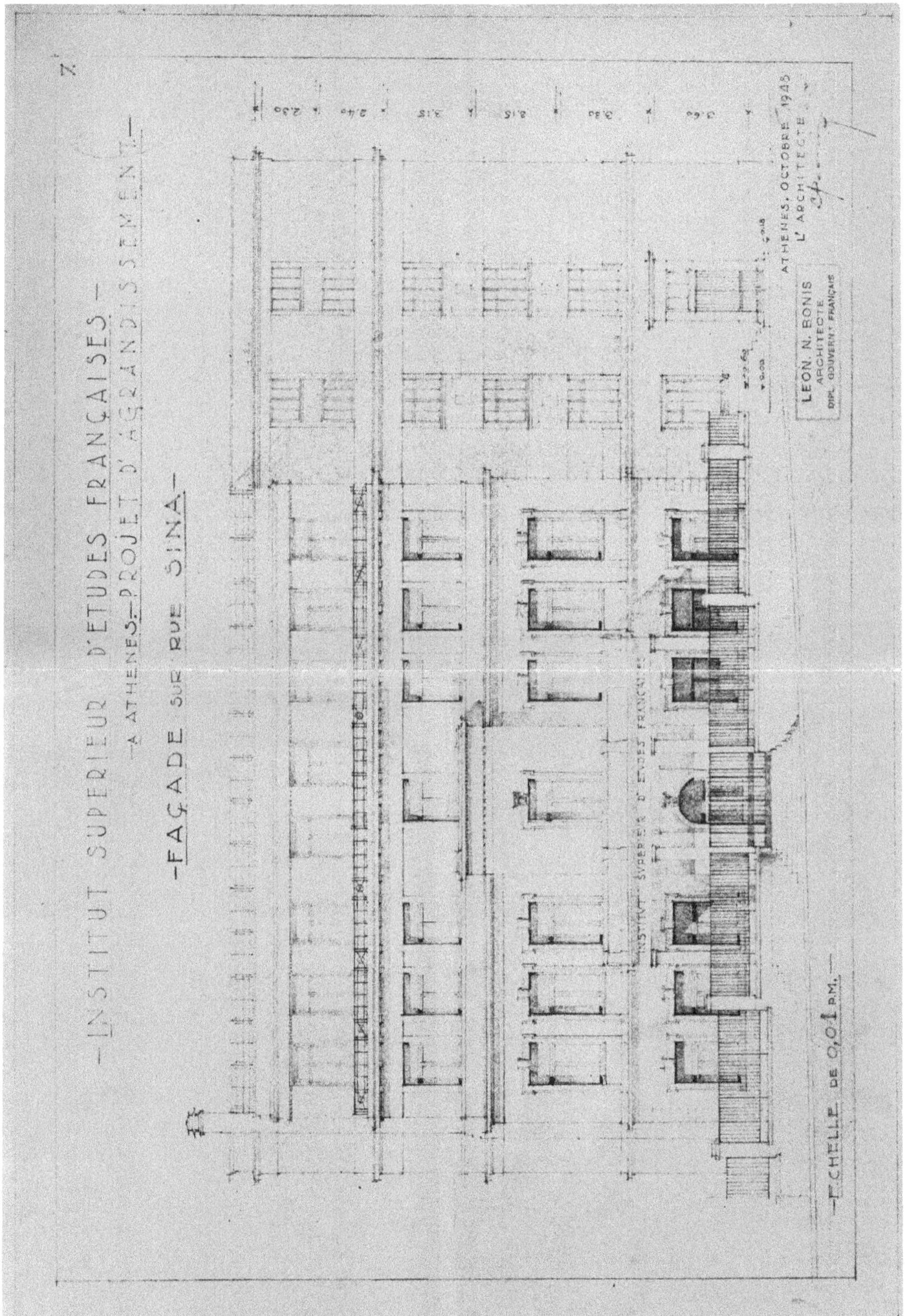

Fig. 20 — Projet d'agrandissement de l'Institut français d'Athènes, façade sur la rue Sina, par l'architecte Léon Bonis, octobre 1948 (projet non réalisé). © Institut français de Grèce.

Fig. 21 — Le nouveau bâtiment en construction, 1952-1954. © Institut français de Grèce.

Fig. 22 — Construction de la nouvelle aile, avec la maison du directeur au premier plan, 1952-1954. © Institut français de Grèce.

Fig. 23 — Le nouveau bâtiment de l'Institut français d'Athènes après l'achèvement des travaux de 1952-1954. On distingue au fond l'annexe des membres étrangers de l'École française d'Athènes. © Institut français de Grèce.

Fig. 24 — Vue générale de l'Institut français d'Athènes, avec la maison du directeur au premier plan, après l'achèvement des travaux de 1952-1954. © Institut français de Grèce.

Fig. 25 — Vue arrière du nouveau bâtiment de l'Institut français d'Athènes, avec la terrasse de la maison du directeur au premier plan, années 1950. En bas à droite, le toit du musée des moulages de l'École française d'Athènes, le terrain de tennis et au fond l'angle du bâtiment de l'aile des membres de l'École française d'Athènes. © Institut français de Grèce.

Fig. 26 — Secrétariat de l'Institut français d'Athènes après les travaux menés dans les années 1950. © Institut français de Grèce.

Fig. 27 — Bureau d'accueil de l'Institut français d'Athènes, après les travaux menés dans les années 1950. © Institut français de Grèce.

Fig. 28 — Salle de conférences de l'Institut français d'Athènes (dans le bâtiment construit en 1952-1954). © Institut français de Grèce.

Fig. 29 — Le jardin de l'Institut français d'Athènes, années 1950. © Institut français de Grèce.

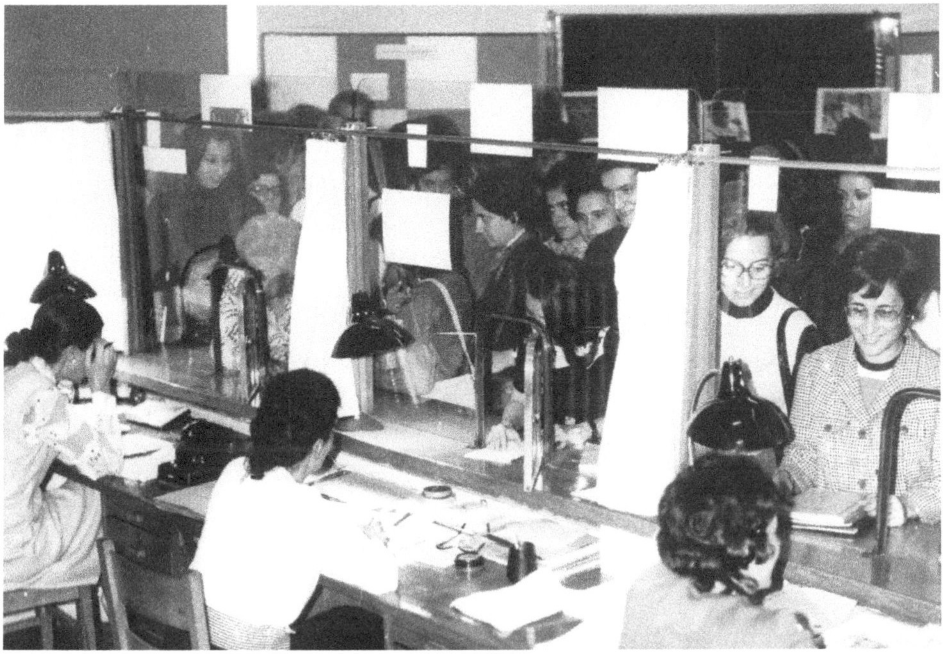

Fig. 30 — Secrétariat de l'Institut français d'Athènes au moment des inscriptions, années 1960-1970. © Institut français de Grèce.

L'IFA dispose enfin d'une infrastructure matérielle à la mesure des ambitions de son premier directeur, qui cherche à faire de celle-ci une institution de référence, voire d'excellence, tant sur le plan éducatif que sur le plan culturel et même scientifique. Merlier ne se limite d'ailleurs pas à renforcer l'infrastructure matérielle du bâtiment central de l'institut. Il prend aussi soin des annexes athéniennes ou provinciales, en développant un programme d'achat de bâtiments ou de terrains et de construction de centres d'enseignement. Ainsi, un bâtiment est acheté à Patras en 1949, une école est construite en 1952 à Pyrgos, un terrain est acquis en 1952 à Larissa, en vue de construire un centre d'enseignement, un immeuble scolaire est acheté en 1953 à Patissia[61]. À la fin du mandat de Merlier, l'IFA est propriétaire de neuf bâtiments[62]. Le fait qu'aujourd'hui encore l'institution est présente là où elle avait pris soin d'acquérir une propriété (Larissa, Patras) en dit long, peut-être, sur le bien-fondé de la politique d'acquisition menée par Merlier. Toujours est-il que, si la direction de Merlier correspond sans aucun doute à une période de développement de l'institution française, c'est aussi parce que ce dernier a veillé à bâtir son développement sur de solides assises matérielles.

61. ADN, 48PO/B, c. 96, IFA, Octave Merlier, à E. Faure, ministre des Finances, 11 janvier 1954.

62. ADN, 753PO/1, c. 30, IFA, « Rapport 1962-1963 », p. 28-34.

Un centre moderne d'apprentissage du français

Un laboratoire pédagogique innovant

C'est précisément parce que l'IFA dispose d'une élite de professeurs, parce qu'il a recruté des enseignants de haut niveau, passionnés par leur métier, qu'il peut se transformer dès la fin de la guerre en un véritable laboratoire pédagogique, spécialisé dans l'enseignement de la langue française aux Grecs. L'institution introduit ainsi et applique au cours de la deuxième moitié des années 1940 et tout au long des années 1950 tout une série d'innovations méthodologiques et didactiques. Ces innovations comprennent plus précisément l'élaboration d'une nouvelle méthode d'enseignement du français, la confection d'un matériel pédagogique spécifique, qui lui sert de support, la rédaction de manuels d'enseignement spécialement conçus pour des élèves grecs, l'organisation de congrès pédagogiques réunissant les enseignants du français et la mise en valeur des aspects pédagogiques des fêtes scolaires[63]. Tout cela montre que c'est une véritable réflexion sur l'enseignement du français qui est engagée au sein de l'institut, aussitôt testée et appliquée dans ses centres d'enseignement.

À l'origine de ces innovations pédagogiques, on trouve un groupe d'enseignants de l'institut, issus pour la plupart du Cours spécial, très attachés à Octave Merlier et qui bénéficient de son soutien inconditionnel. Ce groupe d'enseignants pionniers comprend, entre autres, Hélène Papanicolaou, Marie-Louise Colombos-Bigot, Hélène Mourélou-Metaxa, Irène Tsouchlou et Georges Mourélos. L'un des exploits de ce groupe de pédagogues est d'élaborer une nouvelle méthode d'enseignement du français, la méthode orale. L'idée est ancienne, comme le reconnaît Merlier, mais elle est reprise, étudiée et mise en pratique par ces enseignants grecs de l'institut. Il s'agit d'un enseignement complètement oral, « sans aucun usage de l'écriture, sans aucune leçon de lecture[64] », destiné aux élèves débutants. Les professeurs de l'institut leur apprennent à parler, en s'exprimant d'abord en des phrases simples avec les mots les plus usuels, puis à composer des phrases plus complexes, en corrigeant constamment la prononciation. À la fin du Cours oral, les élèves sont censés comprendre tout ce que dit l'enseignant et manier près d'un millier de mots relevant de l'usage quotidien[65].

Des outils de travail sont également conçus et produits pour soutenir cette nouvelle méthode et plus généralement l'enseignement du français dans les classes. Ainsi, des membres de ce groupe, avec en tête Hélène Mourélou-Metaxa, élaborent des tableaux muraux (la maison de campagne, l'intérieur de la maison, la famille, les métiers, etc.) et des cartes illustrées, pour l'enseignement par l'image, mais aussi comme illustration des

63. ADN, 48PO/B, c. 95, IFA à la DGRC, « Congrès à l'Institut », 8 avril 1950.

64. ADN, 754PO/1, c. 27, IFA, « Rapport 1946-1947 », p. 9.

65. Sur le Cours oral, voir aussi Efthymiou, Manitakis, 2017, p. 121-137.

chansons françaises. Il s'agit d'équiper les classes d'enseignement et de fournir aux élèves des outils scolaires performants. L'institut se met ainsi à produire son propre matériel pédagogique. Afin de faciliter la diffusion de la nouvelle méthode et son appropriation par leurs collègues, trois membres de ce groupe d'enseignants, Hélène Papanicolaou en collaboration avec Irène Tsouchlou et Hélène Mourélou-Metaxa, préparent un guide, intitulé *Enseignement oral et cours élémentaire*, destiné aux professeurs chargés de l'enseignement oral[66].

Hormis ce guide à destination des professeurs, ce sont plusieurs ouvrages scolaires qui voient le jour au cours de la deuxième moitié des années 1940, tous rédigés par des enseignants de l'institut. Élaboré par Hélène Papanicolaou et Maria Casanova, avec des illustrations d'Hélène Mourélou-Metaxa, *Notre premier livre de lecture* paraît en octobre 1946[67]. La production de manuels scolaires s'intensifie au cours des années suivantes et jusqu'à la fin de cette décennie (**fig. 31-32**). Hélène Mourélou-Metaxa confectionne son propre livre scolaire, intitulé *L'enseignement par l'image et la chanson*[68], destiné aux élèves du Cours oral et préparatoire. La doyenne des enseignantes, Hélène Renvoysé, compose l'ouvrage *Eléments de vocabulaire et grammaire*, destiné aux élèves des Cours élémentaires. Un deuxième ouvrage de H. Renvoysé, la *Méthode de prononciation et de lecture*[69], paru pour la première fois avant la guerre, est réédité, revu et corrigé, au cours de cette période. Trois institutrices de l'institut, Suzanne Bacardats, Marie-Louise Colombos et Jacqueline Muller-Schidun, rédigent ensemble *Cours Moyen. Deuxième année*, un manuel destiné, comme son titre l'indique, aux élèves du cours moyen[70]. Initialement ronéotypés, ces ouvrages sont, après la mise en service au début des années 1950 d'une imprimerie au sein de l'établissement, systématiquement édités et vendus chaque année en plusieurs milliers d'exemplaires aux élèves de l'institut. Les recettes que procurent la vente des livres scolaires passent de 17 millions de drachmes en 1946 à 105 millions de drachmes en 1950.

Soucieux de mener à un niveau collectif la réflexion sur la méthode et le programme d'enseignement à suivre, Merlier se lance, par ailleurs, dans l'organisation de congrès pédagogiques, avec l'aide de Milliex et des membres de son avant-garde d'enseignants. Tenus régulièrement, à partir d'avril 1946, en 1947, 1948, 1950 et 1955, lors des vacances scolaires de Pâques, ces congrès, auxquels assistent les professeurs de toutes les annexes, y compris celles de province, soit une centaine au moins d'enseignants, permettent à la « grande famille de professeurs » de l'institut de se réunir au complet sur le même lieu pendant plusieurs jours, de s'initier à de nouvelles méthodes, de discuter et d'échanger

66. Mourelos, Papanicolaou, Tsouchlou 1948.
67. Casanova, Papanicolaou 1946.
68. Metaxas-Mourélos 1948.
69. Renvoysé 1948.
70. Bacardas, Colombos, Muller 1948.

LECTURE A LA MAISON

Un concours amusant

Assis sur la terrasse le jury siège gravement sous la présidence d'Oncle Michel. Au bas des marches, sur la pelouse, défilent, légers comme l'air, Colombine, Arlequin, Pierrot, Polichinelle. Ils tournent, dansent, font un long salut et disparaissent derrière la maison.

Maintenant, sur la grande pelouse verte, il n'y a plus qu'un point rouge, il s'anime : c'est une fleur, un coquelicot. Il avance lentement vers le jury à tout petits pas, baisse la tête, qui est coiffée d'une calotte noire, pour saluer, et laisse voir un joli rossignol posé sur sa main droite.

Gentil coquelicot, Mesdames,
Gentil coquelicot nouveau,

chante toute l'assistance, qui a immédiatement reconnu le costume. Et la petite fille commence :

Je suis des - cen - due dans mon jar-
din, Je suis des-cen-due dans mon jar - din, Pour y cueil-

— 162 —

lir du ro - ma - rin. Gen - til coque - li-
cot, Mes - da - mes. Gen - til coque - li - cot nou - veau.

Pour y cueillir du romarin ;
Je n'en avais pas cueilli trois brins,

Qu'un rossignol vint sur ma main ;
Il me dit trois mots en latin :

A chaque couplet un nouveau coquelicot vient se placer à droite, puis un autre à gauche, puis un troisième, un quatrième... Enfin ils forment un demi-cercle autour de la petite fille, qui termine sa chanson :

Que les petites filles ne valent rien
Et les garçons encore bien moins.

Les coquelicots qui l'entourent lui donnent la réplique :

῞Ο - λες οἱ πα - - πα - - ροῦ - νες, πα - πα-
ροῦ - - να μου, ὅ - λες οἱ πα- - πα- -
ροῦ - - νες ἀ - νοί - γουν τὸ πρω - ί,

— 163 —

Fig. 31 — *Notre premier livre de français*, livre scolaire paru dans la Collection de l'Institut français d'Athènes. © Collection particulière.

DEUXIÈME LEÇON Sons nouveaux : e de détente ; r, t, c, p.

Romas rame, il rame vite ;
il arrive à Tinos.

Romas rame, il rame
vite, il arrive à Tinos.

Romas rame, il rame vite ; il arrive à Tinos.
Rita arrive à Salamine. Marie va à Rome.

10

Minas va à Patras ;
il porte sa cape,
il tire Cami, l'âne.

Minas va à Patras ; il porte sa cape ; il tire Cami, l'âne : va vite, crie Minas à Cami. L'âne trotte, Minas arrive à la ville.

Minas va à Patras, il porte
sa cape, il tire Cami, l'âne.

11

Fig. 32 — *Sons et couleurs. Livre élémentaire de lecture*, paru dans la Collection de l'Institut français, 1958. © Collection particulière.

sur des questions concernant l'enseignement du français[71]. Séances de travail, conférences, présentation de leçons-modèles, ainsi que de fêtes-modèles se succèdent. L'ambassadeur de France de Vaux Saint-Cyr, ainsi que des hauts fonctionnaires du ministère grec de l'Éducation nationale, honorent souvent de leur présence ces congrès pédagogiques de l'IFA. Signe de l'importance que prend cette pratique et de la reconnaissance dont elle jouit, le congrès pédagogique d'avril 1950, préparé par les proches collaborateurs de Merlier (R. Milliex, H. Papanicolaou, H. Mourélou-Metaxa), réunit plus de 200 congressistes. Hormis les enseignants de l'institut, des professeurs de français des lycées publics, des établissements religieux français et de l'enseignement libre suivent les travaux de la rencontre. Les congrès de l'institut visent surtout désormais à faire une démonstration des méthodes d'enseignement de l'établissement, s'adressant principalement à des enseignants sans lien direct avec l'institution[72]. Diffuser plus largement ses pratiques et ses outils éducatifs au sein de la communauté des enseignants grecs du français fait partie des ambitions de l'IFA sous la direction d'Octave Merlier.

Après la guerre, l'enseignement du français est organisé en trois cycles d'études : élémentaire, intermédiaire et supérieur. Le cycle élémentaire, destiné en principe aux élèves de 10 à 14 ans, comprend deux années de Cours oral et une année de Cours élémentaire (4 heures d'enseignement par semaine). Dans le premier, l'enseignement est purement oral, sans recours à la lecture, ni à l'écriture. Après deux années d'application de la méthode orale, le Cours élémentaire assure la transition vers l'apprentissage de la lecture et de l'écriture. Tout au long du cycle intermédiaire, d'une durée de trois ans et destiné en principe aux élèves de 13 à 16 ans, l'enseignement se fait à l'aide de livres composés par les professeurs, de tableaux muraux et de cartes illustrées. À la fin du cycle intermédiaire, les élèves sont censés posséder un vocabulaire de plus de 5 000 mots et savoir l'employer aisément dans la conversation, ainsi que par écrit. Ils sont aussi initiés à la civilisation française et s'exercent à l'étude de textes littéraires. Quant aux élèves du Cours supérieur, correspondant aux tranches d'âge de 16 à 22 ans, ils sont censés, après deux années d'études où ils se sont exercés à produire des dissertations et des explications de textes, avoir un niveau d'études équivalent à celui des candidats au baccalauréat français. Ces longues études de français, qui peuvent atteindre jusqu'à 8 ou 9 ans au total, ne sont couronnées par un titre de certification qu'à la fin du cycle supérieur, qui donne droit à l'obtention du Diplôme supérieur[73]. Il convient ici de préciser que la plupart des annexes de l'institut n'offrent que

71. ADN, 754PO/1, c. 9, IFA, « Congrès de l'Enseignement du Français, Pâques 1948 (23-27 avril) » ; c. 47, IFA, « 3ᵉ Congrès de l'Enseignement du Français, Pâques 1950 (1-3 avril) » ; IFA, « 5ᵉ Congrès de l'Enseignement du Français, Pâques 1955 (91-21 avril) » ; ADN, 239PO, c. 139, « L'Institut français d'Athènes de 1907 à 1960 », « Annexe 5. Congrès de l'enseignement du français organisés à Athènes et en province de 1946 à 1960 ».

72. ADN, 754PO/1, c. 27, IFA, « Rapport 1950-1951 », p. 54-58.

73. AMAE, 239QO, c. 239, « Rapport de Commission sur l'Institut français d'Athènes », 30 juin 1961, p. 26-37.

les cours du cycle élémentaire. En dehors de l'institut central, un nombre réduit seulement d'établissements (Patissia, Le Pirée, Volos, Larissa, Patras) assurent également les cours du cycle intermédiaire et du cycle supérieur.

Réorganisation des cycles d'études, renouvellement des méthodes

Dans les années 1960 le mode d'organisation de l'enseignement du français subit des changements. On avait, en effet, reproché à Merlier d'avoir imposé une scolarité trop longue, d'une durée totale de 9 ans, comprenant trois cycles de trois ans, avant que les élèves puissent prétendre à un diplôme. La longueur de la scolarité était attribuée, entre autres, à l'importance accordée à la méthode orale, appliquée lors des trois premières années et correspondant au cycle élémentaire. La scolarité est donc abrégée et divisée en deux cycles (au lieu de trois), comme le préconisait d'ailleurs le rapport de 1960. De plus, l'institut crée des diplômes pour sanctionner ces deux cycles d'études. Le premier cycle, d'une durée totale de cinq ans, conduit à l'obtention du diplôme dit Certificat de Langue Française et le second, d'une durée de deux années supplémentaires, au Diplôme d'Études Supérieures. Quelques années à peine après son instauration, le Certificat suscite déjà un grand intérêt auprès des élèves, tant à Athènes qu'en province. En juin 1965, il est délivré à 636 élèves d'Athènes et de sa banlieue, ainsi qu'à 216 élèves inscrits dans des annexes provinciales, soit au total à plus de 850 élèves[74]. Au cours des deux décennies suivantes, le Certificat du 1er degré devient le diplôme de langue française le plus recherché en Grèce. Une nouvelle ère est alors en train de commencer dans le pays. La « chasse » aux titres de certifications attestant la connaissance d'une langue étrangère prend de l'ampleur. La valeur accordée à ces titres non seulement par la société mais également par les autorités helléniques contribue à amplifier ce phénomène. Ainsi, d'après les archives de l'institut, le Diplôme d'Études Supérieures de l'IFA est officiellement reconnu par le ministère grec de l'Éducation nationale en tant que certificat d'aptitude à l'enseignement du français dans les écoles privées.

L'apparition, à partir du milieu des années 1970, d'un nombre croissant d'écoles privées intéressées par l'enseignement du français amène le directeur Fauve à prendre de nouvelles mesures concernant aussi bien l'enseignement que l'évaluation. En 1976, la durée du premier cycle d'études – désigné sous le terme de Cycle Fondamental – est encore écourtée, passant de cinq à quatre ans. Autre changement important introduit cette même année : le Certificat, diplôme de l'institut, devient désormais accessible aux élèves provenant d'autres établissements, notamment des cours privés ou *frondistiria*[75].

74. ADN, 753PO/1, c. 30, IFA, « Rapport 1964-1965 », p. 13.

75. AIFG, Jacques Fauve, « Institut français d'Athènes 1976 », p. 18-19 ; Jean Laloy, DGRCST à l'ambassadeur de France en Grèce, 19 Août 1976, « Réorientation des activités de l'Institut d'Athènes » ; Jean-Marie Mérillon, ambassadeur, à la DGRCST, « Rapport d'activités pour l'année 1976 », 8 juillet 1977.

Comme sous l'ère Merlier, une grande attention est toujours portée aux méthodes et aux outils pédagogiques. Pour l'enseignement au niveau élémentaire et moyen, les instruments de travail utilisés comprennent, entre autres, les manuels de la collection Didier, ainsi que *Notre premier livret de Français*, ouvrage élaboré en 1962 par le personnel de l'institut[76]. Afin d'adapter les manuels au contexte national de leur public scolaire, des enseignants de l'institut confectionnent aussi un manuel de perfectionnement linguistique pour les élèves grecs du Cycle Supérieur (Burney-Constandinidi, *Vers un meilleur français*) en 1969[77]. Une documentation préparée par les enseignants eux-mêmes, comprenant notamment des exercices propres au passage du grec au français, complète l'usage de ces manuels. Direction et personnel enseignant se montrent plutôt satisfaits des résultats obtenus, constatant chez les élèves « une acquisition rapide, orale et écrite, d'un français vivant ».

En 1968, l'IFA met en place un nouvel enseignement : des cours de préparation pour le diplôme d'Études françaises de la Sorbonne. L'institution répond ainsi à l'intérêt croissant de ses élèves pour ce diplôme de connaissance de la langue française délivré par l'Université de Paris. Ces nouveaux cours visent à préparer les candidats pour les examens menant à ce diplôme et sont en principe destinés à ceux des élèves de l'établissement qui ont achevé le cycle fondamental, mais ne sont pas intéressés à poursuivre leurs études au cycle supérieur. En 1968, cet enseignement spécialisé, offert à l'institut central, ainsi que dans trois des principales annexes athéniennes, est suivi par 110 élèves[78]. Cette initiative s'avère au fil du temps fort réussie. Comme ce diplôme français fait l'objet d'un véritable engouement dans les années 1970 et 1980 et encore jusqu'aux années 1990, ces cours connaissent par la suite un grand succès (voir Annexe V). À l'aube du XXIe siècle, cet enseignement a toujours sa place au sein de l'institut.

L'introduction de l'enseignement audiovisuel, la nouvelle mode éducative des années 1960 pour l'enseignement systématique des langues étrangères, est une autre nouveauté apparue au cours de cette période. À cet effet, le directeur Ehret veille à créer en 1963 un centre audiovisuel, comprenant deux salles de cours (d'une capacité de 12 à 15 places) et six cabines. En 1966, six nouvelles cabines sont ajoutées[79]. Géré par trois professeurs, ce nouveau matériel est utilisé tout au long des années 1960 et jusqu'au début des années 1970 par une centaine d'élèves environ, dont la plupart sont des fonctionnaires de l'État grec et des futurs boursiers. Son usage, plutôt limité, est réservé à un nombre réduit d'adultes (**fig. 33**).

Dans les années 1970, l'année scolaire, tant pour le Cycle Fondamental que pour le Cycle Supérieur, dure au total 33 semaines, de fin septembre à début juin, avec deux semaines de vacances scolaires à Noël et à Pâques et fermeture pendant les jours fériés (grecs). Les cours sont dispensés divers jours de la semaine, à des horaires variés, mais

76. *Notre premier livret de français. Méthode de français pour enfants*, Athènes, IFA, 1962.

77. Burney, Costandinidi, 1969.

78. ADN, 753PO/1, c. 30, IFA, « Rapport 1968-1969 », p. 9-10.

79. ADN, 753PO/1, c. 30, IFA, « Rapport 1965-1966 », p. 7-8.

Fig. 33 — Cours de français avec usage de matériel audiovisuel, années 1960. © Institut français de Grèce.

toujours l'après-midi et jusqu'au soir, généralement de 17 heures jusqu'à 21 heures. Certains cours se tiennent également la matinée du samedi. Dans le bâtiment central de la rue Sina, c'est aussi l'après-midi qu'ont lieu les cours spécialisés (formation des traducteurs, français commercial, cours de préparation au diplôme de la Sorbonne, etc.). À signaler, également, que certains services de l'institut central, comme le secrétariat et la bibliothèque, fonctionnent en semaine le matin et l'après-midi (jusqu'à 19 h 30), ainsi que le samedi matin. Réunissant plusieurs services administratifs et diverses activités éducatives et culturelles, le siège historique de l'IFA, rue Sina, ouvert du lundi au samedi, regorge de vie tout au long de la journée, depuis le matin jusque tard le soir.

Une œuvre éducative élargie

La collaboration avec la Sorbonne : des cours universitaires à distance

De l'expansion institutionnelle de l'établissement après la fin de la Deuxième Guerre mondiale témoigne, entre autres, le développement d'activités éducatives allant au-delà de l'offre d'un enseignement de langue française destiné à un public grec. L'IFA se met notamment à préparer des candidats pour l'obtention de titres universitaires français. Peu après son retour en Grèce, en décembre 1945, Octave Merlier demande ainsi au doyen de la faculté des lettres de l'université de Paris d'autoriser des étudiants grecs à s'inscrire à distance à la Sorbonne en passant les examens écrits à Athènes, sur des sujets fournis par l'université parisienne. Les copies seront envoyées à Paris, pour y être corrigées, et en cas d'admissibilité, les candidats grecs se rendront par la suite en France pour subir les épreuves orales. Cela doit permettre à des étudiants grecs de s'inscrire à distance, de se préparer et de passer les examens avec le moins de dépenses possible et sans avoir à effectuer de longs séjours en France. Cette proposition ayant été favorablement accueillie par l'université de Paris, le système commence à fonctionner à partir de l'année 1947-1948, sous la supervision du directeur de l'École française d'Athènes[80]. Chaque année, dix à quinze candidats grecs se préparent, avec l'aide du personnel enseignant de l'institut, aux examens de l'année propédeutique ou à l'un des certificats de la licence ès lettres de l'université de Paris (Littérature française, Philosophie, Psychologie, Esthétique, etc.), avec des taux de réussite qui varient. Si l'IFA est en mesure d'assurer une telle préparation, c'est parce que le programme d'enseignement du Cours spécial est aligné sur celui de la licence ès lettres. En octobre 1949, par exemple, quatre des cinq candidats préparés par l'institut subissent avec succès les épreuves écrites à Athènes, et se rendent ensuite à la Sorbonne pour passer les épreuves orales[81]. L'institut fonctionne ainsi comme un centre d'examen universitaire au moins jusqu'en 1966[82]. Merlier a en quelque sorte inventé, bien avant que cette idée trouve une large application vers la fin du XXe siècle, les études universitaires à distance.

L'enseignement primaire et secondaire : la « petite école » de l'institut

L'IFA se lance, dans les années 1950, dans l'offre de cours de niveau primaire et secondaire, proposant ainsi une formation scolaire complète conforme aux programmes métropolitains. Ces cours ont lieu dans des salles du bâtiment central de la rue Sina lors des heures matinales. Le fait que les cours de français et autres cours spécialisés de l'IFA se déroulent pour l'essentiel l'après-midi rend possible ce double usage des locaux. Le nombre d'élèves qui suivent ces cours de collège et de lycée français augmente fortement au fil du temps. Au milieu des années 1960, ils sont déjà environ 300 élèves à les fréquenter, de nationalité française pour la moitié. L'enseignement primaire est organisé à titre privé, alors que le secondaire est placé sous la gestion directe de l'institut. Une coopérative de professeurs dirigée par Paul Collaros donne depuis 1956 les cours de 6e, 5e et 4e, qui demeurent sous l'autorité pédagogique du directeur de l'IFA. Avant de monter cette coopérative, Collaros a fait partie, tout au long des années 1950, du groupe d'enseignants grecs de l'IFA qui assuraient avec leurs collègues français la préparation des candidats pour les examens du baccalauréat français. Cet ingénieur civil de profession dispense notamment des cours de mathématiques et de physique. Quant à l'enseignement primaire, il est assumé depuis 1952

80. AIFG, IFA, « Rapport 1948-1949 », p. 22-24.

81. AIFG, IFA, « Rapport 1949-1950 », p. 38-39.

82. ADN, 754PO/1, c. 31, « Université de Paris. Faculté des Lettres. Centre d'examen d'Athènes. Registres d'immatriculations 1947-1966 ».

par une autre coopérative d'enseignants, dirigée celle-ci par l'instituteur Jean Fontaine[83]. Le nombre d'élèves de ces cours primaires et secondaires ne cesse de croître. En 1974, ils sont 575 à fréquenter ce qui est souvent désigné sous le terme de « petite école » de l'IFA. Cette population scolaire se compose à 50 % de Français et de binationaux (franco-grecs), à 25 % de Grecs et à 25 % d'autres nationalités[84]. Il convient de noter que, cette fois-ci, ce ne sont pas tant les jeunes Grecs d'âge scolaire qui bénéficient principalement des services éducatifs rendus par l'institut que les familles de la colonie française d'Athènes, ainsi que des familles d'étrangers résidant dans la capitale grecque.

Face à cette affluence d'élèves, des pressions sont constamment exercées pour augmenter le nombre de classes mis à la disposition de la « petite école ». À force de s'agrandir, celle-ci arrive à occuper tous les matins 25 classes de l'établissement central de la rue Sina, atteignant le maximum de capacité d'accueil de ce dernier. L'un des problèmes qui se posent est que la « petite école », fonctionnant de fait comme une école primaire, un collège et un lycée, ne possède « ni laboratoire, ni gymnase, ni cour de récréation, ni proviseur, ni censeur[85] ». La question de l'aménagement de véritables locaux appropriés pour ce type d'enseignement se pose chaque année de manière pressante. La généreuse hospitalité offerte pendant plusieurs décennies par l'IFA atteint ses limites. Une Association franco-hellénique pour l'encouragement de l'enseignement, composée essentiellement de parents d'élèves, est fondée en 1975. Elle agit par la suite comme un groupe de pression, revendiquant une amélioration des conditions d'enseignement et la création d'un véritable lycée franco-hellénique[86]. Le projet est désormais fermement soutenu au niveau politique, conséquence des bonnes relations qui se sont développées depuis 1974 entre les gouvernements Giscard et Karamanlis. Le premier se montre disposé à accorder un prêt pour financer la construction de nouveaux bâtiments et le second à céder gratuitement le terrain nécessaire. Le projet bilatéral est ainsi bel et bien engagé, ratifié par les lois 206/1975 et 308/1977 du Parlement hellénique, mais il faut attendre encore cinq ans avant que soient lancés, en mai 1979, les travaux de construction des nouveaux bâtiments à Agia Paraskevi, dans la banlieue nord-est d'Athènes[87].

En 1976, la « petite école » de l'IFA connaît, à nouveau, une forte hausse de ses effectifs. Le nombre d'inscrits passe de 707 à 910 élèves. Cette nouvelle hausse est attribuée, entre autres, à l'arrivée en Grèce de réfugiés libanais francophones, à la suite de la guerre civile

83. AIFG, Lettre de l'Association des Parents d'Élèves, Athènes, 2 mars 1976.

84. AIFG, c. III 9 Lycée Franco-hellénique, Christian de Margerie à la DGRCST, Athènes, 21 septembre 1974.

85. AIFG, Christian de Margerie à la DGRCST, « Action culturelle en Grèce : année 1973 », 15 mars 1973, p. 5.

86. AIFG, c. III 9 Lycée Franco-hellénique, Ambassade de France, Service culturel, Jacques Fauve, « Note », Athènes, 22 janvier 1975.

87. AIFG, « Rapport d'activités pour l'année 1980. Note de synthèse », 29 avril 1981 ; Ambassade de France en Grèce, Jean-Marie Drot, conseiller culturel, « Aide-mémoire sur le Lycée Franco-hellénique d'Athènes », Athènes, 7 avril 1983.

qui sévit au pays du cèdre[88]. Ces derniers forment désormais une part non négligeable du nombre d'inscrits (235 sur un total de 910 élèves)[89]. Pour subvenir aux nouveaux besoins, l'IFA doit ouvrir une annexe avec 7 salles. Dès lors la question du transfert de cette population d'écoliers dans de nouveaux bâtiments se pose de manière urgente et le processus de création d'un véritable lycée français, dans des locaux indépendants, s'accélère. En septembre de cette même année, il est également décidé de confier sa direction à un proviseur[90]. Étant donné la taille acquise au fil des années par l'établissement, il est désormais nécessaire que la gestion en soit pleinement assumée par une autre personne que le directeur. Bien qu'à un rythme moins soutenu qu'auparavant, les effectifs de la « petite école » de l'institut continuent à progresser. En 1979, les cours sont suivis par 855 élèves, dont 350 Français et binationaux[91]. En septembre 1981, le Lycée franco-hellénique d'Athènes ouvre enfin ses portes, accueillant à la rentrée 900 lycéens et 180 élèves des premières classes de la section franco-hellénique. Au fil des décennies, la « petite école » est devenue trop grande pour pouvoir continuer à bénéficier de l'hospitalité et de l'administration de l'IFA. Ce dernier a finalement agi comme une sorte d'« incubateur », préparant à long terme la fondation d'un lycée français autonome, qui, curieusement, faisait cruellement défaut à Athènes, malgré la présence d'une colonie française de plus de 5 000 membres ; la capitale grecque était alors l'une des rares métropoles européennes à ne pas disposer d'un tel établissement.

Du Cours spécial au Bureau pédagogique

L'une des missions historiques de l'institut, dès sa fondation, a été la formation d'enseignants grecs de la langue française. Cet objectif a notamment été atteint avec l'institution en 1930 du Cours spécial, chargé de préparer officiellement les professeurs de français des établissements secondaires étatiques. L'accord passé initialement entre les gouvernements français et grec est revu au milieu des années 1950, à la suite de la création de départements de langue et littérature françaises dans les universités d'Athènes et de Thessalonique. C'est aux universités grecques que revient désormais la tâche de former les enseignants de français. Cependant, le ministère de l'Éducation, en attendant que soient formés en nombre suffisant les premiers diplômés des universités, continue pendant deux décennies, par des dispositions provisoires, à admettre au sein du corps des enseignants des établissements publics des diplômés du Cours spécial. Mais cette pratique prend fin avec la promulgation de la loi 309/1976 sur l'administration et l'organisation de l'enseignement

88. AIFG, Jean-Marie Mérillon à la DGRCST, « Rapport d'activités pour l'année 1976 », 8 juillet 1977.

89. AIFG, « Grèce. Affaire culturelles. Enseignement primaire et secondaire. Octobre 1976 ».

90. AIFG, Jean-Marie Mérillon, ambassadeur, à la DGRCST, « Rapport d'activités pour l'année 1976 », 8 juillet 1977, p. 4-5.

91. AIFG, « Rapport d'activités pour l'année 1979 », 7 mai 1980, p. 3.

général, qui reconnait uniquement le diplôme universitaire des départements d'études françaises comme titre permettant d'enseigner le français dans les lycées publics[92]. Le Cours spécial de préparation au professorat n'a par conséquent plus de raison d'être. De fait, le dernier diplôme de professeur est délivré par l'institut en mars 1977[93].

Cependant, la disparition du Cours spécial ne signifie pas pour autant que l'institut se désengage complètement de cette activité. Son ambition reste la même. C'est son outil de travail qui change. Créé en septembre 1971, le Bureau pédagogique est appelé à jouer un rôle important dans ce domaine[94]. Ce nouveau service se donne pour mission le recyclage de la totalité des professeurs grecs de français relevant des enseignements public et privé. À partir de 1970, l'IFA met ainsi sur pied des stages de perfectionnement pédagogique de durée variable (stage de sensibilisation de 3 jours, stage d'initiation de 8 jours, stage plus approfondi de 15 jours) s'adressant aux professeurs déjà en poste[95]. La réussite de ce projet dépend, entres autres, du bon vouloir des autorités helléniques, qui doivent accorder les congés nécessaires à leurs fonctionnaires. Or, comme dans les années 1930, le ministère hellénique de l'Éducation nationale se montre très coopérant. Son inspectrice générale de français, Mlle Colaca, participe même activement au projet, assurant son bon déroulement[96]. Des locaux sont mis à la disposition des formateurs français, qui peuvent aussi faire des classes de démonstration dans des lycées publics. En décembre 1971, ces stages réunissent 210 professeurs de français, dont 160 appartiennent à l'enseignement secondaire hellénique, et en septembre 1972, 66 autres de leurs collègues, supervisés par une équipe de 11 formateurs français. L'été de 1972 et de 1973, respectivement 27 et 35 professeurs-stagiaires se rendent à Poitiers, pour compléter leur formation dans un cadre universitaire[97]. En 1975 et en 1976 des stages de « recyclage », visant à améliorer les compétences linguistiques et pédagogiques des enseignants, sont organisés à Athènes, Thessalonique, Héraklion, Patras et Ioannina, en collaboration avec les autorités

92. Loi 309/1976, « Περί οργανώσεως και διοικήσεως της γενικής εκπαιδεύσεως » [De l'organisation et de l'administration de l'enseignement général], *Εφημερίς της κυβερνήσεως της Ελληνικής Δημοκρατίας* [Journal officiel du gouvernement de la République hellénique], n. 100/A, 30 avril 1976 ; AIFG, Jean-Marie Mérillon à la DGRCST, « Rapport d'activités pour l'année 1976 », 8 juillet 1977.

93. AIFG, c. Certificats – Diplômes livrés par l'IFA, « Note sur l'historique du Cours Spécial de l'IFA », 18 avril 1975 ; « Cours Spécial de Préparation au professorat du français » ; Jean-Marie Mérillon, ambassadeur, à la DGRCST, « Rapport d'activités pour l'année 1976 », 8 juillet 1977.

94. AIFG, « Action culturelle en Grèce de 1970 à 1973 », p. 4.

95. AIFG, Christian de Margerie à la DGRCST, « Action culturelle en Grèce : année 1973 », 15 mars 1974.

96. AIFG, « Aide-mémoire. Entretien de M. Dimitrakos, secrétaire d'État au ministère de l'Éducation nationale et des cultes, et M. Fauve, conseiller culturel de l'ambassade de France (2 avril 1972) », 17 avril 1972.

97. AIFG, Bernard Durant, ambassadeur, à la DGRCST, 20 septembre 1972, « Action pédagogique en Grèce en 1972 ».

helléniques[98]. Il est estimé qu'en 1976, parmi les 532 professeurs grecs de français dans l'enseignement public, 400 au moins ont suivi un séminaire de recyclage d'une semaine[99]. Ces séances de formation mobilisent une quinzaine de professeurs français détachés de la métropole. À la fin des années 1970, un stage de formation est régulièrement organisé chaque mois de septembre, réservé aux nouveaux professeurs de français. Grâce au concours de l'institut, l'État hellénique parvient ainsi à s'acquitter de l'une de ses principales obligations envers le corps enseignant : la formation continue. Une fois de plus, l'Institut français se substitue à l'État grec. La collaboration du Bureau pédagogique avec le ministère grec de l'Éducation nationale pour la mise en place, à partir de 1970, de stages de recyclage des enseignants de français s'inscrit dans une longue tradition de coopération franco-hellénique entre l'institut et l'État grec dans le domaine de la formation des professeurs, qui remonte aux années 1930 avec l'institution du Cours spécial. Si l'IFA a finalement pu contribuer substantiellement à la formation des professeurs grecs de français tout au long du xxe siècle, c'est, entre autres, parce que ses directeurs, d'Octave Merlier à Jacques Fauve, ont su entretenir de bonnes relations avec les autorités helléniques et collaborer de manière efficace avec elles.

Cherchant à atteindre un plus grand nombre de professionnels, au-delà de ceux qui se montrent disposés à suivre les séminaires, le Bureau pédagogique se met également à produire une documentation pédagogique destinée aux enseignants, imprimée sur les presses de l'institut. Ce même service cherche, par ailleurs, à atteindre par son action non seulement les enseignants, mais également les élèves grecs suivant des cours de français. Une méthode de français pour hellénophones est élaborée par ses professeurs[100]. Deux manuels sont rédigés et mis en vente en 1973 et en 1976, édités respectivement à 10 000 et à 30 000 exemplaires ; ils sont inclus dans la liste officielle des ouvrages scolaires autorisés par le ministère hellénique de l'Éducation[101]. Là aussi, c'est une longue tradition d'élaboration de matériel pédagogique par l'IFA qui se poursuit, dont les débuts remontent aux années 1930. Initialement, ces manuels de français n'étaient destinés qu'à ses propres élèves, mais, dans les années 1970, c'est l'ensemble de la population scolaire suivant des cours de français dans un établissement public qui est directement visé. Le service culturel

98. AIFG, « Rapport sur la campagne de stages pédagogiques organisée par l'IFA à la demande du ministère de l'Éducation et des cultes pour les professeurs de français de l'enseignement hellénique public », Athènes, 10 juin 1976 ; AMAE, INVA BSG345, c. 1421, « Action en faveur de la langue française », s.d.

99. AIFG, « Grèce. Affaires culturelles. Enseignement du français. Octobre 1976 ».

100. AIFG, « Aide mémoire. Entretien entre Dimitrakos, secrétaire d'État au ministère de l'Éducation nationale et Jacques Fauve, conseiller culturel de l'ambassade de France, 5 avril 1972 », 17 avril 1972.

101. AIFG, « Action culturelle en Grèce », 11 décembre 1975 ; Jean-Marie Mérillon à la DGRCST, « Rapport d'activités pour l'année 1976 », 8 juillet 1977.

de l'ambassade estime qu'en 1976, 30 à 40 000 élèves de l'enseignement secondaire grec apprennent le français (sur une classe d'âge de 150 000)[102].

L'État grec n'est pas le seul partenaire avec lequel l'institut cherche à collaborer dans ce domaine. Toujours afin d'améliorer la formation professionnelle des enseignants grecs de français, l'IFA s'appuie par la suite également sur leurs organisations syndicales. Au début des années 2000, il coopère ainsi étroitement et régulièrement avec l'Association des Professeurs de Français, qui regroupe quelque 400 adhérents, en organisant des séminaires de formation continue. En 2003, ces séminaires, tenus en janvier, en avril et en septembre, sont suivis par 740 participants[103]. L'institut poursuit ainsi sa mission traditionnelle de soutien à la formation professionnelle des enseignants grecs de la langue française, mais en se conformant au nouveau mode d'action qui prévaut depuis les années 1990, à savoir en concertation avec un partenaire local dans le cadre d'une collaboration franco-hellénique.

Former des traducteurs et des interprètes

Encouragée par le succès remporté par le Cours spécial, qui fonctionne comme une véritable école professionnelle formant des professeurs de français de haut niveau n'ayant aucun mal par la suite à trouver un emploi, soit à l'institut, soit, pour un certain nombre d'entre eux, dans l'enseignement secondaire public, le directeur Ehret juge opportun, dans les années 1960, de se lancer dans l'offre d'autres formations professionnalisantes. Après les professeurs de français, il s'agit désormais de former des traducteurs et des interprètes. Un Cours spécial de traduction-interprétariat est inauguré en octobre 1963. Le cycle d'études, d'une durée totale de quatre ans, est composé de deux années préparatoires, de perfectionnement linguistique et d'initiation à la traduction, et de deux années supplémentaires, consacrées à l'étude méthodique de la traduction et à un entraînement à l'interprétariat. Ces études mènent à la délivrance d'un Diplôme de traducteur ou d'interprète. Au cours de cette première année, 64 élèves s'inscrivent pour suivre un cursus complet et 34 autres directement en 3e année, pour la plupart des fonctionnaires, des employés et des étudiants. Par la suite, les deux années préparatoires sont supprimées et le cycle de formation est réduit à deux ans. Les cours se tiennent à l'établissement central, rue Sina, avec un horaire de huit heures hebdomadaires[104]. Le personnel enseignant est composé de professeurs français du Cycle supérieur de l'institut, généralement des agrégés, mais la direction reconnaît les difficultés qu'elle rencontre pour trouver des professeurs compétents dans l'enseignement de la traduction. Elle juge, néanmoins, que l'orientation politique et économique de la Grèce suscite un besoin accru en traducteurs et interprètes professionnels. Rappelons que

102. AIFG, le conseiller culturel à l'ambassadeur, « Grèce. Affaires culturelles. Enseignement du français. Octobre 1976 », 9 octobre 1976.

103. AIFG, « Note pour Monsieur l'Ambassadeur. Entretien avec Mme E. Calamara », 4 octobre 2003.

104. ADN, 753PO/1, c. 30, « Rapport d'activités pour l'année scolaire 1963-1964 », p. 17-18.

les autorités grecques ont signé en 1961 avec les représentants des institutions européennes un Accord d'association de la Grèce à la Communauté économique européenne. Le destin européen du pays se profile, revalorisant de ce fait la place occupée par la langue française en Grèce, perçue comme moyen supplémentaire de communication et d'échanges avec les autres pays de la grande famille européenne et utilisée comme langue de travail au sein des institutions communes.

Au moment de sa création, le Cours spécial de traduction de l'IFA semble avoir constitué une formation unique en son genre, qu'aucun établissement grec, public ou privé, n'offrait et qui comblait une importante lacune. Son succès initial ne se dément d'ailleurs pas par la suite. Au cours de l'année scolaire 1968-1969, ce cours est suivi par 43 élèves et le diplôme correspondant est décerné au total à 14 candidats, qui ont réussi aux sessions d'examen tenues en mai et en septembre[105]. Une fois de plus, ce qui apparaît clairement, c'est le rôle innovateur et précurseur que joue l'IFA en Grèce dans des domaines précis.

L'action culturelle

L'organisation d'expositions et de conférences

De 1946 à la fin des années 1950

Même si les enseignants de l'Institut d'études françaises avaient cherché dans les années 1920 et 1930 à animer une vie culturelle en donnant des conférences et en s'adressant à un public externe, avant la guerre l'œuvre de l'établissement restait centrée, pour l'essentiel, sur l'enseignement de la langue française et, accessoirement, sur la formation des professeurs de français. Là aussi un important changement se produit sous la direction d'Octave Merlier. Ce dernier cherche à faire de l'institut, non seulement un centre éducatif, mais aussi un foyer culturel rayonnant. Il s'emploie, ainsi, à organiser chaque année de nombreuses conférences, avec souvent des conférenciers venus de France, parmi lesquels des personnalités de renom du monde des arts, des lettres et de l'enseignement supérieur. L'activité culturelle menée par l'institut après la guerre se couronne, enfin, par des expositions artistiques tenues régulièrement, dont certaines constituent de véritables événements culturels de l'année.

Dès 1947, en pleine guerre civile, l'établissement accueille une exposition consacrée à l'art de la gravure en France aux XIXe et XXe siècles : « Les Graveurs français 1808-1947 ». Organisée par la très active Union franco-hellénique des jeunes, elle présente 135 œuvres de Daumier, Manet, Rodin, Toulouse-Lautrec, Matisse, Rouault, Galanis, Villon et bien d'autres[106].

105. ADN, 753PO/1, c. 30, « Rapport d'activités pour l'année scolaire 1968-1969 », p. 10.

106. Matthiopoulos 2007, p. 217.

Deux ans plus tard, en avril 1949, l'Exposition des œuvres offertes par des artistes français en hommage à la Grèce[107] ouvre ses portes à l'Institut français (**fig. 34**). Il s'agit d'un événement à haute portée symbolique puisque les œuvres n'ont pas été prêtées, comme dans une exposition classique, mais données à la Grèce par leurs auteurs, en hommage à la résistance héroïque du peuple grec pendant la Seconde Guerre mondiale.

L'initiative en revient cette fois à Roger Milliex et à sa femme Tatiana Gritsi, qui commencent à rassembler ces œuvres au cours de l'hiver 1945-1946, grâce à l'aide d'André Fougeron et d'Henri Matisse, mais aussi de Christian Zervos, l'éditeur des *Cahiers d'Art*, « doublement intéressé par ce projet franco-grec[108] ». Picasso, Marquet, Lhote, Marchand, Gromaire, Desnoyer, Bonnard, Braque, Masson, Picabia, Gimond, Survage, Galanis, Prassinos et d'autres répondent positivement et offrent toiles, dessins, gravures ou sculptures. Cléopâtre Bourdelle-Sevastos leur remet pour sa part une belle *Pallas* de bronze, « comme un hommage posthume de son mari à la terre de ses attaches spirituelles et charnelles[109] ». À ces 29 œuvres initiales s'ajoute un lot supplémentaire envoyé par la

Fig. 34 — Couverture du catalogue de l'exposition des œuvres offertes par les artistes français, 1949. © Collection particulière.

107. *Exposition des œuvres offertes par des artistes français en hommage à la Grèce*, Institut français d'Athènes, 17-29 avril 1949, catalogue bilingue composé par Néoclès Coutouzis, Athènes, IFA, 1949.

108. Roger Milliex, préface du catalogue de l'exposition, p. 8.

109. *Ibid.*, p. 9.

Direction générale des Relations culturelles du ministère des Affaires étrangères, qui a pris le relais de l'initiative individuelle de Milliex, portant l'ensemble à 46 pièces (28 tableaux, 12 gravures ou dessins, 4 sculptures, 2 livres). Elles sont exposées du 17 au 29 avril 1949 à l'Institut français, avant d'être remises solennellement au ministre grec de l'Éducation de l'époque, Constantin Tsatsos, puis déposées à la Pinacothèque Nationale.

Cette exposition est un double événement : tout d'abord, en tant qu'hommage, de la part d'artistes français, à la résistance grecque pendant la guerre, sa signification est avant tout éthique, comme le souligne Milliex au début de son avant-propos au catalogue de 1949 :

> L'Exposition d'œuvres d'art français contemporain que notre Institut présente pour quelques jours au public athénien n'est pas une exposition comme les autres. Qu'elle doive être soustraite aux critères habituels et appréciée de façon toute particulière, c'est ce que montrera aux destinataires de la collection, c'est-à-dire à tous nos amis Grecs, un bref historique des conditions dans lesquelles elle fut constituée. Il faut garder à l'esprit qu'en avril 1949 la guerre civile n'est pas terminée et que, par conséquent, cette exposition s'est déroulée dans un contexte social et politique très tendu. La presse de droite, par exemple, l'a critiquée non seulement pour les tendances esthétiques qui y étaient représentées, mais aussi pour la participation d'artistes communistes[110].

Si elle a avant tout une valeur morale, l'exposition de 1949 n'en fait pas moins entrer l'art français contemporain dans la vie culturelle athénienne et a, à ce titre, un impact esthétique évident[111]. D'autant plus qu'il s'agit d'une donation, susceptible de constituer le noyau d'une collection permanente. Cette dimension n'est guère perçue sur le moment à Athènes. Seule la revue *Nea Estia* donne un écho positif à l'événement, dans son numéro du 15 mai 1949, où sont reproduites un certain nombre des œuvres présentées dans l'exposition. Le journaliste qui rend compte de cette dernière la qualifie d'« événement artistique important » et évoque le projet plus ambitieux encore de Roger Milliex de constituer à la Pinacothèque une salle entière consacrée à l'art français contemporain, dont, souligne-t-il, il n'existe pour l'heure quasiment aucun exemple en Grèce. Certes, reconnaît-il, ces formes artistiques sont peu appréciées pour l'instant dans ce pays, mais elles reflètent un mouvement mondial et on ne peut exclure qu'elles aient une influence déterminante sur la prochaine génération. Cette série d'œuvres, une fois qu'elle sera complétée par d'autres, constituera, conclut-il, « une école de la plus haute importance pour notre art et notre culture[112] ». L'exposition est accompagnée d'une série de quatre conférences données par les critiques d'art Orestis Canellis et Tony Spiteris, ainsi que par

110. Roger Milliex, préface du catalogue de l'exposition, p. 7.

111. Matthiopoulos 2007, p. 218.

112. D. E. Evangelidis, « Εκθέσεις », *Νέα Εστία* 525, 15 mai 1939, p. 675-677.

les peintres Tsarouchis et Moralis. Un catalogue bilingue, illustré de 44 photographies en noir et blanc, a été élaboré par Roger Milliex et Néoclès Coutouzis avec l'aide de Tony Spiteris. La couverture blanc crème est ornée d'un motif au trait rouge reprenant les armoiries de la ville de Paris, avec la nef voguant sur les ondes, surmontée d'un bandeau semé de fleurs de lys, sur lequel se surimpose le dessin d'une monnaie antique portant la chouette d'Athéna et le rameau d'olivier, caractéristiques des monnaies athéniennes du ve siècle. Ce blason symbolisant la double vocation de l'Institut français d'Athènes sera par la suite repris sur la 4e de couverture de certaines publications, sans que cela soit systématique.

D'autres expositions suivent, à un rythme d'autant plus soutenu que le nouveau bâtiment, achevé en 1955, comprend désormais une salle entièrement dédiée à ce type de manifestation. En 1954-1955, se tient d'abord une exposition consacrée à la poétesse Anna de Noailles, puis une autre révélant l'œuvre de la sculptrice Hélène Guastalla (1903-1983) au public athénien. Début 1956, des lithographies, gouaches et dessins originaux de Fernand Léger sont montrés, en hommage au peintre disparu quelques mois plus tôt (**fig. 35**)[113]. Puis, en mars 1958, ce sont des œuvres – gravures, dessins et aquarelles –

Fig. 35 — Couverture et page de titre du catalogue de l'exposition Fernand Léger, 1956. © Collection particulière.

113. *Exposition Fernand Léger. Lithographies – Gouaches – Dessins – Affiches – Livres illustrés*, Institut français d'Athènes, 8-24 mars 1956, Athènes, IFA, 1956.

de Jacques Villon (1875-1963), peintre et graphiste ayant joué un rôle important dans le mouvement cubiste. En avril 1960, par ailleurs, l'institut accueille l'Exposition du Livre et du Périodique français (**fig. 36**), proposée par le Comité permanent des Expositions du Livre et des Arts graphiques français, dans le cadre de la promotion du livre français à l'étranger[114]. Il s'agit d'un ensemble de 4300 volumes et de 400 périodiques choisis parmi la production éditoriale française des trois dernières années. Tous les domaines sont couverts : littérature, arts, sciences et techniques. L'institut n'est pas organisateur, mais n'en édite pas moins un catalogue très complet d'une centaine de pages, donnant les références bibliographiques précises de tous les ouvrages exposés, ce qui permet de connaître très exactement la sélection opérée par le Comité. Dans la section des Beaux-Arts, par exemple, les visiteurs peuvent voir *L'Art de la Crète néolithique et minoenne* (1956) et *L'Art des*

Fig. 36 — Couverture du catalogue de l'exposition du Livre Français, organisée à l'Institut français d'Athènes en 1960. © Collection particulière.

114. *Exposition du livre français*, organisée à l'IFA par le Comité Permanent des Expositions du Livre Français, 19 avril-3 mai 1960, Athènes, IFA, 1960.

Cyclades (1957) de Christian Zervos, éditeur et critique d'art d'origine grecque installé à Paris depuis plus de 50 ans et ayant joué un rôle de premier plan dans les avant-gardes artistiques durant l'entre-deux-guerres. Dans le domaine littéraire, la littérature française se taille la part du lion, très logiquement, avec près de 400 volumes, tandis que la littérature étrangère est réduite à la portion congrue, avec seulement 20 titres. Toutefois, l'accent est mis sur la littérature grecque traduite en français, avec des œuvres de Kazantzakis surtout, mais aussi de Marguerite Liberaki et de Thrasos Kastanakis, ainsi que l'*Anthologie de la prose néo-hellénique* d'André Mirambel, et enfin les *Poèmes* de Cavafy, non pas dans la traduction de Marguerite Yourcenar chez Gallimard, mais dans celle de Georges Papoutsakis aux Belles-Lettres. Le mois suivant, en mai 1960, une nouvelle exposition est consacrée aux graveurs français.

Cependant, l'Institut français fait aussi une large place aux artistes et écrivains grecs. Le 31 mai 1956 est inaugurée l'exposition en l'honneur d'Aristotelis Valaoritis (1824-1879), le poète de Leucade, dont la Collection de l'IFA publie la même année *Quinze lettres françaises*[115]. De nombreux documents d'archives, mis à disposition par le petit-fils du poète, l'homme politique et ministre Aristotelis I. Valaoritis, sont présentés au public grâce à des reproductions photographiques effectuées par Maurice Huet, le photographe de l'institut, tandis que sont exposés les originaux de photos réalisées par Fred Boissonnas, lors de la visite qu'il avait faite au fils du poète sur l'île de Madouri, en 1912, en compagnie de l'helléniste Victor Bérard. Début 1957 une exposition présente un artiste grec contemporain, cette fois, le peintre Georges Gounaropoulos, auquel Georges Mourélos consacre une étude qui inaugure la série « Artistes grecs contemporains » dans la Collection de l'IFA.

La même année a lieu la grande exposition pour le centenaire de la mort de Dionysios Solomos (1798-1857), le père fondateur de la poésie grecque moderne (**fig. 37**). Merlier, qui voue une grande admiration à l'œuvre et à la personnalité du poète de Zante (Zakynthos), a fourni un énorme travail de préparation. Il a fait photographier les manuscrits, afin de donner au public une idée aussi complète que possible de l'œuvre du poète, en grande partie inédite, mais s'est également efforcé de reconstituer l'environnement physique, historique, culturel et intellectuel de l'artiste. Des panneaux sont consacrés à Zante et Corfou à l'époque de Solomos, à ses contemporains, aux écrivains européens qu'il lisait. Au total 74 panneaux – décrits dans un abondant catalogue bilingue[116] composé par Néoclès Coutouzis, qui a également assuré la muséographie – recréent l'univers de Solomos et de son œuvre, ainsi que sa réception, grâce à des centaines de documents (**fig. 38**). De fait, l'exposition est aussi un monument en l'honneur de Zante, après le terrible tremblement de terre de 1953 : 3 panneaux, intitulés « Zante en 1952 : Souvenirs du passé I, II et III »

115. Valaoritis 1956.

116. *Exposition du centenaire de Solomos*, Catalogue rédigé par Octave Merlier, revu, corrigé, complété et mis en grec par Nassos Detzortzis, Athènes, IFA, 1957.

Fig. 37 — Visiteurs à l'exposition organisée par l'Institut français d'Athènes à l'occasion du centenaire de la mort du poète Solomos, décembre 1957. © Institut français de Grèce.

Fig. 38 — Exposition organisée par l'Institut français d'Athènes à l'occasion du centenaire de la mort du poète Solomos, décembre 1957. © Institut français de Grèce.

sont consacrés aux bâtiments disparus dans la catastrophe. L'exposition, inaugurée le 11 décembre 1957 en présence du couple royal, obtient un immense succès. Elle reçoit en tout 25 000 visiteurs à Athènes (**fig. 39**), avant d'être montrée dans d'autres villes, comme Zante, Corfou et Ioannina. La ville de Zante nomme Merlier citoyen d'honneur, ainsi que la ville de Missolonghi, en septembre 1959. Toutefois le succès de l'exposition Solomos se retourne contre Merlier, à qui ses autorités de tutelle reprochent d'utiliser le budget de l'établissement pour promouvoir la culture grecque davantage que la culture française. Il ne peut donc, en 1959, à son grand regret, associer l'institut aux festivités marquant le centenaire de la naissance de Costis Palamas (1859-1943).

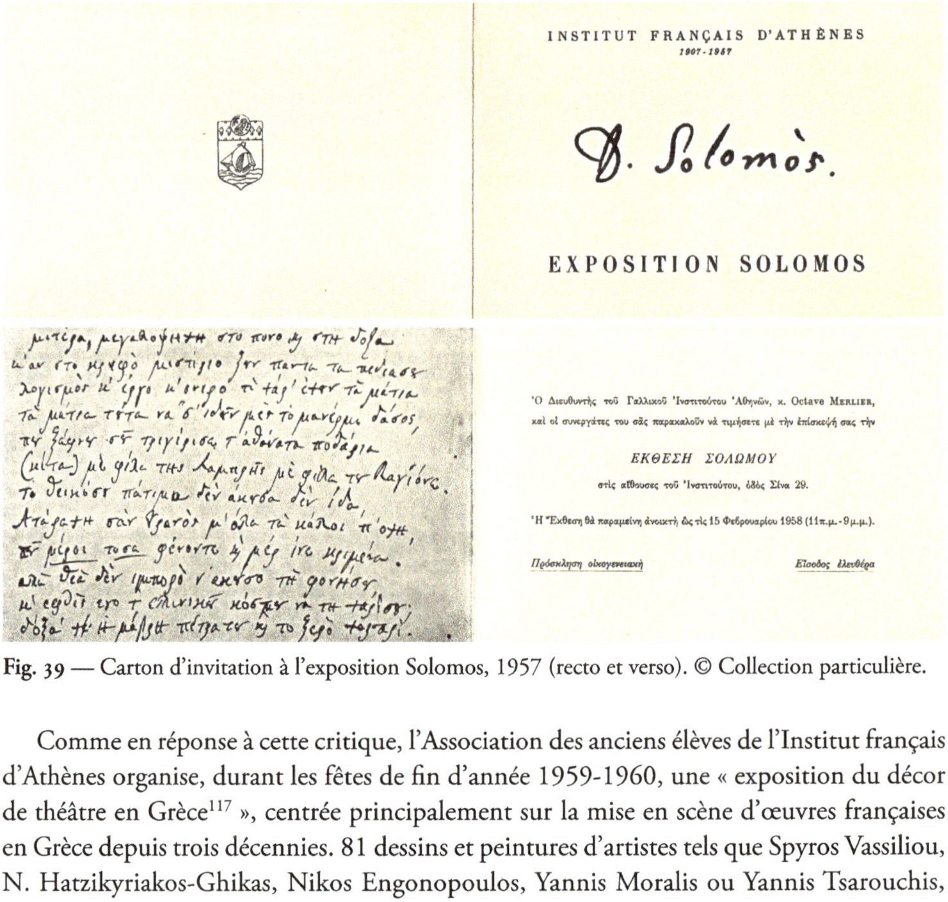
INSTITUT FRANÇAIS D'ATHÈNES
1907 - 1957

D. Solomòs.

EXPOSITION SOLOMOS

'Ο Διευθυντὴς τοῦ Γαλλικοῦ 'Ινστιτούτου 'Αθηνῶν, κ. Octave MERLIER, καὶ οἱ συνεργάτες του σᾶς παρακαλοῦν νὰ τιμήσετε μὲ τὴν ἐπίσκεψή σας τὴν

ΕΚΘΕΣΗ ΣΟΛΩΜΟΥ

στὶς αἴθουσες τοῦ 'Ινστιτούτου, ὁδὸς Σίνα 29.

'Η Ἔκθεση θὰ παραμείνη ἀνοικτὴ ὡς τὶς 15 Φεβρουαρίου 1958 (11π.μ.-9μ.μ.).

Πρόσκληση οἰκογενειακὴ — *Εἴσοδος ἐλευθέρα*

Fig. 39 — Carton d'invitation à l'exposition Solomos, 1957 (recto et verso). © Collection particulière.

Comme en réponse à cette critique, l'Association des anciens élèves de l'Institut français d'Athènes organise, durant les fêtes de fin d'année 1959-1960, une « exposition du décor de théâtre en Grèce[117] », centrée principalement sur la mise en scène d'œuvres françaises en Grèce depuis trois décennies. 81 dessins et peintures d'artistes tels que Spyros Vassiliou, N. Hatzikyriakos-Ghikas, Nikos Engonopoulos, Yannis Moralis ou Yannis Tsarouchis, pour ne citer que les plus connus, montrent on ne peut plus clairement l'influence du théâtre français en Grèce et les liens étroits qui unissent les deux cultures.

117. *Exposition du décor de théâtre en Grèce*, Organisée par l'Association des Anciens Élèves de l'Institut français d'Athènes, 21 décembre 1959-9 janvier 1960, Athènes, IFA, 1959 [catalogue bilingue].

Durant les quinze années de la direction de Merlier, de nombreux intellectuels et écrivains français sont invités à venir donner des conférences à l'Institut français. Le musicologue et néohelléniste Samuel Baud-Bovy vient parler, en janvier 1950, de la chanson « cleftique », sujet auquel il consacre un ouvrage publié en 1957 dans la Collection de l'Institut français d'Athènes[118]. Le politologue et philosophe Raymond Aron, alors professeur à l'Institut d'études politiques de Paris, donne, en avril 1954, une conférence intitulée « Politique et philosophie dans la littérature française actuelle ». Le sociologue du travail Georges Friedmann lui succède, en mai 1954, abordant la question de l'homme et de la machine. Le directeur général des Beaux-Arts et conseiller d'État Georges Huisman donne deux conférences sur Fernard Léger et la peinture française, en mars 1956, à l'occasion de l'exposition consacrée à ce peintre. L'écrivain et critique littéraire Emile Henriot, membre de l'Académie française depuis 1945, arrivé à Athènes en octobre 1956, présente au public athénien fréquentant l'IFA l'histoire et les travaux de l'Académie française.

Mais les deux visites les plus marquantes sont sans aucun doute celle de Paul Éluard en mai 1946[119] et celle d'Albert Camus en avril 1955. Lorsqu'il vient à Athènes en mai 1946, Éluard n'a pas été à proprement parler invité par l'ambassade. Le poète, qui a entrepris au printemps 1946 une vaste tournée internationale de rencontres et de conférences, a semble-t-il improvisé le détour par la Grèce alors qu'il se trouvait en Italie, obtenant une invitation de l'Union franco-hellénique des jeunes, dont plusieurs membres étaient proches du parti communiste grec. Il n'en est pas moins accueilli de bonne grâce par l'ambassade et par Merlier, prévenu trois jours avant son arrivée par un télégramme. Malgré la situation très tendue en Grèce – la « première » guerre civile a pris fin en février 1945 avec les accords de Varkiza, mais nul ne peut ignorer la fragilité de cette paix – le programme d'Éluard à Athènes ne diffère guère de celui suivi en Tchécoslovaquie et en Italie : réceptions, conférences et causeries s'enchaînent à un rythme soutenu. Dès son arrivée, le 20 mai, une réception est donnée à l'ambassade de France. Le 21, c'est au tour de l'Union franco-hellénique des jeunes de le recevoir à l'Institut français – le poète rappelle à cette occasion le rôle des intellectuels français dans la Résistance. Le 22 mai, l'organisation politique et culturelle de gauche « Solidarité nationale » organise une rencontre, en présence de nombreux écrivains – Angelos Sikélianos, Ilias Vénézis, Kosmas Politis, Melpo Axioti, Yannis Ritsos et d'autres – au cours de laquelle on lui remet un diplôme de membre honoraire de l'EAM (Front National de Libération) des Écrivains grecs ; Éluard lit ensuite son fameux poème *Athéna*, écrit à la suite du « dimanche sanglant » du 3 décembre 1944, qui l'accompagne durant tout ce séjour tel un étendard. Le vendredi 24 mai, Éluard donne à l'Institut français sa conférence sur « La Poésie au service de la Vérité », qu'il a déjà faite à Prague, à Bratislava, à Milan, à Bologne et sans doute aussi à Rome, et lit quelques-uns

118. Baud-Bovy 1957.

119. Sur la visite d'Éluard à Athènes en mai 1946, voir Jouanny 1977, p. 161-181 ; Gateau 1988, p. 300-304 ; Arnoux-Farnoux 2022.

de ses poèmes. Le 25 mai a lieu une causerie à l'Union franco-hellénique des jeunes, sur la fonction du poète. Le dimanche 26 mai, encore, lors de la séance au cinéma-théâtre Attikon, organisée par les deux grandes associations d'écrivains grecs, il évoque, sous le titre « La Poésie pour tout le monde », des souvenirs plus personnels de la Résistance et de l'Occupation, insistant tout particulièrement sur le rôle joué par les intellectuels et les artistes, devant un public nombreux où se mêlent écrivains et personnalités politiques. Le 27 mai, enfin, a lieu une nouvelle séance à l'Institut français. Ce jour-là, ce n'est pas lui l'orateur principal mais Robert Levesque, professeur à l'Institut français depuis novembre 1941 et traducteur de la poésie grecque contemporaine, qui donne une conférence sur Sikélianos, en présence du poète. Éluard se contente de présenter le conférencier et son sujet, ce qu'il fait d'autant mieux que le poète grec ne lui est pas inconnu, bien au contraire. Il a en effet lu, dès 1944, les *Poèmes akritiques*[120] de Sikélianos, dans la traduction réalisée par Octave Merlier. C'est donc en pleine connaissance de cause que le poète français s'adresse au barde grec : « En pleine Occupation, en France, dans la nuit extrême contre laquelle nous combattions, il nous a suffi de lire vos "poèmes akritiques", pour nous rendre compte, mon cher Sikélianos, qu'un très grand poète avait su, pour reprendre un de vos vers, "donner une voix à la nuit, à notre nuit"[121] ». Épuisé par toutes ces réceptions et allocutions – le poète a véritablement été « press[é] comme un citron[122] » par ses hôtes, pour reprendre les termes utilisés par Séféris dans son *Journal* – Éluard n'en a pas moins, par sa présence et sa parole, représenté un souffle d'espoir, en ces temps troublés, pour tous les jeunes Grecs venus en foule le voir et l'entendre.

Invité par l'ambassade de France en Grèce dans le cadre des échanges franco-helléniques, Albert Camus arrive le 26 avril 1955, lui aussi auréolé d'un immense prestige[123]. Le 27 avril il visite l'Acropole en compagnie de Tatiana et Roger Milliex puis parle de « L'artiste et son temps » dans la salle du Parnassos, invité par la Ligue franco-hellénique. Le 28 avril 1955, à l'IFA, il discute avec les membres de l'Union culturelle gréco-française, récemment créée, et participe à une table ronde sur *L'avenir de la civilisation européenne* dont la mémoire a été gardée grâce à l'enregistrement réalisé par le poète Andréas Embirikos, qui était présent. Le 29 avril, il donne une conférence à l'IFA sur « Le théâtre contemporain », où il évoque l'œuvre de Claudel, Giraudoux, Cocteau, Gide et Montherlant et définit ce qu'il appelle un « nouveau tragique ». Dans un entretien donné à un journaliste de *To Vima* et paru le 28 avril, il déclare être « l'enfant de la philosophie grecque » : « Pour nous Méditerranéens, la Grèce est une source. [...] Je veux dire [...] que la Méditerranée a quelque chose, un élément

120. Il s'agit du recueil *Ακριτικά* qu'Angelos Sikélianos écrit durant l'hiver 1941-1942, alors que l'occupation allemande provoque une terrible famine à Athènes. Il est traduit par Octave Merlier, alors assigné à résidence à Aurillac, sous le titre *Le Serment sur le Styx*.

121. D'après le manuscrit autographe de Paul Éluard, reproduit par R. Jouanny, Jouanny 1977, p. 177.

122. Séféris 1996, p. 35.

123. Sur la visite en Grèce de Camus en 1956, voir Matala 2007.

de base, qui lui permet d'équilibrer tout et de nous donner des leçons de mesure[124]. » Il visite encore Eleusis, avant de partir pour une croisière d'une quinzaine de jours dans les Cyclades. « Ces vingt jours [...] à travers la Grèce [...] m'apparaissent comme une seule et longue source de lumière que je pourrai garder au cœur de ma vie[125] », note-t-il le 13 mai dans son journal.

Les années 1960 et 1970

Comme on l'a vu, Merlier a cherché à faire de l'IFA un foyer de culture, multipliant à cet effet les manifestations culturelles et s'adressant à un public très large, au-delà de ses élèves. Ses successeurs continuent dans la même voie. Chaque année, l'établissement central organise des dizaines d'événements culturels, attirant des centaines d'auditeurs athéniens. Prenons l'exemple de l'année 1962-1963, qui nous semble représentative. De novembre 1962 à mai 1963, dix-sept conférences et trois tables rondes ont lieu dans le bâtiment de la rue Sina. Parmi les conférenciers de cette année se trouvent trois professeurs de la Sorbonne (Jacqueline de Romilly, Marie-Jeanne Durry, Jean Grenier) et un membre de l'Académie française (Louis Pasteur Vallery-Radot). Comme par le passé, des universitaires français viennent animer le programme annuel de conférences de l'institut[126]. Mais la plupart des autres intervenants sont des professeurs français de l'IFA. Pour pouvoir entretenir une riche activité culturelle, l'établissement a ainsi recours à ses propres enseignants détachés de la métropole, à qui il incombe d'assurer, au-delà des heures de cours et de leurs fonctions administratives, des prestations culturelles sous la forme de conférences ou de cours publics. Les sujets abordés lors de ces conférences portent, essentiellement, quoique pas uniquement, sur des thématiques littéraires ou artistiques plutôt classiques (Romain Gary, le Théâtre de Salacrou, Guillaume Apollinaire, Thucydide, le folklore français, De Chirico, et autres). Les trois tables rondes organisées au cours de cette année, consacrées la première au philosophe Gaston Bachelard, la deuxième aux grands prix littéraires et la troisième à Jean Moréas et à Antoine Bourdelle, sont également animées principalement par des enseignants de l'institut, auxquels sont adjoints quelques hommes de lettres et artistes grecs, parmi lesquels l'écrivain Vassilis Vassilikos et le sculpteur Thanassis Apartis. Concernant le niveau de fréquentation, on ignore les chiffres pour cette année-là précisément, mais on sait que les conférences tenues en 1966 ont réuni en moyenne 200 auditeurs[127].

En 1962-1963, l'établissement accueille aussi cinq concerts, essentiellement consacrés à la musique française (Franck, Chausson, Fauré, Ravel et Debussy), auxquels participent des musiciens grecs et français (pianistes, violonistes, claveciniste) ainsi qu'un compositeur.

124. Cité par Maria Matala, Matala 2007, p. 18.

125. Camus 2016, p. 204.

126. ADN, 753PO/1, c. 30, « Rapport d'activités pour l'année scolaire 1962-1963 », p. 37-38.

127. ADN, 753PO/1, c. 30, « Rapport d'activités pour l'année scolaire 1962-1963 », p. 39-42.

En matière d'expositions, le bilan est plus pauvre. Tout au long des années 1960, plus généralement, peu d'expositions sont organisées et aucune de véritablement grande envergure. Il s'agit pour l'essentiel d'expositions documentaires, comme « André Chénier et la Grèce », en mai 1963, ou l'exposition commémorative « Gobineau à Athènes (1864-1868) », en avril 1967[128].

Parmi les nombreuses manifestations qui ont eu lieu au cours de cette période à l'institut, citons encore l'*Hommage à Georges Séféris*, tenu le 15 décembre 1964, à l'occasion de la publication dans la Collection de l'IFA du discours de Stockholm. Présent lors de l'événement, le poète grec, Prix Nobel de littérature en 1963, prend la parole pour dire tout ce que sa pensée et son art doivent à la culture française[129]. Dans l'ensemble, l'IFA continue donc à développer, au cours des années 1960 et jusqu'à la première moitié des années 1970, une riche activité culturelle, même si elle n'a plus l'éclat de la période Merlier.

Il convient de préciser que cette action culturelle de l'institut ne se limite pas à Athènes. De nombreuses manifestations se déroulent également dans l'une ou l'autre des annexes provinciales. En 1973, par exemple, celles-ci accueillent au total 117 événements artistiques. Ce dernier fait mérite d'être signalé ici. La floraison des manifestations en dehors de la capitale est le fruit d'une politique délibérée qui cherche à faire des annexes provinciales de petits centres culturels. L'ambassadeur Christian de Margerie estime même que, grâce à ces manifestations, l'image d'un Institut français voué exclusivement à l'apprentissage de la langue à des enfants, qui prévaut souvent en province, est en train de s'effacer peu à peu[130]. Les responsables locaux des annexes se montrent très intéressés par ce genre d'initiatives qui, à leurs yeux, rehaussent auprès de leurs concitoyens le prestige de l'établissement qu'ils dirigent et fait fonction de publicité, attirant de nouvelles recrues vers les salles d'enseignement. À une époque où, en matière de vie artistique, les petites villes provinciales grecques, délaissées par les élites et par l'État, en l'absence de toute politique culturelle décentralisée, ressemblent à de véritables déserts, la société locale se montre souvent très disposée à soutenir ce type d'activité, en se mobilisant et en fournissant le public nécessaire pour en assurer la réussite. Ce rôle d'animateur culturel de la province grecque que joue l'IFA, non seulement dans les années 1970, mais aussi dans les années 1980 et 1990, fait partie de son apport majeur à la société hellénique de l'après-guerre.

L'action culturelle de l'institut, à Athènes comme en province, continue sans interruption tout au long de la dictature militaire de 1967 à 1974, avec même un nombre important de manifestations organisées chaque année. En mars 1968, par exemple, une exposition permet au public athénien de découvrir les cinquante-huit eaux-fortes du *Miserere* de Georges Rouault (**fig. 40**). Force est de constater, toutefois, que le programme proposé,

128. ADN, 754PO/1, c. 30, IFA, « Rapport 1962-1963 », p. 41-42 ; « Rapport 1966-1967 », p. 17.

129. ADN, 754PO/1, c. 30, IFA, « Rapport 1964-1965 », p. 35.

130. AIFG, Christian de Margerie à la DGRCST, « Action culturelle en Grèce : année 1973 », 15 mars 1973, p. 9-10.

comparativement avec les périodes précédentes, manque d'éclat. Le climat ambiant de censure et l'opposition, ouverte ou voilée, au régime militaire pèsent sans doute sur l'animation culturelle, limitant forcement sa portée. L'ambassadeur Christian de Margerie estime ainsi, en 1975, qu'au cours de la période 1967-1973 les initiatives culturelles ont été « fragmentaires et sans lendemain », ce qu'il attribue au fait que nombre de Français ont hésité à se rendre en Grèce et que le régime n'a guère favorisé l'ouverture vers l'étranger[131]. Dans une note datant de mars 1974, ce même ambassadeur reconnaît que les représentants

Fig. 40 — Couverture du catalogue de l'exposition Georges Rouault, 1968.
© Collection particulière.

131. AIFG, Christian de Margerie à la DGRCST, 11 avril 1975.

français en Grèce se sont imposé jusqu'en 1973 une autocensure en matière d'activités culturelles, dans le but évident d'éviter toute cause de friction avec le régime[132].

L'institut organise toutefois quelques manifestations importantes en association avec des partenaires grecs privés. Entre 1970 et 1973, il contribue ainsi à trois expositions montées par la Galerie d'Art de l'Hôtel Hilton. Fondée en 1968 par Marilena Liakopoulou et installée dans cet emblème de la modernité qu'est alors l'hôtel Hilton, cette galerie a joué un rôle de premier plan dans la vie artistique athénienne, puisqu'elle a été la première à exposer de l'art contemporain dans la capitale grecque. Francophone et francophile, Marilena Liakopoulou connaît très bien les artistes français du XXᵉ siècle. L'une de ses toute premières expositions à la Galerie d'Art est consacrée, en 1969, à « La peinture en France, de Signac aux Surréalistes », exposition organisée sous l'égide des ministères des Affaires étrangères grec et français, dans le cadre des échanges culturels et artistiques franco-grecs, et pour laquelle le musée national d'Art moderne a prêté 50 tableaux[133]. Marilena Liakopoulou entretient de plus des liens anciens avec l'Institut français : pendant la guerre, elle a suivi avec passion les cours de littérature française et d'histoire de l'art de Robert Levesque[134], tandis que son frère, le peintre Konstantinos (Dikos) Byzantios, a fait partie des passagers du *Mataroa*[135] en 1945 et poursuit sa carrière artistique en France. Ces raisons personnelles expliquent sans doute en partie la collaboration qui s'instaure dans ces années-là entre la Galerie d'Art et l'institut. En mai 1970, l'Institut français s'associe à la Galerie pour présenter 60 lithographies autour du thème « Vasarely, ses maîtres, ses amis ». L'année suivante, la Galerie d'Art reçoit le soutien de l'IFA pour une exposition consacrée aux « Images du philhellénisme français, 1820-1840[136] », où sont montrées estampes originales, livres rares, objets de collection et documents d'époque (21 mai-15 juin 1971). Enfin, en janvier 1973, l'institut expose à la Galerie de l'Hôtel Hilton 93 gravures originales en noir et en couleurs du peintre Georges Rouault[137], se plaçant ainsi dans le sillage des expositions du même type qui ont eu lieu à New York (1938), Zurich (1948), Vienne (1960) et Los Angeles (1961).

Ces manifestations sont toutefois des exceptions et, de manière générale, les échanges culturels franco-helléniques se produisent durant les années de la dictature dans un cadre très limité. La chute de la junte en 1974 marque en revanche le début d'une nouvelle ère, caractérisée par un véritable renouveau des relations entre Français et Grecs qui crée des

132. AIFG, Christian de Margerie à la DGRCST, « Action culturelle en Grèce : année 1973 », 15 mars 1973.

133. AIFG, Bernard Durand à la MAE, « Échanges artistiques avec la Grèce », 6 janvier 1972.

134. Nous remercions Eliza Grigorakis, belle-fille de Marilena Liakopoulou, de nous avoir communiqué ces informations.

135. Sur le *Mataroa*, voir Jollivet, Manitakis 2020.

136. *Images du philhellénisme français, 1820-1840 : estampes originales, livres rares, objets de collection, documents d'époque*, Galerie d'Athènes-Hilton, du 21 mai au 15 juin 1971, IFA, 1971.

137. *Georges Rouault* – 93 gravures en noir et en couleurs, catalogue de l'exposition IFA/Galerie d'Athènes Hilton, 4-23 janvier 1973, Athènes, IFA, 1973.

conditions extrêmement favorables pour le développement d'œuvres tant éducatives que culturelles par l'IFA.

Plus le nombre de manifestations culturelles tenues dans l'établissement central de la rue Sina augmente et plus le manque de locaux appropriés se fait criant. L'agrandissement du siège historique en 1952-1955 a certes pu satisfaire les besoins en salles d'enseignement et en bureaux, mais l'espace prévu pour l'accueil des manifestations artistiques se révèle insuffisant. La décision est ainsi prise en 1970 d'exploiter le peu d'espace encore faiblement construit pour ériger une nouvelle aile. Mais il faut attendre jusqu'en décembre 1973 pour qu'un contrat soit finalement passé avec un entrepreneur. Entre-temps, les rapports annuels sur les activités culturelles s'achèvent immanquablement sur le même constat : avec une salle de spectacle de 200 places seulement et aucun hall d'exposition, les espaces dont disposent l'institution française ne sont pas à la mesure de ses ambitions culturelles[138]. Les travaux commencent fin 1973 avec la destruction de l'ancienne maison du directeur, à l'angle des rues Sina et Arachovis, de trois salles de classe et d'un local affecté jusque-là à la cinémathèque. Ils se poursuivent jusqu'en 1976 avec la construction d'une nouvelle aile, conçue par l'architecte Dimosthenis Molfessis, à l'origine déjà des plans de reconstruction de l'Institut français de Volos (1963) et de l'Institut français de Thessalonique (1969) (**fig. 41-43**). Le nouveau bâtiment abrite plusieurs bureaux, ainsi qu'une grande salle de spectacle, d'une capacité de 450 places.

Par sa taille et son équipement technique moderne, l'auditorium constitue un véritable bijou, érigé dès le début en pièce maîtresse de la nouvelle politique menée par l'établissement, centrée, entre autres, sur l'organisation de manifestations culturelles. Permettant l'accueil de dizaines de manifestations, cette nouvelle acquisition met l'institution française en position de force par rapport aux autres instituts étrangers opérant à Athènes, qui depuis les années 1960 et encore plus dans les années 1970 se montrent actifs dans le domaine culturel. Les directeurs de l'IFA se plaisent à signaler dans leurs rapports qu'aucun autre institut culturel européen de la capitale ne dispose d'une telle salle de spectacle[139].

L'équipement technique (éclairage, son, scène, etc.) avec lequel la nouvelle salle est dotée marque lui aussi une réelle avancée. L'auditorium est de plus équipé d'un système de traduction simultanée qui permet d'assurer ce service pour ses principales manifestations. Cela signifie que l'établissement peut désormais élargir son public au-delà des milieux grecs francophones et des personnes ayant une bonne connaissance de la langue française. Ces manifestations deviennent ainsi en principe accessibles à une large part de la société athénienne, sans que la langue puisse constituer un obstacle. Précisons que, jusqu'à cette date, la grande majorité des manifestations culturelles de l'IFA se tenait, pour des raisons évidentes, en langue française. De fait, à partir de ce moment, les invitations et

138. AIFG, Christian de Margerie à la DGRCST, « Action culturelle en Grèce : année 1973 », 15 mars 1973, p. 10.

139. AIFG, « Note pour Monsieur l'Ambassadeur », 20 février 1980, p. 3-4.

Fig. 41 — Dessin de la nouvelle aile conçue par l'architecte Dimosthenis Molfessis. © Institut français de Grèce.

Fig. 42 — Construction de la nouvelle façade du bâtiment central, rue Sina, et installation de la sculpture *La respiration de la pierre* de Paris Prekas, 1975-1976. © Collection particulière.

Fig. 43 — Détail de l'installation de la sculpture de Paris Prekas en présence de l'artiste (à gauche, de profil), 1975-1976. © Collection particulière.

les affichettes annonçant la tenue d'une conférence donnée par tel ou tel autre professeur ou chercheur français à l'auditorium, rédigées à la fois en français et en grec, précisent systématiquement qu'un service de traduction est assuré.

La mise en place de l'auditorium donne sans aucun doute un nouvel élan à la production culturelle de l'IFA. Ainsi, au cours de la deuxième moitié des années 1970, l'institution française réussit à organiser des manifestations considérées comme « prestigieuses », conjointement avec le service culturel de l'ambassade, avec lequel une étroite collaboration s'est progressivement établie, au point de conduire plus tard d'abord à une cohabitation et ensuite à une véritable fusion de leurs structures administratives. L'un des événements les plus marquants de cette période est sans aucun doute la participation d'Eugène Ionesco à la causerie qui se tient en avril 1978 à l'institut sur le thème « Pourquoi j'écris ? », suivie de la présentation de sa pièce *La Vase*. Malgré ses capacités d'accueil renforcées, l'établissement athénien se trouve débordé par le public athénien venu en foule écouter ce représentant majeur du théâtre de l'absurde, membre de l'Académie française depuis 1970[140].

140. AIFG, Jacques Folin, ambassadeur, à la DGRCST, 2 juin 1978.

Tout semble indiquer que les responsables chargés de développer un programme d'activités culturelles deviennent de plus en plus sélectifs dans leur choix. Considérant que la capitale grecque accueille de plus en plus d'artistes internationaux du plus haut niveau, grâce notamment au Festival d'Athènes, ils estiment préférable de « renoncer systématiquement à des manifestations de remplissage » et de s'orienter vers des « spectacles de premier ordre[141] ». L'organisation, au cours de l'année 1977-1978, de deux grandes expositions artistiques, autour de Mondrian et du courant constructiviste d'abord, puis des lithographies et eaux fortes de Pierre Soulages, dont l'œuvre a fait l'objet d'une grande rétrospective au musée national d'Art moderne de Paris en 1967, va dans ce sens, de même que les représentations du Théâtre Présent, avec les acteurs Arlette Thomas et Pierre Peyrou jouant des pièces de Jean Tardieu. Parmi les manifestations de cette année, il convient de signaler aussi le spectacle donné par l'actrice française Catherine Sellers sur une mise en scène de Pierre Tabard autour de l'œuvre poétique de Yannis Ritsos *Chryssothémis*, traduite par Mimica Cranaki. Cette production, déjà présentée à Paris et dans le sud de la France en 1975, où elle a connu un grand succès, est proposée début décembre 1977 à l'auditorium, lors de trois soirées consécutives, attirant un public nombreux et varié et faisant salle comble[142]. Le fait que cette œuvre poétique a été écrite par Ritsos, prix Lénine de Littérature, lors de son exil politique de 1967 à 1970 pendant la dictature, ne manque pas de conférer au spectacle une certaine connotation politique, très prisée à une époque de forte radicalisation de l'opinion publique, quelques années seulement après le rétablissement de la démocratie. Dans la lignée de la politique tracée par Merlier, la direction de l'établissement cherche à faire de ce dernier « un lieu d'échange et de culture » entre deux cultures. Ainsi, à côté des manifestations purement françaises, une large place est accordée à des « initiatives francohelléniques[143] ».

Cherchant à profiter pleinement de son nouvel atout, l'institut organise presque quotidiennement des événements dans l'auditorium, remportant un succès inespéré. Comme le souligne un membre du service culturel dans un de ses rapports, en février 1980, il « fait salle comble quatre ou cinq soirs par semaine[144] ». Au cours de cette même année, l'IFA accueille dans ses nouvelles installations toute une série de manifestations à caractère varié : théâtrales, musicales, artistiques, intellectuelles et cinématographiques. À titre d'exemple, on peut citer les expositions des artistes Mario Prassinos et Alfred Manessier, les tournées du Théâtre Présent, du Théâtre Bourgogne, du Théâtre Oblique, les

141. AMAE, 48PO/B, c. 822, « Note. Tableau de notre action culturelle, scientifique et de coopération technique en Grèce », 22 mars 1979.

142. AIFG, Jacques Folin, ambassadeur, à la DGRCST, 2 juin 1978.

143. AIFG, Jacques Folin, ambassadeur, à la DGRCST, 18 avril 1978.

144. AIFG, Jacques Folin, ambassadeur, à la DGRCST, 18 avril 1978.

manifestations consacrées au cent cinquantenaire de Jules Verne, les concerts de l'Ensemble Secolo Barocco et le festival de films avec Gérard Philipe[145].

Le public de l'Institut

Dans la deuxième moitié des années 1970, l'IFA voit augmenter fortement non seulement le nombre de ses élèves, dans presque tous ses centres d'enseignement, mais également celui des spectateurs et des auditeurs qui fréquentent massivement et régulièrement ses manifestations. Comment expliquer ce succès ? Le choix des spectacles, leur variété et leur multiplicité, ainsi que la qualité d'accueil qu'offre l'auditorium contribuent certainement, pour une large part, à celui-ci. Mais il semble qu'un autre facteur joue également un rôle important. L'institut connaît au cours de cette période un important élargissement de son audience.

Dans un de ses rapports, établi en 1977, le chargé d'affaires de l'ambassade Yvon Omnès distingue principalement deux types de public assistant aux manifestations de l'institut. D'un côté, il y a le public « traditionnel », « cultivé et parfaitement francophone », et plutôt âgé. Ce public, qui constitue une sorte de « carré de fidèles » et qui a pris l'habitude depuis de longues années de remonter la rue Sina à la recherche d'événements culturels français, montre une préférence pour les manifestations les plus classiques et est notamment très friand de conférences. De l'autre côté, il y a un public jeune, formé principalement d'étudiants d'université, d'élèves du secondaire, ainsi que d'étudiants de l'institut et d'élèves de la « petite école », un public désireux « de s'ouvrir sur ce qui vient de Paris ou ce qui est élaboré par la France ». Le chargé d'affaires caractérise ce nouveau public de l'institut comme « une élite dynamique ». Contrairement à leurs aînés, les jeunes spectateurs montrent une préférence pour les séances de cinéma, les concerts, surtout lorsque ceux-ci accordent une place importante à la musique contemporaine, et les expositions. Parmi les jeunes spectateurs fréquentant les événements artistiques de l'institut se trouvent aussi des artistes, des critiques et des directeurs de galeries « à l'affût de la nouveauté[146] ».

Il est clair qu'au cours de la deuxième moitié des années 1970, l'établissement est en train de connaître un élargissement et un rajeunissement de son public. Pour mieux comprendre le grand succès remporté par les manifestations culturelles organisées par l'institut au cours de cette période et encore plus dans les années 1980, il faut tenir compte, nous semble-t-il, de l'évolution que connaît son audience, telle qu'elle ressort de la lecture de ce rapport. L'IFA réussit à capter après 1974 un nouveau public qui, à son tour, par son

145. AIFG, « Note pour Monsieur l'Ambassadeur », 20 février 1980, p. 3 ; « Rapport d'activités pour l'année 1980. Note de synthèse », 28 avril 1981, p. 13.

146. AIFG, Yvon Omnès, chargé d'affaires, à la DGRCST, « Manifestations culturelles de l'IFA », 7 décembre 1977.

goût prononcé pour les événements artistiques, notamment, et pour les diverses formes de spectacle, influence les responsables de l'établissement dans la programmation des activités culturelles. La présence parmi l'auditoire de nombreux jeunes et de représentants de la population active ne peut que réjouir les responsables de l'établissement. Ces derniers craignent, en effet, l'influence que pourrait avoir sur les manifestations de l'institut un public âgé « dont les références et l'attirance spontanée vers ce qui vient de France » datent de l'avant-guerre. Tout laisse penser que le « public de vieille culture », fin connaisseur de la France, fidèle visiteur des salles de spectacle de l'institut, donne des signes de vieillissement dans les années 1960 et 1970. Ainsi, le renouvellement générationnel de l'auditoire assistant aux activités culturelles de l'IFA au cours de cette période ne peut qu'être vivement souhaité, voire même recherché. Si les années 1960 et 1970 sont surtout marquées par le développement des activités éducatives de l'institut, force est de constater que sur le plan des manifestations culturelles aussi l'établissement se trouve clairement, au cours de la deuxième moitié des années 1970, sur une pente ascendante.

L'IFA éditeur : la Collection de l'Institut français d'Athènes

Faire fonctionner l'IFA comme un centre d'enseignement modèle n'est pas la seule ambition que caresse Merlier dès les premières années de l'après-guerre pour l'établissement qu'il dirige. Il veut également en faire un centre scientifique, à l'image de l'École française d'Athènes. Ayant assuré sa complète autonomisation en 1946, l'ancienne annexe de l'École cherche immédiatement à s'élever au rang de l'institution-mère. Le discours prononcé par Octave Merlier en septembre 1947, lors du centenaire de l'École française est, sur ce point, très clair. Après avoir rendu hommage à l'œuvre accomplie par l'EFA et reconnu l'intérêt manifesté par ses membres pour l'hellénisme dans son ensemble, « depuis Minos jusqu'à Palamas et Sikélianos », il pose l'institut comme son continuateur naturel dans le domaine de la Grèce moderne, s'attachant à affirmer sa dimension scientifique :

> Enrichi d'une équipe nouvelle de jeunes maîtres, amoureux, eux aussi, d'hellénisme, il désire se donner entièrement, à côté de sa fonction d'enseignement, à l'étude de la Grèce moderne. [...] Toujours plus exigeant envers lui-même, l'Institut d'Athènes, antenne de la France en Grèce, mais aussi antenne de la Grèce moderne vers la France et le monde, s'engage, à la fin du premier siècle de travail scientifique de l'École d'Athènes, sur la même voie de réalisations : tel est l'hommage filial qu'il lui plaît de rendre aujourd'hui, en présence de ses amis, à son illustre aînée[147].

147. AEFA, 7 ADM 25-28.

C'est sous cet angle qu'il faut comprendre les initiatives telles que l'édition du *Bulletin analytique de bibliographie hellénique* à partir de 1945. C'est ainsi que s'explique aussi le rattachement en 1949 à l'Institut français du Centre d'études d'Asie Mineure, dirigé par l'épouse d'Octave Merlier, Melpo Logotheti-Merlier. De fait, les travaux scientifiques de ce Centre sont régulièrement financés par l'IFA, qui met des locaux à la disposition de ses collaborateurs jusqu'à la fin des années 1950[148]. Mais l'œuvre qui atteste le mieux l'ambition de Merlier dans ce domaine est sans aucun doute le lancement d'éditions portant sur la Grèce moderne.

Quand Octave Merlier revient en Grèce en juillet 1945, l'une de ses toute premières initiatives est de créer la fameuse « Collection de l'Institut français d'Athènes », grâce à un financement spécial obtenu du ministère à Paris. Dès la première année, deux livres sont édités : *Prose et poèmes* de Solomos (**fig. 44**) et *Choix de poèmes* de Séféris (**fig. 45**), traduits et présentés, dans les deux cas, par Robert Levesque. Celui-ci, professeur de littérature

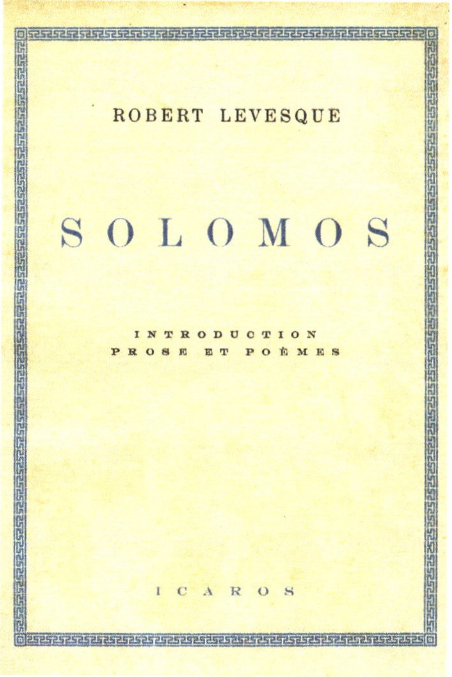

Fig. 44 — Couverture de la traduction de Solomos par Robert Levesque, n° 1 de la Collection de l'Institut français d'Athènes, 1945. © Collection particulière.

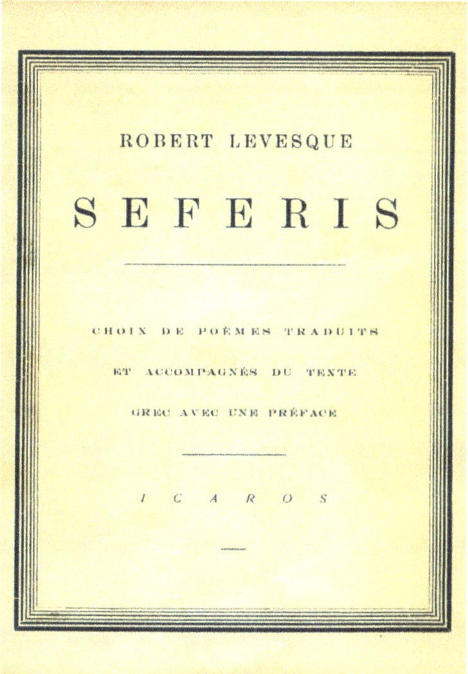

Fig. 45 — Couverture de la traduction de Séféris par Robert Levesque, n° 2 de la Collection de l'Institut français d'Athènes, 1945. © Collection particulière.

148. Manitakis 2023.

française et d'histoire de l'art à l'institut depuis l'automne 1941, s'est attelé à la traduction des grands poètes grecs et a déjà publié deux ouvrages à Athènes : le poème *Mater Dei* de Sikélianos, en édition bilingue, en 1944, et une anthologie de poèmes d'Elytis, en 1945. Début 1945, son *Solomos* et son *Séféris* sont prêts mais ne trouvent pas de mécène. La subvention de 300 000 francs apportée par Merlier permet très heureusement de financer l'édition chez l'éditeur Ikaros. Une centaine d'ouvrages suivront jusqu'au départ de Merlier en 1961, soit en moyenne six par an, une production loin d'être négligeable et qui aurait pu être plus importante si Merlier avait été davantage soutenu par son autorité de tutelle.

Les raisons de cette initiative et le contexte dans lequel elle prend place sont clairs. Il s'agit tout d'abord pour Merlier de disposer d'un outil fiable et souple lui permettant de mettre en œuvre la politique de promotion conjointe des cultures grecque et française qu'il ambitionne de mener. Il a bien sûr travaillé très tôt dans ce sens, puisqu'en 1927, deux ans après son arrivée en Grèce, il a entrepris l'étude de l'écrivain Alexandros Papadiamantis et commencé à traduire certaines de ses nouvelles, afin de permettre au public français de découvrir l'œuvre du grand prosateur. L'ouvrage, constitué d'une longue introduction et de sept nouvelles, dont « La Tueuse », a paru finalement en 1934 à Paris aux Belles Lettres, en même temps qu'était publiée à Athènes une édition grecque des lettres de Papadiamantis, élaborée et préfacée par Merlier également. Mais il comprend que s'il veut être efficace, et ne plus dépendre du bon vouloir des éditeurs, qu'ils soient grecs ou français, il lui faut doter l'Institut français d'un service de publication propre, lui permettant de mener librement sa politique d'édition.

Pour justifier ce développement de ses activités dans le domaine éditorial, et surtout la place accordée à la littérature et à la culture grecques dans les œuvres publiées, Merlier s'appuie sur l'accord bilatéral de 1938, qui mentionne expressément la question de la traduction et de l'édition : « le Gouvernement de la République française et le Gouvernement royal hellénique favoriseront respectivement la traduction des chefs-d'œuvre littéraires et scientifiques et la diffusion des ouvrages écrits dans la langue de l'autre pays » (article 6)[149]. Le directeur de l'IFA se sent donc pleinement justifié à œuvrer en faveur de la littérature grecque dans le cadre de sa mission officielle.

Par ailleurs, le contexte géopolitique lui apparaît tout à fait favorable : sortie affaiblie de la guerre, la France veut se servir de la culture pour retrouver sa place de premier plan dans le concert des nations et contrer l'influence grandissante de l'Angleterre et des États-Unis. C'est ainsi par exemple que Merlier obtient en 1945 un nombre tout à fait inhabituel de bourses pour envoyer de jeunes Grecs poursuivre leurs études en France et peut monter l'opération audacieuse du *Mataroa*[150]. La création de la Collection de l'Institut français d'Athènes va dans le même sens par d'autres moyens et reçoit donc dans un premier temps

149. « Accord relatif aux rapports intellectuels et artistiques signé à Paris le 19 décembre 1938 entre la France et la Grèce », *Journal officiel de la République française*, 27 mai 1939, n. 125, p. 6707.

150. Voir Jollivet, Manitakis 2020, p. 7-39 ; Manitakis 2021, p. 17-34 ; Anestidis 2021, p. 327-337.

l'aval du ministère, d'autant plus que se trouve alors à la tête du Service Universitaire des Relations avec l'Étranger du ministre de l'Éducation nationale un ami de Merlier, Marcel Abraham, qui jusqu'à sa disparition en 1955 soutiendra son action.

Quinze années durant Merlier met une énergie inépuisable à réaliser le programme qu'il s'est fixé. Certes, pour cette tâche comme pour les autres, le directeur de l'IFA peut s'appuyer sur le travail de collaborateurs dévoués, au premier rang desquels Néoclès Coutouzis, mais également Nassos Detzortzis, Mihalis Sakellariou et d'autres encore. Cependant, l'activité éditoriale de l'institut repose en très grande partie sur Merlier lui-même, qui contrôle l'ensemble du processus. C'est lui, tout d'abord, qui choisit les ouvrages à publier. Il est extrêmement jaloux de cette prérogative et proteste vivement lorsque la DGRC (Direction générale des Relations culturelles) prétend exercer un droit de regard sur ce choix, qui relève par définition de l'éditeur : « Je demande donc que me soit reconnu le droit indiscuté de choisir les ouvrages que je juge digne d'être publiés par nos soins. C'est là à la fois une nécessité et un droit acquis par 26 ans de travail consacré à l'étude de l'hellénisme et de la Grèce moderne, et 26 années d'expérience heureuse de ce que doivent être les relations culturelles entre la France et la Grèce[151] », écrit-il dans son rapport d'activités sur l'année 1950-1951. C'est lui ensuite qui lit, revoit et corrige les manuscrits et les épreuves, apportant un soin maniaque à cette tâche, afin d'arriver, comme il le dit, « à un état proche de la perfection ». Enfin, il assume la part commerciale du travail d'éditeur, discutant des prix avec les auteurs, les imprimeurs, les brocheurs, les libraires, s'occupant de la vente des livres en Grèce comme à l'étranger, mais aussi de la publicité : il écrit des préfaces, présente les ouvrages aux journaux, assure le service de presse. « C'est là mon travail à moi, écrit-il le 28 octobre 1947 à sa sœur Octavie, – travail d'éditeur si l'on veut, mais où le choix, la présentation, la correction, le lancement sont mon œuvre personnelle[152] ». Seules les questions proprement matérielles, achats de papier, choix des caractères d'imprimerie, surveillance des travaux, etc. sont pris en charge par N. Coutouzis, le responsable de l'imprimerie.

Merlier travaille d'abord avec la jeune maison d'édition grecque Ikaros, apparue en 1943, en pleine Occupation allemande, avec laquelle il publie les premiers ouvrages. Mais afin d'obtenir une autonomie complète et de faire baisser les coûts de fabrication, il décide de créer une imprimerie à l'institut (**fig. 46**). Dès 1949, il s'équipe d'un atelier de composition puis, deux ans plus tard, de deux presses qui lui permettent d'imprimer non seulement les ouvrages de la collection, mais aussi les livres scolaires produits par les équipes pédagogiques et tous les imprimés nécessaires au fonctionnement de l'institut, le tout sous la direction du précieux N. Coutouzis. Le travail est de si bonne qualité que l'imprimerie se fait vite une réputation à l'extérieur et croule sous les commandes qu'elle

151. CEAM, AOM, Octave Merlier, « Rapport sur l'activité de l'institut pendant l'année scolaire 1950-1951 », p. 81.

152. Merlier 1983, p. 308.

Fig. 46 — Ancienne imprimerie de l'Institut français d'Athènes. © Institut français de Grèce.

doit le plus souvent refuser, afin de privilégier les éditions de l'institut. Cette imprimerie, unique en son genre, a continué à fonctionner jusqu'en 2002, date à laquelle elle a été démantelée.

Cette indépendance permet à Merlier de mener une politique éditoriale courageuse et même audacieuse, bien au-delà de ce que l'on pouvait attendre d'un institut étranger[153]. Dans son rapport au ministère de juillet 1947[154], il rappelle les buts qu'il a fixés à la Collection de l'IFA, à savoir, dans l'ordre : faire connaître en Grèce les principaux chefs-d'œuvre de la littérature française ; faire connaître en France et à l'étranger, par des traductions, les principales œuvres littéraires de la Grèce moderne ; faire paraître d'importants ouvrages grecs, littéraires, scientifiques et musicaux, que leurs auteurs ne parviennent pas à éditer, faute d'argent ; et enfin faire connaître en France et à l'étranger, par le truchement du français, la production culturelle grecque contemporaine. C'est là, en particulier, le but du *Bulletin analytique de bibliographie hellénique*, créé la même année que la collection,

153. Manitakis 2019-2020. Voir également en annexe la liste des ouvrages publiés à l'institut.

154. CEAM, AOM, Octave Merlier, « Rapport sur l'activité de l'Institut français d'Athènes pendant l'année scolaire 1946-1947 », p. 46.

en 1945, et dirigé par N. Coutouzis, qui recense toutes les publications parues en grec chaque année, accompagnant les titres d'un court résumé en français. Le *Bulletin* s'inscrit dans la tradition des travaux bibliographiques d'Émile Legrand et d'Hubert Pernot, qu'il poursuit et élargit : « Recensement des livres anciens jusqu'à la Guerre d'Indépendance, la *Bibliographie Hellénique* d'Émile Legrand et d'Hubert Pernot s'adressait à un public d'érudits et de bibliophiles. En nous attachant à faire connaître dans notre Bulletin toute la production grecque actuelle nous songeons à un public plus large[155] », précise N. Coutouzis dans le premier fascicule du tome 1, paru en 1947 et portant sur l'année 1946 (**fig. 47**), tandis que Merlier, dans son « Avant-Propos », déclare avoir pour ambition, par cet ouvrage, de « présenter un jour [...] un tableau de la vie intellectuelle de la Grèce actuelle, telle qu'elle se manifeste dans toutes ses publications[156] ». Le *Bulletin analytique de bibliographie hellénique* paraîtra jusqu'en 1985, totalisant 39 tomes parus en trente ans.

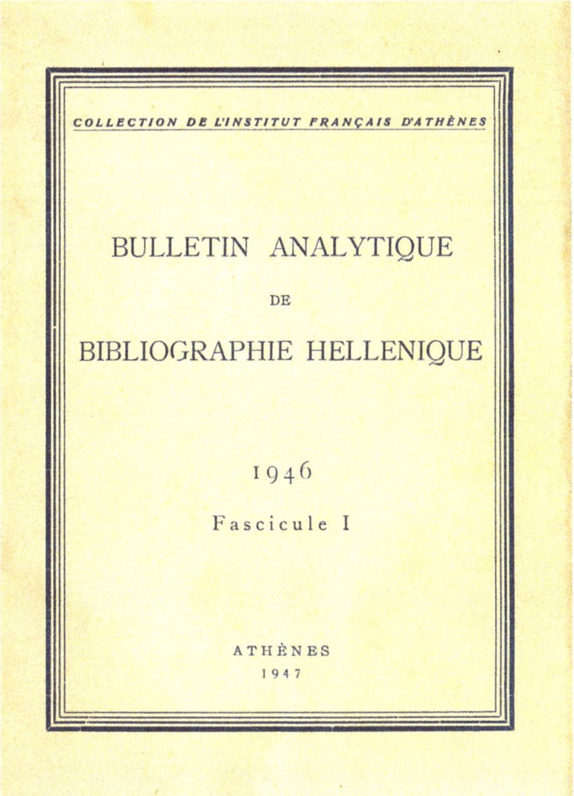

Fig. 47 — Bulletin analytique de bibliographie hellénique, fascicule 1, 1946. © Collection particulière.

155. *Bulletin analytique de bibliographie hellénique*, 1947, p. 7.
156. *Ibid.*, p. 6.

Si Merlier place toujours en première position, dans sa communication avec le ministère, la traduction en grec des chefs-d'œuvre de la littérature française, le catalogue des éditions révèle que la priorité est, de fait, donnée aux autres catégories. Les trois premiers ouvrages publiés, en 1945 et 1946, portant les numéros 1, 2 et 3 de la collection, sont des traductions d'œuvres de grands poètes grecs : aux traductions par Robert Levesque de Solomos et de Séféris, déjà citées, s'ajoute en effet, en 1946, la réédition, avec des bois de Spyros Vassiliou, d'une traduction du recueil *Akritika* de Sikélianos effectuée par Merlier durant son exil à Aurillac et publiée là-bas de manière confidentielle, sous le titre *Le Serment sur le Styx*. Parmi les dix premiers ouvrages de la collection on ne trouve que deux éditions bilingues de classiques français, des *Ballades* de Villon (1947, n° 5 de la collection) et une pièce de Molière, *Amphitryon* (1948, n° 9) (**fig. 48**), et la proportion sera plutôt moindre encore par la suite. Sur la centaine d'ouvrages publiés jusqu'en 1961, les traductions de littérature

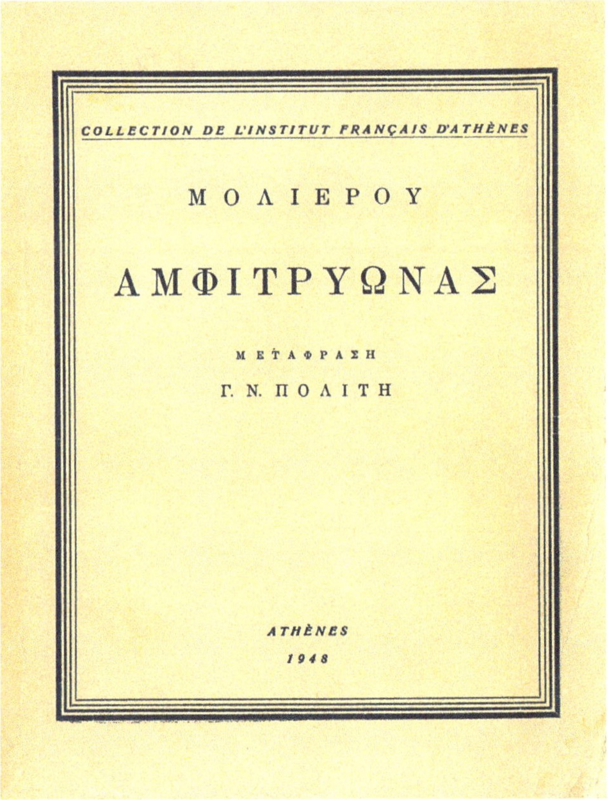

Fig. 48 — Couverture de la traduction en grec d'*Amphitryon* de Molière, 1948. © Collection particulière.

française représentent en effet moins d'une dizaine de titres. Mais il s'agit toujours de classiques peu diffusés par les éditeurs commerciaux, à la différence, explique Merlier en 1950, de ce que fait le British Council, qui vient de financer la publication de traductions en grec d'œuvres de Shakespeare et de Dickens :

> C'est en fait, de leur part, une erreur. Car ces auteurs, comme les écrivains anglais modernes et contemporains, trouvaient déjà en Grèce traducteurs et éditeurs, de même que nos auteurs français du XIXᵉ et du XXᵉ siècles. Or, à mon sens, ce ne sont pas les auteurs connus, traduits et édités aisément, que nous devons nous-mêmes faire traduire et éditer, mais avant tout les grands écrivains du passé, qui sont pour nous nos classiques, mais que les difficultés de la langue ont empêché de traduire. D'où le choix de nos traductions d'auteurs français en grec : La Chanson de Roland, les Troubadours, les Romans du Moyen Âge, Villon, Rabelais, Montaigne, Descartes[157].

Ces œuvres « de lecture difficile, et qu'il y a intérêt à faire connaître en éditions bilingues[158] », sont traduites et présentées par des spécialistes et hommes de lettres reconnus : Spyros Skiadaressis pour Villon et Rabelais (1950, n° 30), Christos Christidis pour le *Discours de la méthode*, de Descartes (1948, n° 15) et La Rochefoucauld (1952, n° 32), Kléon Paraschos pour Montaigne (1957, n° 28) (**fig. 49**), et le poète Takis Papatsonis pour *Anabase* de Saint-John Perse (1957, n° 60).

En littérature grecque, après la triade inaugurale Solomos-Séféris-Sikélianos, vient encore Kazantzakis avec *Salvatores Dei*, traduit par Merlier lui-même sous le titre *Ascèse* (1951). Mais la grande audace de Merlier, dans ce domaine, est d'avoir publié en grec le théâtre de Sikélianos. En septembre 1947, Angelos Sikélianos cherche un éditeur pour sa tragédie *La Mort de Digénis* [*Ο θάνατος του Διγενή*], mais n'en trouve pas. C'est finalement Octave Merlier, très lié avec lui depuis la guerre, et qui ne cessera de soutenir son œuvre, y compris après la mort du poète, qui accepte de publier la pièce dans la Collection de l'IFA. L'ouvrage était prêt en janvier 1948 (date que porte le livre, avec le n° 6 de la collection) mais ne circulera en fait qu'en mars 1950, après la fin de la guerre civile : « *La Mort de Digénis*, de Sikélianos, est achevée, mais j'en arrête la vente. L'œuvre, d'une audace de langage que ne dissimule pas la grande poésie, assurerait au poète et à l'Institut des ennuis très graves[159] », note Merlier le 27 décembre 1947. En mai 1948, Merlier propose également à Sikélianos d'éditer ses textes en prose, ce qui ravit l'écrivain mais ne se fait finalement pas. En revanche, l'édition complète de son théâtre, sous le titre général

157. CEAM, AOM, Octave Merlier, « Rapport sur l'activité de l'Institut pendant l'année scolaire 1949-1950 », p. 67.

158. CEAM, AOM, Octave Merlier, « Rapport sur l'activité de l'Institut pendant l'année scolaire 1948-1949 », p. 45.

159. MERLIER 1983, p. 300.

Fig. 49 — Couverture de la traduction en grec de huit essais de Montaigne, 1957. © Collection particulière.

de *Θυμέλη* [Thymélé, terme désignant l'autel de Dionysos dans les théâtres antiques], paraît en trois volumes dans la Collection de l'IFA, de 1950 à 1954. La commémoration du centenaire de Solomos, enfin, en 1957, est l'occasion de publier de nouveaux textes du fondateur de la poésie néo-hellénique, comme l'*Éloge de Foscolo,* traduit de l'italien par Joseph Peretti et présenté par Octave Merlier (1958, n° 104).

Si Merlier publie des textes essentiels de la littérature grecque classique et contemporaine, en langue originale comme en traduction, il n'en est pas moins avant tout un éditeur scientifique, comme le montre très clairement la liste des essais et études parus en français et en grec durant ces années dans des domaines aussi divers que l'histoire, le droit, la géographie, l'ethnologie, la musique, la linguistique, la littérature ou l'art. Là encore, le grand principe de Merlier est de ne pas faire concurrence aux maisons d'édition classiques, et donc de s'abstenir de publier ce que l'on trouve facilement ailleurs : « Comme je l'ai souvent écrit, notre intention n'est pas de nous substituer à une maison d'édition. Notre rôle doit être de venir en aide aux savants, aux écrivains, aux auteurs, voire aux compositeurs, dont les travaux, malgré leur valeur intrinsèque, ne trouvent pas d'éditeurs[160]. » La collection accueille donc des travaux de chercheurs, universitaires et académiciens grecs pour lesquels aucune structure éditoriale n'existe encore. L'histoire byzantine est particulièrement bien servie : dès 1947 paraît le second tome – le premier avait été publié en 1939 – de *Ιστορία του Βυζαντινού Κράτους* [Histoire de l'État byzantin] de Konstantinos Amantos, numéro 4 de la collection, puis, de 1948 à 1956, les six volumes de *Βυζαντινών βίος και πολιτισμός* [Vie et civilisation byzantines] de Phédon Koukoulès ; s'y ajoutent, en 1956-1958, les deux tomes (un volume de planches, un volume de texte) des *Εικόνες της Μονής Σινά* [Icônes du Mont Sina] publiés par Georges Sôtiriou, directeur du Musée Byzantin, et sa femme Maria (n° 100 et 102 de la collection). Le coût financier de ces publications est lourd, mais Merlier ne prend en compte que l'intérêt scientifique de l'entreprise. Certains choix témoignent d'un courage particulier. Merlier n'hésite par exemple pas à publier *Το κρυφό σχολειό* [L'école secrète] d'Alexandre Delmouzos (1880-1956), son ami de longue date, avec le grammairien Manolis Triantafyllidis. Delmouzos, ancien professeur à l'université de Thessalonique, démoticiste convaincu et pédagogue progressiste, y relate l'expérience pédagogique audacieuse – consistant à introduire la langue démotique dans l'enseignement destiné à des jeunes filles – menée à Volos dans les années 1908-1911, à laquelle il a été mis fin brutalement à la suite d'une accusation d'athéisme émanant de hauts responsables religieux. Il faut citer également, dans le domaine linguistique, le dictionnaire étymologique du grec moderne (*Ετυμολογικό Λεξικό της κοινής νεοελληνικής*, 1951, n° 24), du linguiste Nikolaos P. Andriotis, professeur à l'université de Thessalonique, déjà auteur en 1948 de l'étude sur le dialecte de Farassa (*Το γλωσσικό ιδίωμα των Φαράσων*) dans la série du Centre d'études d'Asie Mineure (n° 8 de la collection). Il s'agit là de la première version d'un ouvrage fondamental, utilisé par des générations d'élèves et d'étudiants, qui connaît ensuite de nombreuses rééditions, la dernière datant de 2008. D'autres études, portant sur différentes périodes de l'histoire de la Grèce, ont été traduites en français, comme *Les Finances grecques au VIe siècle*, par Constantin Stergiopoulos (1949, n° 16), *Les Cultes Populaires de la Thrace* par Constantin Romaios (1949, n° 18) ou *Les Philhellènes et la guerre de l'Indépendance*, publication d'une correspondance inédite par Eugène Dallegio (1949, n° 19).

Des sous-collections apparaissent, ouvrant les éditions à de nouveaux domaines. La série « Centre d'études d'Asie Mineure », inaugurée dès 1948 avec *Το Αρχείο της Μικρασιατικής*

160. CEAM, AOM, Octave Merlier, « Rapport sur l'activité de l'Institut pendant l'année scolaire 1949-1950 », p. 66.

Λαογραφίας [Les Archives du folklore d'Asie Mineure] (**fig. 50**), par Melpo Merlier (1948, n° 7), accueille les nombreux travaux d'ethnologie produits par le centre fondé avant la guerre par Melpo Logothéti-Merlier, musicienne et musicologue. La plupart de ces ouvrages sont en grec mais c'est dans cette série qu'on trouve aussi les *Études sur la chanson cleftique*, de Samuel Baud-Bovy (1957, n° 53) (**fig. 51**). En 1948 également est créée la « Série musicale », dans laquelle quatre partitions inédites de musiciens grecs sont publiées, à commencer par *La Mort de la Vaillante* (*Ο θάνατος της Αντρειωμένης*), « poème symphonique en forme de ballet » de Manolis Kalomiris (1948), suivie d'œuvres des compositeurs Varvoglis, Skalkotas et Poniridis (1948-1949). En 1949 naît la série « Villes et paysages de Grèce », avec le livre de Raymond Matton consacré à Rhodes (1949, 2e édition revue et augmentée 1954), suivi bientôt de ceux concernant Hydra (1953), la Crète antique (1955), la Crète moderne (1957), Corfou (1960) (**fig. 52**) et enfin Athènes (1963), auxquels il faut ajouter le *Psara* de Jean Baelen (1959). Une série juridique accueille diverses études, ainsi que le *Code civil hellénique* dans une traduction de l'Institut Hellénique de droit international et étranger effectuée par Pierre Mamopoulos (1956, n° 80), entreprise à laquelle Merlier tient particulièrement :

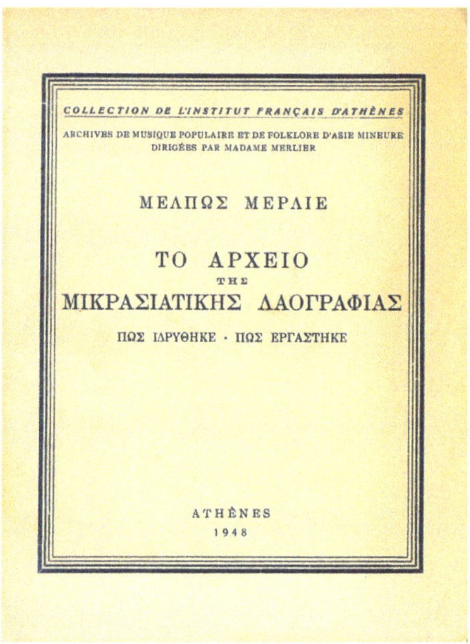

Fig. 50 — Couverture du livre de Melpo Logotheti-Merlier, *Les archives du Folklore d'Asie Mineure*, paru dans la Collection de l'Institut français d'Athènes, 1948. © Collection particulière.

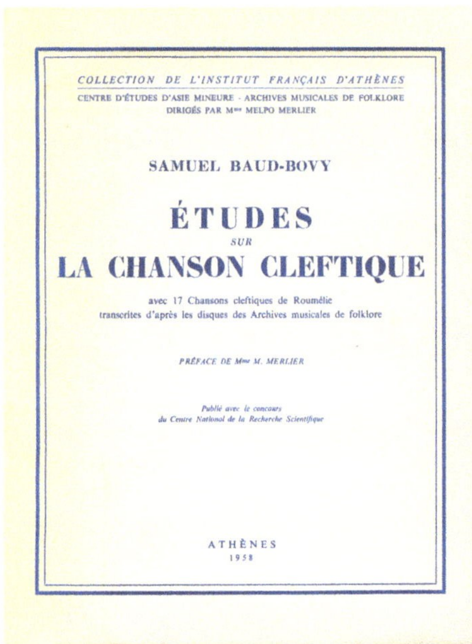

Fig. 51 — Couverture du livre de Samuel Baud-Bovy, *Études sur la chanson cleftique*, 1958. © Collection particulière.

En acceptant la lourde charge financière de la publication du Code civil grec dans sa traduction française, j'ai pensé que nous avions le plus grand intérêt à présenter une édition impeccable d'un ouvrage juridique grec fondamental, dont l'usage sera indispensable dans tous les pays où les tribunaux peuvent avoir à connaître des procès intéressant des sujets Grecs, qu'il s'agisse de l'Egypte, de la Turquie, de l'Angleterre, des Etats-Unis ou de la France et de son empire[161].

Fig. 52 — Couverture du livre de Raymond Matton, *Corfou*, 1960. © Collection particulière.

En 1957, enfin, Georges Mourélos inaugure la série « Artistes grecs contemporains » avec un ouvrage sur le peintre Gounaropoulos[162], auquel l'Institut français consacre, la même année, une exposition. Ce titre n'est suivi d'aucun autre, toutefois, et la collection artistique en reste là ; il faut noter cependant que toutes les expositions organisées par l'établissement donnent lieu à la publication d'un catalogue illustré, en général bilingue, imprimé sur les presses de l'institut[163].

Merlier désire également ouvrir la collection à la culture populaire contemporaine. C'est ainsi qu'en 1951, il propose au montreur de Karaghiozis Sotiris Spatharis de publier ses mémoires. En juin 1949, déjà, l'Institut français consacre une soirée au théâtre d'ombres. Le jeune écrivain et critique de cinéma Eleftherios Grigoriou y tient une conférence sur « L'art

161. CEAM, AOM, Octave Merlier, « Rapport sur l'activité de l'Institut pendant l'année scolaire 1949-1950 », p. 69.

162. Mourelos 1957.

163. Voir en annexe la liste (non exhaustive) des catalogues d'exposition publiés par l'institut.

du Karaghiozis et le vieux Spatharis », au cours de laquelle il lit des passages des souvenirs du montreur, encore inédits, et s'exprime en termes très élogieux à leur sujet. Spatharis donne ensuite, dans la même salle, une représentation avec son fils Evgenios[164]. Mais c'est en 1951 que la rencontre a lieu. Cette année-là, au cours d'une réception, Merlier présente Spatharis à André Marie, ministre de l'Éducation nationale en visite en Grèce, à qui le montreur offre deux figurines dédicacées de son théâtre[165]. À la suite de cette visite, Spatharis donne une représentation à l'ambassade de France à Athènes et, à la demande de l'ambassadeur, réalise une maquette de théâtre d'ombres destinée au musée des Arts et Traditions populaires[166]. Octave Merlier lui passe alors commande de la même maquette pour l'Institut français. Il semble qu'à cette époque, en effet, il ait eu l'intention de constituer un musée des arts populaires grecs[167]. Il n'est cependant pas question de ce projet dans ses rapports d'activité annuels et on n'en trouve aucune trace matérielle dans l'établissement. En remerciement de ces deux réalisations, au nom de l'État français, il lui fait don d'une somme qui permet au montreur de sonoriser son théâtre, avec micro et hauts-parleurs[168]. C'est la même année, en 1951, que Merlier prend la décision de publier les souvenirs de Spatharis, que le vieux montreur est en train de rédiger avec l'aide d'un jeune poète, Lambis Chronopoulos, et pour lesquels il cherche un éditeur. L'ouvrage doit en fait comprendre deux tomes, le premier étant l'autobiographie du montreur et le second étant consacré à l'art du théâtre d'ombres en Grèce. Il est prévu qu'il paraisse en 1953, comme l'atteste le projet de page de titre composé à la main par Chronopoulos, portant la mention « édité par l'Institut français d'Athènes » et la date de 1953. Dans la page de remerciements qui l'accompagne, l'auteur et le responsable de l'édition remercient chaleureusement « le directeur éclairé de l'Institut français d'Athènes, M. Octave Merlier, qui a moralement soutenu la rédaction de l'ouvrage et à l'affectueux intérêt duquel on doit son impression[169] ». L'ouvrage se serait inscrit, quarante ans plus tard, dans le prolongement de celui de Louis Roussel consacré au montreur Mollas et à son œuvre. Cependant ce projet ne se réalise pas. En 1956, Spatharis, mécontent du retard pris par l'élaboration du texte, met fin à sa collaboration avec Chronopoulos. Ses mémoires paraîtront finalement en 1960, chez un autre éditeur.

La qualité des éditions de l'Institut français est reconnue quasi unanimement par la presse grecque qui, à de rares exceptions près, accueille très positivement chaque nouvelle publication, ce dont Merlier ne manque pas de se prévaloir auprès de ses supérieurs

164. Spatharis 2020, p. 42 et 494.

165. Spatharis 2020, p. 495-496.

166. Cette maquette fait aujourd'hui partie des collections du MUCEM. Voir https://www.mucem.org/collections/explorez-les-collections/objet?uri=http://data.mucem.org/c/215206&&object_pos=&object_max.

167. Spatharis 2020, p. 58.

168. Spatharis 2020, p. 509-510.

169. Spatharis 2020, p. 56-62.

hiérarchiques. En mars 1951, le critique littéraire Andreas Karantonis consacre une causerie radiophonique à l'activité éditoriale de l'Institut français, faisant l'éloge du « labeur humble et patient » qui a pour but « de faire connaître au public grec et à l'étranger les œuvres inédites d'écrivains et de savants grecs, et, en même temps, de resserrer les liens culturels qui unissent les deux pays, grâce à une connaissance réciproque de l'un et de l'autre[170] ». Des voix françaises ou francophones s'élèvent aussi pour louer l'œuvre accomplie par Merlier. Le byzantiniste et néo-helléniste Henri Grégoire, ancien membre belge de l'EFA (promotion 1906), venu à Athènes pour les festivités du centenaire de l'École, en septembre 1947, consacre des pages enthousiastes à l'Institut français. Après avoir évoqué en détail son développement et son rayonnement, il en vient aux éditions :

> Mais depuis plusieurs années, l'Institut français ne se contente plus d'interpréter ainsi la France auprès des Grecs. Reprenant l'exemple de M. Louis Roussel, il s'efforce en outre d'interpréter la Grèce moderne auprès des Français. [...] Amorcé en pleine guerre [...] ce second aspect de sa mission s'est largement épanoui en 1945, au retour de M. Octave Merlier, qui prit l'initiative et la direction d'une « Collection de l'Institut français d'Athènes » destinée précisément à mieux faire connaître le visage spirituel de l'hellénisme contemporain et à favoriser les échanges intellectuels franco-grecs. [...]
> Par ailleurs, l'Institut français a entrepris en 1946 une tâche de longue haleine qui vise à donner au public cultivé de l'étranger ainsi qu'aux Hellènes expatriés une image aussi complète que possible de la production intellectuelle grecque – livres et périodiques dans tous les domaines pendant les années en cours et parallèlement, pendant les années de guerre. De là le « Bulletin analytique de Bibliographie hellénique », dont la vie intellectuelle grecque ne possède pas encore l'équivalent national. [...]
> Ce faisant, l'Institut français entend non seulement faire connaître à travers le monde ce qui s'écrit en Grèce dans tous les domaines, mais accomplit aussi une tâche de coopération intellectuelle internationale, en établissant une liaison entre les écrivains, mais aussi les philologues, les historiens, les théologiens, les médecins, les juristes, les économistes, les savants, les techniciens de Grèce et leurs collègues du monde entier. L'Institut étend par là même aussi et approfondit ses contacts et ses échanges avec les travailleurs intellectuels de Grèce[171].

170. CEAM, AOM, André Karandonis, « L'action culturelle de l'Institut français d'Athènes », texte reproduit dans Octave Merlier, « Rapport sur l'activité de l'Institut pendant l'année scolaire 1950-1951 », p. 75-76.

171. Grégoire 1948, p. 114-116. À l'occasion de la célébration du centenaire, H. Grégoire passe sept semaines en Grèce, en septembre et octobre 1947, et réalise un reportage approfondi sur le pays alors déchiré par la guerre civile. Le reportage est publié en quatorze articles dans *Le Soir* de Bruxelles en 1947, puis édité en volume, avec des compléments, l'année suivante.

L'écho de ces publications reste toutefois très limité en France, du fait de l'absence de diffusion commerciale. Les livres publiés à l'institut, en particulier la prestigieuse Collection de l'Institut français d'Athènes, ne connaissent en fait qu'une diffusion confidentielle, limitée à un cercle assez étroit, et beaucoup d'invendus s'entassent dans les réserves de l'imprimerie. Certes, dans les milieux des hellénistes français, le travail accompli par Merlier à Athènes ne passe pas complètement inaperçu. En 1949, Raymond Janin recense ainsi dans la *Revue des Études byzantines* les six premiers ouvrages publiés dans la Collection de l'Institut français d'Athènes[172]. Mais la majeure partie du lectorat visé reste totalement hors d'atteinte. La traduction de Séféris par Levesque, par exemple, imprimée en 1945 à 1850 exemplaires, n'a jamais été diffusée en France et est ainsi demeurée totalement inconnue du public et des critiques français, au grand désappointement du traducteur et du poète lui-même. L'Institut français n'ayant pas les moyens d'assurer la diffusion des ouvrages qu'il publiait, peut-être Merlier aurait-il dû privilégier les coéditions, avec des éditeurs grecs ou français, selon les cas, comme cela s'est d'ailleurs fait par la suite. Mais cela aurait signifié renoncer à une part de cette indépendance à laquelle il était si profondément attaché.

Quoique Merlier ait été fortement critiqué par son administration de tutelle pour la politique éditoriale qu'il a menée, cette activité se poursuit toutefois après son départ en 1961 et l'Institut continue à fonctionner comme une maison d'édition. Le catalogue s'enrichit ainsi de nouvelles publications consacrées à la description de la Grèce ou des régions environnantes. Raymond Matton, professeur de géographie à l'Institut, continue la série « Villes et paysages de Grèce ». Déjà auteur d'ouvrages sur plusieurs îles grecques, il publie en 1963 avec sa femme Lya une somme sur la ville d'Athènes : *Athènes et ses monuments du XVIIe siècle à nos jours*, avec une iconographie d'une richesse sans précédent : 267 photographies hors texte et 21 cartes et plans (**fig. 53**). Trois ans plus tard, en 1966, il signe encore un ouvrage sur l'Argolide : *Mycènes et l'Argolide antique*, toujours aussi richement illustré. En 1969 sont publiés des récits de voyage de Georges Théotokas, *Montagnes saintes du Proche Orient - Samarie, Sinaï, Athos,* traduits du grec par Renée Richer, qui enseigne alors à l'institut et

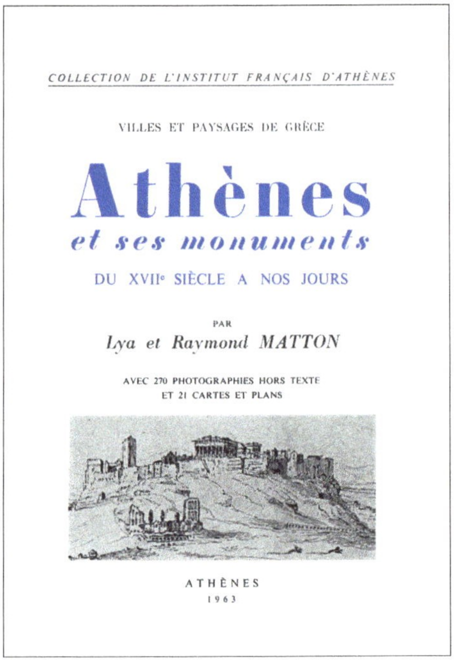

Fig. 53 — Couverture du livre de Lya et Raymond Matton, *Athènes*, 1963. © Collection particulière.

172. Janin 1949, p. 270.

travaille à une thèse sur l'écrivain. En 1973, enfin, Jacques Baeyens, ancien ambassadeur de France en Grèce (1964-1969), déjà auteur d'un joli petit livre sur Skyros illustré de dessins inspirés par les broderies traditionnelles de l'île (*Skyros petite île*, 1969), publie *Les Français à Corfou* (1797-1799 et 1807-1814), « récit » enlevé qui retrace en fait l'ensemble de l'histoire de l'île.

Quelques ouvrages fondamentaux sortent encore des presses de l'institut, comme la version française de l'*Histoire de la littérature néo-hellénique* de Constantin Dimaras, parue en 1965. Il s'agit toutefois là de l'aboutissement d'une entreprise de longue haleine, puisque c'est Octave Merlier qui en avait pris l'initiative dès 1953, quelques années après la publication de l'original, en 1947-1948, chez Ikaros. Un autre projet éditorial longtemps retardé est réalisé durant cette période : l'*Hommage à la Grèce 1940-1944*, ensemble de textes écrits par des intellectuels et écrivains français en hommage à la résistance héroïque du peuple grec pendant la Deuxième Guerre mondiale, réunis par Roger Milliex. Ce florilège aurait dû paraître en 1949, en même temps qu'avait lieu l'exposition d'œuvres offertes par les artistes français à la Grèce, mais Merlier, dans sa grande sagesse, avait estimé que « la publication de certains textes dont les signataires, écrivains français, avaient pris position dans le déchirement intestin de la Grèce (1946-1949), nuirait à l'objectif d'unanimité de la part de l'opinion publique grecque auquel visait la parution de l'Hommage[173] ». C'est donc en 1979, cinq ans après la chute de la dictature militaire et trente ans après l'exposition, que l'ouvrage voit enfin le jour.

Durant cette période, par ailleurs, l'institut semble encore assumer sa fonction d'éditeur scientifique, publiant des travaux universitaires en lien avec la Grèce. En 1970, par exemple, est éditée la thèse d'Yvon Tarabout, professeur de grec moderne à l'Institut national des langues et civilisations orientales (1970-1979), sur *La Langue de Valaoritis*. En 1983, c'est la thèse de 3e cycle de Jeanne Boudouris, ancienne élève de l'IFA, *Stratis Myrivilis, l'écrivain et l'homme, à travers les sept premières éditions de son roman* Η ζωή εν τάφω [La vie au tombeau], réalisée sous la direction de Constantin Dimaras à Paris, qui est publiée, ainsi que *L'Intervention de la Grèce dans la Grande Guerre ; 1916-1917*, de l'historien Yannis Mourélos. Issu de sa thèse de doctorat en histoire contemporaine, soutenue à Paris-Sorbonne en 1978, cet essai est un véritable ouvrage de référence, la première étude historique à porter sur la question jusque-là peu traitée de la participation de la Grèce à la Première Guerre mondiale. Par comparaison avec la période précédente, toutefois, on note que la publication d'un ouvrage en grec devient exceptionnelle ; le seul cas relevé est celui de l'étude d'Elisabeth Papageorgiou-Provata, *Ο φιλελληνισμός της Τουλούζης (1821-1827) – Η Σύμβολη του τύπου* [Le philhellénisme de Toulouse – La contribution de la presse] (1978), publication d'une thèse de doctorat soutenue en 1977 à l'Université d'Athènes. On note aussi la publication en 1968, à l'occasion du centenaire de la naissance de Paul

173. Milliex 1979, p. 10.

Claudel, de la traduction grecque (par Pandélis Prévélakis) du *Soulier de satin*, dans la version abrégée mise en scène en 1943 par Jean-Louis-Barrault.

Si l'Institut français reste actif sur le plan éditorial, on est loin cependant du foisonnement des années 1945-1961, durant lesquelles l'essentiel du catalogue de la Collection de l'Institut français d'Athènes s'est constitué. Le rythme des publications ralentit considérablement et il n'y a plus de politique éditoriale à proprement parler. Quant au *Bulletin Analytique de Bibliographie Hellénique*, longtemps le fleuron et la fierté des éditions de l'IFA, il est fortement menacé. L'augmentation régulière de l'activité éditoriale grecque rend l'entreprise de plus en plus lourde et onéreuse. Un rapport note en 1976 que le *BBH* est devenu l'activité essentielle de l'imprimerie de l'institut, mobilisant atelier de composition et presses pendant un tiers de l'année et consommant près des deux tiers du budget de l'imprimerie[174]. De multiple fois remis en question – l'abandon de cette publication avait déjà été envisagé en 1964 – le *Bulletin Analytique*, devenu entre-temps *Bulletin Signalétique de Bibliographie hellénique*, parvient à se maintenir en vie jusqu'en 1985, année au cours de laquelle paraît le tome 39, dernier de la série, portant sur l'année 1978. La création du Centre de Traduction Littéraire, en 1986, va cependant donner un nouvel élan aux éditions de l'établissement, comme on le verra plus loin.

Les visites présidentielles : de Charles de Gaulle à Valéry Giscard d'Estaing

Durant son long mandat en tant que directeur de l'IFA (1938-1961), Octave Merlier avait réussi à transformer l'annexe scolaire de l'École française d'Athènes en un établissement autonome, comptant des dizaines de milliers d'élèves et un personnel grec et français de plusieurs centaines de membres, présent sur une vaste partie du territoire hellénique, développant une riche activité culturelle, doté, qui plus est, de services uniques, comme une maison d'édition et une imprimerie. Pendant la guerre, déjà, et plus encore dans les années d'après-guerre, l'Institut français est de plus en plus apprécié pour son œuvre par la population locale, notamment par les milieux intellectuels, artistiques, scientifiques et même politiques grecs. À tel point que cette institution est désormais plus connue du grand public que la maison-mère, l'École française.

L'œuvre importante que l'IFA mène en Grèce, à la fois éducative et culturelle, contribuant au rayonnement de la France, de sa langue et de sa culture auprès de la population locale, fait également l'objet d'une évaluation de plus en plus positive de la part des autorités politiques françaises. En témoignent, entre autres, les visites ministérielles que reçoit l'établissement tout au long de son histoire. En avril 1937, le ministre de

174. AIFG, Jacques Fauve, « Institut français d'Athènes 1976 », p. 13.

l'Éducation nationale Jean Zay, en visite officielle en Grèce, se rend à l'établissement de la rue Sina, où il rencontre le directeur, des professeurs, ainsi que des élèves[175]. En décembre 1951, c'est au tour d'un autre ministre de l'Éducation nationale, André Marie, de visiter l'IFA, où une réception est organisée en son honneur[176]. En mai 1959, l'institut est visité par André Malraux, ministre des Affaires culturelles du gouvernement de Gaulle, reçu par le directeur Octave Merlier, avec tous les honneurs qui convenaient. Malraux est accompagné de deux ministres grecs du gouvernement Karamanlis, Konstantinos Tsatsos et Athanassios Kanellopoulos, qui vouent une grande admiration à l'institution française et à son directeur. Jusqu'à ce moment, l'IFA n'a reçu que des ministres[177]. La consécration vient quatre ans plus tard, lorsqu'en mai 1963, le chef de l'État français en personne, le président Charles de Gaulle, lors d'un voyage officiel historique en Grèce, se rend lui aussi au siège de l'établissement, rue Sina, où il est accueilli par son directeur, Henri Ehret (**fig. 54-55**). Celui-ci ne manque pas, dans l'allocution qu'il adresse à son hôte illustre, de se référer brièvement à l'œuvre accomplie par l'institution qu'il dirige et de lui présenter celle-ci à l'aide de cartes et de statistiques, afin de la rendre plus visible. Dans sa réponse, le président de la République française rend un hommage vibrant à l'institut, comme en témoigne, entre autres, l'extrait suivant de son bref discours :

> Il est profondément émouvant pour la France que sa culture, sa langue soient désirées dans un pays comme la Grèce ; qu'elle soit représentée par un personnel comme le vôtre, qu'elle puisse se faire valoir dans toutes les régions de ce pays et sous toutes les formes. Il y a sans aucun doute pour l'Institut Français la tâche de l'enseignement et j'ai vu tout à l'heure, une fois de plus, la répartition de vos établissements sur le territoire du pays. Il y a aussi ce travail constant de contact et j'ose dire d'affection qui s'appelle la culture, le fait de la répandre, de la faire connaître, de la faire aimer ; il y a enfin aussi, et ce n'est pas sans importance, ce qui peut, ce qui doit être publié et qui est un lien direct, constant, pratique entre l'esprit de la France et l'esprit de la Grèce[178].

Ironie de l'histoire, Merlier, premier directeur de l'institution, qui avait adhéré au mouvement gaulliste dès sa création, qui avait été l'un de ses représentants en Grèce dans les années 1940 et qui avait été persécuté par le régime de Vichy pour son engagement aux

175. AN, 312AP, c. 11, « Programme du séjour en Grèce de M. Jean Zay, ministre de l'Éducation nationale et des Beaux-Arts ».

176. « La réception de l'Institut français d'Athènes en l'honneur d'André Marie », *Le Messager d'Athènes*, 14 décembre 1951.

177. ADN, 754PO/1, c. 3, « Réception d'André Malraux à l'Institut français d'Athènes le 28 mai 1959 ».

178. AMAE, 753PO/1, c. 4, « Le Général De Gaulle, Président de la République Française à l'Institut français d'Athènes le 18 mai 1963. Allocution de M. Henri Ehret, Directeur de l'IFA. Réponse du Général De Gaulle ».

Fig. 54 — Visite du Président Charles de Gaulle à l'Institut français d'Athènes. Discours du directeur Henri Ehret, mai 1963. On reconnaît Maurice Couve de Murville, alors ministre des Affaires étrangères, et à ses côtés, l'ambassadeur Guy de Girard de Charbonnières. © Institut français de Grèce.

Fig. 55 — Visite du Général de Gaulle à l'Institut français d'Athènes. Sortie du bâtiment de l'Institut français d'Athènes, mai 1963. © Institut français de Grèce.

côtés du Général, n'était pas là, ce jour de 1963, pour assister à cette visite présidentielle consacrant son œuvre – il avait été forcé de quitter ses fonctions, deux ans plus tôt.

La visite du président de Gaulle ne reste pas un fait unique et isolé. En janvier 1980, c'est au tour de l'épouse du président Giscard d'Estaing d'être accueillie et guidée dans les locaux de l'IFA, où elle peut visiter des classes, l'auditorium et l'imprimerie, et assister à une présentation des activités de l'institution[179]. Depuis, il arrive souvent que, non seulement des ministres, mais aussi des Premiers ministres et des présidents de la République, en déplacement officiel en Grèce, intègrent l'Institut français dans leur programme de visites à Athènes.

179. AIFG, « Voyage en Grèce de Mme Giscard d'Estaing, 30-31 janvier 1980 ».

Mutation (1982-2022)

Une institution en crise

Cette nouvelle période, qui s'amorce au début des années 1980, est celle d'une longue et radicale transformation de l'institution, menée progressivement jusqu'au début du XXIe siècle. L'un des traits marquants de cette profonde transformation est l'affaiblissement du rôle de l'institut comme centre d'enseignement de la langue française. L'institution se trouve ainsi sérieusement contestée dans ce qui a été, depuis les années 1910, sa principale vocation et sa mission historique. Elle préserve, en revanche, la nouvelle mission qu'elle s'est progressivement assignée après la fin de la guerre : celle de développer, en parallèle avec l'enseignement, une riche activité culturelle. Dans ce domaine, elle est même appelée à jouer un rôle encore plus important. Elle est, en effet, investie d'une mission complémentaire : « servir de trait d'union entre la France et la Grèce » et « développer la collaboration culturelle, scientifique et universitaire entre les deux pays[1] ». Le champ d'action au sein duquel l'institut est désormais appelé à jouer un rôle d'intermédiaire et de coordinateur s'est ainsi élargi. Il ne se limite plus au seul domaine culturel. Il inclut également les domaines scientifique et universitaire. De ce point de vue, sa mission stratégique se trouve renforcée par rapport au passé. Mais avant de se transformer, l'établissement est d'abord confronté à une crise de fréquentation sans précédent dans sa longue histoire.

Une fréquentation en baisse : la forte érosion des effectifs

La période qui s'étend du début des années 1960 au début des années 1980 marque, comme nous l'avons vu, l'apogée de la fréquentation de l'IFA, atteignant un nombre record d'élèves. Or, à partir de 1983, la tendance s'inverse clairement, faisant progressivement place à une nette régression du nombre des inscrits. Il s'agit d'un premier signe que le

1. AIFG, « Allocution de Gérard Fontaine (17 juin 2001) ».

modèle d'expansion, en vigueur depuis les années 1940, touche désormais à sa fin. Apparu au milieu des années 1980, ce mouvement de régression s'accélère fortement et s'amplifie durant les dix années suivantes. L'institution change ainsi radicalement de taille au cours des deux dernières décennies du xxe siècle.

Il faut rappeler que, dans les années 1980, l'Institut français d'Athènes continue à être ce qu'on pourrait désigner comme une « grosse structure éducative », avec des dizaines d'annexes, des centaines d'enseignants et des dizaines de milliers d'élèves. Son personnel est composé de 520 personnes, toutes catégories confondues, dont 384 enseignants (à 80 % grecs), et près de 25 000 élèves fréquentent ses nombreux centres d'enseignement dans l'agglomération athénienne et en province[2]. Les premiers signes d'une décroissance des effectifs se manifestent au milieu de cette décennie. Cette tendance à la baisse s'accentue ensuite au cours de la décennie suivante. Le nombre d'élèves diminue fortement, passant de 28 000 en 1983 à 23 200 en 1990, à 9 200 en 1996, puis à 2 256 en 2001[3]. Cette baisse se poursuit même au cours de la première décennie du xxie siècle. En 2002, l'institut et ses annexes comptent à peine 1 606 élèves, dont 1 140 fréquentent le bâtiment historique de la rue Sina et 466 les établissements de province. Au cours des années suivantes, la chute de fréquentation de l'institut central semble s'enrayer et le nombre d'inscrits se stabilise (1 189 en 2003, 1 156 en 2004 et 1 116 en 2005), mais les annexes provinciales continuent à perdre des élèves d'année en année (433 en 2003, 300 en 2005)[4]. De 25 000 en 1985 à 1 419 en 2005[5], la baisse du nombre d'inscrits dans l'ensemble des centres d'enseignement de l'institut est supérieure à 90 % en l'espace de vingt ans. La réduction du nombre d'usagers des services éducatifs de l'IFA est donc rapide, voire vertigineuse. Déjà bien engagée au début des années 1990, sous l'effet notamment de la concurrence exercée par les *frondistiria*, la baisse du nombre d'inscrits s'accélère fortement au cours de cette même décennie, à mesure que l'établissement français se désengage de ses activités d'enseignement, en fermant des annexes et en licenciant de nombreux enseignants.

Comme le note un témoin de l'époque, l'impression générale en province est que l'institut français est en train de fermer. Cela amène à considérer qu'il n'y a pas lieu, par conséquent, de s'inscrire dans une institution « moribonde ». Les annexes qui continuent

2. AIFG, Jacques Drot, « Pour un meilleur équilibre entre le pédagogique et l'animation culturelle », s.d.

3. AIFG, IFA, « L'Institut français d'Athènes au 1er janvier 1998 : état des lieux » ; AIFG, Ambassade de France, Service de coopération éducative, « IFA. Direction des cours. Année d'enseignement 2005-2006 », p. 3.

4. AIFG, Ambassade de France, Service de coopération éducative, « IFA. Direction des cours. Année d'enseignement 2005-2006 », p. 3.

5. AIFG, Service de coopération éducative, « IFA. Direction des cours. Année d'enseignement 2005-2006 », p. 5.

à fonctionner sont contraintes, de ce fait, de lancer des campagnes publicitaires au moyen de la presse locale, afin d'informer le public de la poursuite de leurs activités pédagogiques et de démentir les fausses nouvelles de fermeture imminente[6].

La forte érosion des effectifs étudiants de l'IFA à partir du milieu des années 1980 et tout au long des années 1990 est attribuée par certains, à l'époque, au déclin de la langue française, condamnée à reculer continuellement sous l'effet de l'inexorable montée en puissance de la langue anglaise. Autrement dit, l'institut subirait les conséquences d'une forte diminution de la demande d'apprentissage du français en Grèce, perceptible au cours des dernières décennies du xxe siècle. Des observateurs plus perspicaces réfutent très vite cette interprétation, signalant que la forte diminution du nombre d'inscrits dans les centres d'enseignement de l'institut se trouve largement compensée par une tout aussi forte hausse du nombre d'élèves fréquentant les écoles privées (*frondistiria*), ainsi que les cours particuliers de français. La thèse du déclin de la langue française se trouve aussi démentie par un autre fait : depuis le milieu des années 1980 et tout au long des années 1990, le nombre de Grecs à la recherche d'un titre de certification en langue française connaît une très nette hausse, au point qu'ils sont des dizaines de milliers à postuler pour ce genre de diplômes (46 000 en 2001, voir Annexe V). C'est ce que constate, au début des années 1990, le responsable du service des examens :

> Les statistiques montrent une progression régulière du nombre de candidats aux examens, en particulier ceux extérieurs à l'IFA et une soif de certification impressionnante. Cette tendance pourrait signifier, sur un plan plus général, qu'il n'y pas de diminution du nombre des apprenants en Grèce mais plutôt une dispersion vers d'autres lieux d'apprentissage : phrondistiria [sic] et aussi beaucoup de leçons particulières[7].

Ce n'est donc pas, en fin de compte, le français qui recule. C'est simplement l'institut qui perd des élèves. Ainsi, contrairement à ce que croient les adeptes de la thèse du déclin de la langue française, nombreux sont à la fin du xxe siècle les jeunes Grecs qui, concernant l'apprentissage de langues européennes à vocation universelle, s'orientent vers le bilinguisme (anglais + français), voire pour une certaine minorité vers le plurilinguisme (anglais + français + allemand/italien/espagnol), plutôt que vers le monolinguisme (uniquement anglais).

6. « Αναζωογόνηση » [Revitalisation], *Peloponnisos*, 26 mars 2001 ; « Γαλλικό Ινστιτούτο: 50 χρόνια παρουσίας στην Πάτρα » [Institut français : 50 ans de présence à Patras], *Gnomi*, 11 septembre 2001.

7. AIFG, IFA, François Hudelot, « Note sur le Service des Examens de l'IFA : orientations et perspectives », Athènes, 4 février 1991.

La concurrence des *frondistiria* et des cours particuliers

Il faudrait certes mener une étude plus approfondie pour étudier les causes, profondes et multiples, qui conduisent, depuis le milieu des années 1980 et tout au long des années 1990, à la très forte chute du nombre d'élèves fréquentant les dizaines de centres d'enseignement du français mis en place par l'institut à Athènes comme en province. Mais plusieurs témoins de l'époque s'accordent sur le fait que la montée en puissance des écoles privées de langue, plus connues sous le nom de *frondistiria*, de plus en plus intéressées désormais à dispenser des cours de français, en est une, sinon la principale. « L'enseignement du français est redevenu une bonne affaire commerciale », affirme-t-on dans une note établie par le Service culturel en 1976[8]. Cette même année, le directeur Fauve fait observer dans son rapport annuel : « Il se crée maintenant des *frondistiria* pour le français[9] », attirant l'attention sur la nouvelle tendance qui se manifeste dans le domaine de l'enseignement des langues. L'auteur d'une note remise cette même année à l'ambassadeur Mérillon insiste aussi de son côté sur ce point : « Les *frondistiria* privés qu'il fallait supplier auparavant d'enseigner aussi le français là où nous n'avions pas d'annexes commencent à penser, même là où il y a des annexes, qu'il y a de l'argent à gagner avec l'enseignement du français[10] ». Les temps sont en train de changer.

Pour mieux comprendre la montée en puissance des *frondistiria* dans l'enseignement du français en Grèce, visible notamment à partir des années 1980, il faut tenir compte de la fonction sociale et pédagogique que ceux-ci assument dans la Grèce de l'après-guerre et qui ne manque pas, d'ailleurs, de surprendre plus d'un Français, tant cette pratique éducative leur semble éloignée de ce qui se pratique en France. Un attaché culturel, Jean-Luc Leclanche, résume en 1985 cette fonction de la manière suivante :

> Le système scolaire grec est caractérisé par un doublement des cours scolaires par des cours privés. Afin d'obtenir les meilleures notes possibles à l'école, l'élève occupe son temps libre en suivant des cours privés dans des instituts étrangers ou dans des établissements spécialisés à but lucratif dits frondistiria. Ces « boîtes à bachot » forment un réseau extrêmement important. Elles sont particulièrement nombreuses à enseigner les langues vivantes, recherchées par les élèves soit en *soutien* de l'enseignement reçu à l'école, soit en complément (accumulation de diplômes censée assurer au jeune Grec une meilleure compétitivité sur le marché de l'emploi)[11].

8. AIFG, « Grèce. Affaires culturelles. Octobre 1976. Conclusions ».
9. AIFG, Jacques Fauve, « Institut français d'Athènes 1976 », p. 3.
10. AIFG, « Note pour Monsieur l'Ambassadeur. Quelques points de repère pour la définition de l'action culturelle », 30 mars 1976.
11. AIFG, Jean-Luc Leclanche, attaché culturel, « Note pour M. le Conseiller Culturel », Athènes, 21 octobre 1985, p. 4.

Dans les années 1980, il est désormais clair que les écoles privées de langue sont en train d'entamer sérieusement le monopole de l'enseignement direct du français que l'IFA a su pendant longtemps préserver avec succès et à son grand avantage. Or, ces écoles privées de langue s'avèrent en fait de redoutables concurrents. Elles disposent d'une série d'atouts comme le signale en janvier 1992 Michel Guérin, directeur de l'IFA, dans l'un de ses rapports :

> Structures légères pour la majorité, s'adaptant rapidement aux contraintes du marché, aptes à rechercher les meilleures implantations géographiques, les frondistiria, dirigés souvent par des professeurs formés par l'Institut, s'affirment, d'année en année, comme des « concurrents » de plus en plus efficaces[12].

De cet extrait de rapport il ressort également – ce que confirment par ailleurs d'autres sources – que l'IFA est aussi victime en quelque sorte de son propre succès. En formant pendant des décennies des dizaines d'enseignants de la langue française, notamment au moyen de son Cours spécial, actif jusqu'au milieu des années 1970, et en dispensant des cours de français de haut niveau à des milliers d'élèves, l'établissement a créé, sans s'en rendre compte, des concurrents à son œuvre d'enseignement. Ce sont, en effet, souvent des diplômés de son Cours spécial, ainsi que d'anciens élèves de ses cours supérieurs qui, en animant des écoles de langues de bon niveau ou en offrant des cours particuliers très recherchés, lui font la plus grande concurrence, parvenant à lui soustraire une partie croissante de sa clientèle. C'est le cas, par exemple, dans la ville de Volos, où, au début des années 1990, des professeurs formés à l'institut et se réclamant de sa méthodologie entretiennent une école de langue prospère. Autrefois bien nantie en nombre d'étudiants, l'annexe voliote connaît à partir du milieu des années 1980 une très forte érosion de ses effectifs, au point qu'il est déjà question à ce moment d'arrêter son fonctionnement[13]. Partout dans le pays, tant dans l'agglomération athénienne qu'en province, des *frondistiria* font leur apparition. L'annexe de l'IFA à La Canée subit elle aussi une importante baisse du nombre de ses inscrits à la fin des années 1980 (200 en 1984, 130 en 1991), attribuée à la concurrence exercée par un *frondistirio* avoisinant, qui parvient à attirer plus de 100 élèves vers ses cours de français[14]. À Corfou, où un autre établissement de l'IFA donne des signes de dépérissement au cours de cette même période, le responsable de l'annexe note dans un rapport l'existence dans la ville de trois *frondistiria* enseignant le français et d'un grand nombre de professeurs qui travaillent en privé, c'est-à-dire qui

12. AIFG, Pierre Zammit, « Réflexion sur la mutation de l'IFA », Athènes, 10 janvier 1992, p. 2.
13. AIFG, c. Annexes. Généralités Ambassade de France. Bureau linguistique, Alain Fohr, « Rapport de mission », 15 novembre 1984.
14. AIFG, Marie-Hélène Estève, directeur-adjoint de l'IFA, et J. Moussarie, responsable des cours, « Rapport de mission. Visite des annexes d'Héraklion et de La Canée 25-27 avril 1991 ».

donnent des cours particuliers (y compris des enseignants de l'annexe locale de l'IFA)[15]. Les *frondistiria* se révèlent des concurrents d'autant plus redoutables que l'IFA n'a en fait pas véritablement les moyens de lutter contre eux. Établissement investi d'une mission publique officiellement reconnu par l'accord diplomatique de 1938, l'institut ne peut en réalité entrer en concurrence, ni encore moins en conflit, avec des entreprises privées grecques. Ne pouvant les combattre, il ne lui reste qu'une solution : coopérer avec elles. Cette idée avait, d'ailleurs, été déjà clairement formulée dans le passé.

Si la montée en puissance, dans les années 1980 et 1990, des écoles privées de langue se spécialisant dans l'enseignement du français met l'IFA dans une position critique, comme en témoigne l'érosion continue de ses effectifs, c'est sans doute le développement en parallèle des cours particuliers de français, notamment depuis les années 1990, qui porte un coup fatal à l'établissement français. Ceux-ci constituent, en effet, une nouvelle mode éducative, en train de se généraliser au sein de la population locale, à mesure que des « enseignants » de français, diplômés ou non, provenant d'horizons très divers (diplômés de l'IFA, diplômés des départements de français des universités d'Athènes et de Thessalonique, diplômés d'universités françaises de retour dans leur pays, détenteurs d'un diplôme Sorbonne ou autre, étudiants en langue française, etc.), font leur entrée en masse sur un marché des services éducatifs pratiquement dépourvu de toute réglementation. Le secrétaire général Pierre Zammit signale en 1992 qu'il s'agit d'une « pratique très répandue[16] ». Une offre aussi abondante a nécessairement une forte incidence sur les prix. Privilège autrefois des milieux aisés, les cours particuliers de français, à mesure que leur coût baisse, deviennent accessibles à des couches de plus en plus larges de la population grecque. L'IFA est, en quelque sorte, victime de cette « démocratisation » de l'enseignement du français.

Il est intéressant de noter ici que des documents d'archives montrent qu'un certain nombre d'enseignants de l'IFA cèdent, eux aussi, à la tentation des cours privés. Ce même secrétaire général fait ainsi observer, au début des années 1990, que de « très nombreux professeurs de l'Institut », « forts du label de qualité » que représente leur appartenance à l'IFA, profitent de la forte demande pour des cours particuliers de français « pour recruter à l'extérieur ou à l'intérieur de l'Institut des étudiants[17] » qui disparaissent dès lors des effectifs de l'institution. Dans une lettre adressée à la direction de l'IFA, une élève de l'institut de Corfou se désole du fait que certains professeurs de l'établissement « reprochent constamment aux étudiants leur ignorance de manière à les inciter indirectement à solliciter des leçons privées supplémentaires, assez coûteuses d'ailleurs, qu'ils consentent à leur donner "pour qu'ils passent les examens[18]" ». Il est clair que ceux des enseignants

15. AIFG, c. Corfou, Valérie Morin, « Rapport de fin d'année (1997) », Corfou, juillet 1997.

16. AIFG, Pierre Zammit, « Réflexion sur la mutation de l'IFA », Athènes, 10 janvier 1992, p. 2.

17. *Ibid.*

18. AIFG, c. Corfou, O. F. à Barbara Stylianou, conseillère pédagogique, IFA, Corfou, 21 février 1995.

de l'IFA qui, en cachette, s'adonnent à cette pratique minent à court terme leur propre position institutionnelle.

En outre, la généralisation, aux cours des deux dernières décennies du xxe siècle, de l'enseignement des langues étrangères en Grèce au moyen de cours en petit groupe et de cours particuliers remet en question le mode de fonctionnement de l'institut et de ses annexes. Sous l'effet de cette nouvelle mode éducative, des parents demandent ainsi aux responsables des instituts une diversification de l'offre didactique. En témoigne cet extrait de rapport rédigé par la responsable de l'annexe de Corfou, Valérie Morin, en 1997 :

> L'Institut Français, et son Annexe à Corfou, est considéré comme une très vieille et honorable institution. Pour beaucoup de parents, c'est encore l'endroit où l'on y apprend le mieux le français, mais paradoxalement, de plus en plus des parents souhaitent des cours en petit groupe, c'est un leitmotiv, et désirent quasiment des cours particuliers. Leur attention se focalise uniquement sur les examens à passer, et sur les notes de leurs enfants, ce qui n'est ni nouveau, ni typiquement grec[19].

Il est cependant difficile pour les instituts provinciaux de répondre à cette nouvelle demande des usagers en réorganisant leur mode d'enseignement. Tout d'abord, leurs moyens humains restent fort limités. Ensuite, il n'est nullement assuré qu'en suivant ces nouvelles méthodes, les établissements, notamment ceux de province, parviendraient à équilibrer un budget de plus en plus déficitaire. Au contraire, cela risque de creuser davantage des déficits déjà difficiles à maîtriser. En somme, la réorientation vers une offre de cours de français personnalisés est extrêmement difficile à réaliser par l'IFA, en dehors de l'établissement central de la rue Sina.

La fermeture des annexes et la réduction du personnel

C'est dans ce contexte d'érosion continue des effectifs et de réorientation de l'IFA dans ses principales missions que la direction décide d'appliquer un plan de fermeture progressive du réseau d'annexes. Il faut rappeler ici qu'au milieu des années 1990, l'IFA dispose toujours de 26 annexes, 14 en province et 12 à Athènes. Autrement dit, à la fin du xxe siècle, l'institution conserve encore, en grande partie, la taille et la présence géographique acquises après la guerre sous la direction de Merlier. L'un des arguments avancés pour justifier la décision de fermeture est que les annexes de l'institut ne se démarquent pas suffisamment des écoles de langue grecques (*frondistiria*) et qu'elles sont, par conséquent, vouées, tôt ou tard, à l'échec. On invoque également l'absence d'enseignants de langue maternelle française parmi leur personnel. Et il y a aussi l'argument économique : les coûts de fonctionnement (charges de personnel en particulier) de ces annexes ne sont plus

19. AIFG, c. Corfou, Valérie Morin, « Rapport de fin d'année (1997) », juillet 1997.

compensés par les recettes que leur assurent la perception des droits scolaires. De fait, en 1999, les annexes de province présentent un déficit de 2,8 millions de francs et celles d'Athènes de 6,8 millions de francs[20]. L'un des principaux architectes de la politique de fermeture des annexes, le directeur Haize, résume de la manière suivante le changement de cap de l'institution :

> Il est clair que l'IFA, dont l'histoire est intimement liée à l'enseignement du français en Grèce, n'en a plus depuis longtemps le monopole. Le rôle de l'IFA n'est pas, dans un marché concurrentiel, de se substituer au système scolaire, aux centres d'enseignements privés, aux cours particuliers. Nous avons donc décidé de fermer une grande partie de notre réseau d'annexes notamment à Athènes, qui, aujourd'hui, dans ce contexte, se justifie d'autant moins qu'il est fortement déficitaire et compromettrait à court terme l'existence même de l'IFA si aucune mesure n'était prise[21].

La question de la fermeture des annexes a commencé à se poser, pour la première fois, au milieu des années 1980, lorsqu'après deux décennies florissantes, les premiers signes de régression du nombre d'inscrits et de déficits incontrôlables ont fait leur apparition. Déjà en 1984, la direction envisage de fermer à court terme les annexes d'Aigion, La Canée, Sparte et Tripolis, qui présentent un déficit de 55 % – soit 380 000 francs – par rapport aux recettes provenant des droits d'inscription. Certaines annexes déficitaires, situées dans des petites villes, ferment finalement leurs portes au début des années 1990, comme celle de la ville de Tripolis. D'autres, comme celle de La Canée, sont mises « sous observation ». La plupart des annexes ciblées pour leurs pauvres performances peuvent, cependant, poursuivre leur activité, sous la pression du personnel, ainsi que, dans le cas des annexes provinciales, celle des sociétés locales, qui s'opposent fermement à une telle perspective. La décision de les fermer est donc provisoirement reportée. Mais, comme la situation, mesurée au nombre d'inscrits et à l'importance des déficits générés par les activités d'enseignement, ne cesse de se détériorer pour plusieurs annexes au cours des années 1990, la question de suspendre le fonctionnement de certains centres d'enseignement ne tarde pas à resurgir[22].

La direction de l'établissement s'oriente initialement vers un projet de redéploiement, et non de fermeture généralisée, du réseau des annexes, prévoyant des fermetures ciblées, le maintien d'un certain nombre et même l'ouverture de nouveaux centres d'enseignement dans des quartiers jugés porteurs. Ainsi, les annexes athéniennes d'Ambelokipi et de Koukaki, ainsi que celle de la ville de Rhodes ferment leurs portes en 1997. Mais, cette même année, trois nouveaux centres d'enseignement sont fondés dans des quartiers aisés,

20. AIFG, Daniel Haize, « Rapport de gestion d'exercice 1999 », p. 5.

21. AIFG, Ambassade de France, IFA, Daniel Haize, Conférence de presse, « L'IFA se développe autour de nouveaux objectifs », 24 septembre 2001, p. 5.

22. AIFG, Kessidjian au MAE, 17 décembre 1996, « Évolution du réseau culturel en Grèce ».

au nord et au sud de la métropole athénienne, à Agia Paraskevi, Kifissia et Glyfada[23]. Cependant, attaqués en justice pour concurrence déloyale par des propriétaires d'écoles privées, qui voient dans cette tentative de redéploiement de l'IFA une menace pour leurs intérêts, ces trois nouvelles annexes sont, dès le début de leur fonctionnement, confrontées à de sérieux problèmes. Trois ans plus tard, en 2001, elles ferment définitivement leurs portes, afin d'interrompre la procédure judiciaire qui les vise. Miné par ce genre de problèmes, le plan de redéploiement des annexes, jugé irréaliste, est rapidement abandonné. L'attitude hostile, pour ne pas dire agressive, adoptée par certains *frondistiria* a sans doute pesé dans le changement de stratégie opéré par l'institution.

Au « plan de redéploiement » succède, un « plan de reconfiguration », élaboré à l'automne 1999 par la direction de l'établissement et approuvé par le département en mars 2000[24]. Celui-ci prévoit la suppression pure et simple de la grande majorité des centres d'enseignement dont dispose l'IFA, en province comme à Athènes. Entre 1999 et 2002, 20 annexes au total cessent de fonctionner, ce qui entraîne une diminution drastique du personnel, de 347 à 131 agents[25]. Ainsi, la plupart des « petits Instituts français » des villes de province ferment leurs portes les uns après les autres. L'annexe historique de Volos est supprimée en 2000, celles d'Argos, de Corfou, d'Héraklion, de Ioannina et de Nauplie en 2001, celles de Kalamata et de Lamia en 2002 (voir Annexe IV)[26]. Alors que tout au long de la deuxième moitié du XXe siècle, l'Institut français a disposé d'une vingtaine environ d'annexes en dehors de la région d'Athènes, il n'en reste plus que quatre en 2002 : celles de Patras, de Larissa, de Corinthe et de Livadia. Ces deux dernières ne tardent d'ailleurs pas à subir, elles aussi, en 2012, le sort réservé aux instituts des petites villes. Seuls les établissements des villes plus peuplées de Patras et de Larissa survivent finalement à cette hécatombe institutionnelle.

Ainsi, au XXIe siècle, l'Institut français d'Athènes cesse d'être ce vaste organisme éducatif et culturel, présent sur une très large partie du territoire hellénique, de l'Épire et des îles Ioniennes aux Cyclades et à la Crète, en passant par le Péloponnèse et la Grèce continentale, au moyen d'annexes provinciales florissantes. Paradoxalement, c'est au moment où sa présence géographique et sa dimension panhellénique se trouvent considérablement réduites que l'Institut français d'Athènes est renommé *Institut français de Grèce* (2010), délaissant l'appellation historique qu'il porte depuis 1946 et par laquelle il s'est fait connaître pendant des décennies, dans l'ensemble du pays, par des milliers de Grecs.

23. AIFG, Mireille Musso, « Restructuration et relance de l'IFA, Centre culturel et de coopération de l'Ambassade France en Grèce », Athènes, 20 novembre 1996, p. 9.
24. AIFG, Daniel Haize, Service culturel 2 à Athènes, ref. TD762, « Reconfiguration de l'IFA : bilan et perspectives pour 2002 et 2003 », 11 novembre 2001.
25. AIFG, Emmanuel Mouriez, « Note à l'attention d'Arnaud Littardi, conseiller culturel. Rentrée à l'IFA », Athènes, 3 août 2003.
26. AIFG, Lucien Roux au Service cuturel, « Phase 2 du plan de restructuration de l'IFA », 7 mars 2001.

Pour compenser la fermeture des annexes provinciales et ne pas donner l'impression d'abandonner les populations locales à leur sort, notamment pour ce qui concerne les activités culturelles, des opérations de décentralisation sont menées par l'IFA après 2002. Chaque année une ville provinciale ou une île, différente à chaque fois, est mise à l'honneur, organisant et accueillant, avec l'appui de l'institut central, toute une série de manifestations. Si les activités d'enseignement sont délaissées, les activités culturelles doivent, en revanche, se poursuivre, même sans le soutien d'une structure locale permanente. Telle est l'idée centrale derrière ce genre d'initiative. C'est ainsi que sont lancées les opérations « France, capitale Nauplie » en 2002 et « France, capitale Crète » en 2003[27]. Si cette pratique ne connaît pas de suite, la décentralisation culturelle en province (en Crète, à Rhodes, ou encore à Patras et à Larissa) reprend toutefois sous d'autres formes à la fin de la décennie 2010.

Dans les centres d'enseignement de l'IFA situés dans la capitale, la diminution du nombre d'inscrits est encore plus forte qu'en province. Au cours de la deuxième moitié des années 1990, les annexes athéniennes ont perdu les deux tiers de leurs élèves, alors que, dans les établissements provinciaux, la baisse a été de l'ordre de 50 %. Les annexes d'Athènes présentent en plus un important déficit, qui s'élève à 5,5 millions de francs, supérieur même à celui des annexes provinciales, où le résultat négatif est estimé à 3,3 millions de francs[28]. C'est dans ce contexte morose d'érosion continue du nombre d'inscrits et de déficits croissants qu'est décidé le démantèlement du réseau des petits instituts disséminés dans plusieurs quartiers de l'agglomération athénienne et du Pirée. Après la fermeture en 1997 des annexes d'Ambelokipi et de Koukaki, le même sort est réservé, en 2000, à celles de Nea Smyrni, de Pangrati et de Patissia, puis, en 2001, à celles d'Agia Paraskevi, de Glyfada, de Kifissia, de Kallithea et du Pirée[29]. En 2002, les dernières annexes athéniennes ferment. Il ne reste plus ainsi dans la capitale que l'institut central, situé au siège historique, au 29-31 de la rue Sina. C'est comme si un retour dans le temps s'opérait : l'institut revient à la dimension qui était la sienne avant la Deuxième Guerre mondiale, avant son agrandissement spectaculaire durant l'ère Merlier.

Au total, 5 annexes sont fermées en 2000, 10 en 2001 et 6 en 2002 (voir Annexe IV). En l'espace de trois ans (2000-2003), 28 annexes sur 32 sont supprimées sur l'ensemble de la Grèce ; le vaste réseau de centres d'enseignements de l'IFA est dans sa plus grande partie démantelé[30]. Il faut souligner toutefois que ce qui conduit à la fermeture des annexes, ce n'est pas tant le déficit que présentent la plupart d'entre elles, déficit constamment évoqué

27. AIFG, IFA, « Plan d'action stratégique de l'Institut français d'Athènes 2004-2006 », 19 avril 2004.

28. AIFG, Ambassade de France, Daniel Haize, conseiller de coopération et d'action culturelle, « Réflexions pour une reconversion de la coopération et de l'action culturelle en France », Athènes, 18 septembre 1999, p. 5-6.

29. AIFG, J. C. Piet, Service culturel, TD799 Athènes, « IFA : point de situation », 5 novembre 1997 ; Lucien Roux au Service culturel, « Phase 2 du plan de restructuration de l'IFA », 7 mars 2001.

30. AIFG, « Rapport de fin de mission de M. Emmanuel Mouriez, secrétaire général du Centre culturel et de coopération près de l'Ambassade de France en Grèce du 28 août 2000 au 31 août 2003 ».

par les directeurs dans leurs rapports, que le fait que ce type d'enseignement ne correspond plus aux missions qu'il incombe à l'IFA de mener à bien. Comme il est clairement indiqué dans un rapport rédigé par des hauts fonctionnaires de la Direction générale de coopération internationale : « En tout état de cause, l'activité de l'ensemble des annexes est en quasi-totalité une activité de substitution à la mission de scolarisation qui incombe à l'État grec[31] ». « Pourquoi », poursuit Gérard Fontaine, sous-directeur de l'IFA à la fin du XXe siècle, « l'État français irait-il donc payer lourdement les déficits d'une activité concurrente de celles que de nombreuses structures grecques s'offrent à assurer[32] ? »

La réorientation de la politique de l'IFA, la redéfinition de ses principales missions et son désengagement des activités d'enseignement de masse signifient, du moins aux yeux de ses directeurs, que l'établissement n'a plus besoin d'autant de personnel. La réduction du nombre de ses agents, enseignants ou administratifs, est donc favorisée par tous les moyens, notamment à l'aide de plans de départ en 1997, en 2000 et en 2001. De fait, à partir de 1997, les départs de salariés augmentent considérablement. Une trentaine d'enseignants quittent l'établissement cette même année. En 2000, 46 autres professeurs suivent le même chemin, incités par un plan d'aide au départ volontaire, prévoyant six mois de salaires d'indemnité et un mois supplémentaire par année d'ancienneté[33]. Au cours de cette année deux professeurs et deux agents administratifs sont licenciés et 6 autres agents administratifs partent à la retraite. Un nouveau plan de départ volontaire, destiné cette fois-ci aux administratifs, est lancé en 2001. En août 2001, 32 agents administratifs, 17 professeurs, ainsi que trois employés de l'imprimerie qui cesse de fonctionner, bénéficient également d'un plan de départ négocié. Quatre enseignants, dont un employé dans une annexe de province, sont licenciés en 2001[34]. Il est estimé qu'en 2000 et en 2001, 120 agents au total quittent l'institut[35]. Marquées par des départs volontaires, des mises à la retraite, des démissions, voire des licenciements, les trois premières années du XXIe siècle sont parmi les plus troublantes que l'institution ait jamais connues dans sa longue histoire.

C'est dans ce contexte de réaménagement des services et de restructuration du personnel qu'est également décidée en 2001 la fermeture de l'imprimerie de l'institut, après plus d'un demi-siècle de fonctionnement ininterrompu. L'effectif de l'établissement, toutes catégories confondues, est passé de 527 agents en 1991 à 351 en 1996, soit une réduction

31. AIFG, « Rapport de mission », Paris, 2 juin 2000.

32. AIFG, « Intervention de M. Gérard Fontaine, Sous-directeur de la coopération internationale, mercredi 24 mai 2000 – IFA », p. 2.

33. AIFG, « Allocution de Gérard Fontaine (17 juin 2001) ».

34. AIFG, Daniel Haize, Service culturel 2 à Athènes, ref. TD762, « Visite du Premier ministre en Grèce – Situation de l'IFA », 5 septembre 1991 ; « Licenciement d'enseignants de l'IFA », 3 septembre 1991 ; « Règlement du plan de départ volontaire » ; conseiller culturel, « Document de travail. Reconfiguration de l'IFA », 14 novembre 2002.

35. AIFG, Daniel Haize, Service culturel 2 à Athènes, ref. TD762, « Reconfiguration de l'IFA : bilan et perspectives pour 2002 et 2003 », 11 novembre 2001.

de 33 % en cinq ans[36]. Cette diminution de personnel s'accentue par la suite, sous l'effet de l'application du programme de reconversion. Entre 1997 et 2003, le personnel permanent et suppléant de l'IFA passe de 351 à 125 agents – soit une baisse de 64 % en l'espace de cinq ans (220 postes supprimés)[37]. Le personnel enseignant, qui constituait autrefois la colonne vertébrale de l'établissement, est ramené en 2002 à 82 professeurs, dont 30 prestataires (contre 208 enseignants en 1997)[38]. Si les administrateurs s'impliquent tellement dans le projet de réduction du personnel, c'est, entre autres, parce qu'ils considèrent nécessaire de réduire la masse salariale, à leurs yeux trop élevée, afin d'assurer une meilleure santé économique à l'institution. Il est vrai qu'avec l'accroissement continu du nombre d'employés dans les années 1970 et 1980, les dépenses salariales n'ont cessé de croître.

Au-delà de la diminution drastique de leur nombre, ce qui change aussi c'est le statut avec lequel les nouveaux agents sont recrutés par l'institut. Les agents permanents sont de moins en moins nombreux. Ils forment à peine plus de la moitié de l'ensemble dans les années 2000 (46 sur 82 en 2002)[39]. Pour combler les besoins en personnel, la direction a, depuis les années 1970, eu de plus en plus recours à l'embauche de « suppléants » et de « prestataires ». Or, ces contractuels travaillent souvent avec des horaires réduits, sans bénéficier des droits et des avantages accordés jusque-là aux membres permanents du corps enseignant. Leur part dans l'ensemble des salariés de l'institut ne cesse de croître. Les directeurs trouvent là un moyen de réduire les coûts salariaux. En même temps, cela rend plus facile la gestion du personnel, qui s'est avérée épineuse avec la montée en puissance du mouvement syndical à partir de la deuxième moitié des années 1970. De fait, des professeurs de l'institut montent au créneau, au milieu des années 1990, pour défendre les droits de cette catégorie de travailleurs. Ils dénoncent le fait que l'institution a systématiquement recours à l'embauche de contractuels, recrutés pour la plupart avec un horaire réduit, pour une période de neuf mois, puis licenciés. En 1996, ils sont environ une centaine à travailler dans ces conditions à l'institut.

Comment syndicats et personnel, si combattifs dans les années 1970 et 1980, réagissent-ils face au plan de reconversion ayant entraîné la fermeture de nombreuses annexes, des mutations volontaires ou même forcées d'agents, des départs volontaires, voire des licenciements ? D'après les rapports des directeurs, les salariés reconnaissent « quasi-unanimement » la grave crise que traverse l'établissement et le fait que les décisions

36. AIFG, IFA, « Avant-projet d'établissement 1998/2000 », avril 2000, p. 5.

37. AIFG, « Rapport de fin de mission de M. Emmanuel Mouriez, secrétaire général du Centre culturel et de coopération près de l'ambassade de France en Grèce du 28 août 2000 au 31 août 2003 ».

38. AIFG, Ambassade de France en Grèce, Service de coopération éducative, « Bilan de la rentrée. Situation arrêtée au 30/11/2002. Problématique et perspectives », p. 3.

39. *Ibid.*

nécessaires n'ont pas été prises à temps. Il semblerait toutefois que, dès la fin des années 1990, des tensions très fortes soient apparues dans les discussions entre la direction et l'une au moins des organisations syndicales, tandis que certains enseignants seraient allés jusqu'à intenter des actions en justice. Les syndicats ont, en tout cas, négocié âprement avec la direction une amélioration des conditions d'indemnisation pour ceux qui désiraient quitter l'établissement[40].

Il apparaît donc clairement que, au tournant du XXe et du XXIe siècles, la réduction de taille de l'institution est menée à un rythme soutenu, pour ne pas dire brutal. Avec moins de 2 000 élèves en 2002 et au cours des années suivantes, contre plus de 20 000 avant les années 1990, et à peine plus d'une centaine d'employés, contre plus de 500 agents dans les années 1980, l'IFA change radicalement de dimension en guère plus d'une décennie.

La restructuration de l'IFA

L'amorce d'un plan de reconversion

L'idée d'une profonde restructuration et d'une réorientation de l'IFA dans sa mission d'enseignement commence à mûrir à partir du milieu des années 1970, c'est-à-dire avant même qu'une crise de la fréquentation ne se manifeste et alors que l'établissement connaît encore une affluence d'élèves sans précédent. L'événement déclencheur de la réflexion sur le rôle de l'institut semble être l'apparition d'un nombre croissant d'écoles privées s'intéressant à l'enseignement du français, par laquelle le quasi-monopole dont jouissait jusqu'alors l'institution française se voit entamé. Le fait que celle-ci se trouve désormais en état de concurrence avec des entreprises privées la met dans une situation délicate. Les responsables de l'établissement n'arrivent pas à dissimuler leur gêne. Le directeur Fauve se demande ainsi dans son rapport établi en 1976 :

> De quel droit en effet nos annexes [...] interviennent-elles sur le marché, tarissant ainsi le recrutement possible d'élèves pour le français alors qu'elles ne sont pas soumises, comme les autres frondistiria, aux impôts sur le chiffre d'affaires ? Cette situation privilégiée ne constitue-t-elle pas un cas de concurrence déloyale [41] ?

Il est évident qu'en raison de sa vocation et de son statut, l'IFA ne peut entrer en conflit avec quelque secteur que ce soit de la société hellénique. La baisse sensible et continue des effectifs à partir du milieu de la décennie suivante ne tarde pas à relancer le débat au sein

40. AIFG, Gérard Fontaine, « Rapport de mission. Athènes 6-7 juin 2001 », p. 2.
41. AIFG, Jacques Fauve, « Institut français d'Athènes 1976 », p. 2.

de l'administration française sur l'orientation que doit suivre l'établissement athénien. L'extrait qui suit, provenant d'un rapport élaboré à la suite de la visite d'un inspecteur général du ministère français de l'Éducation nationale, en 1991, résume bien, à notre sens, la teneur de ce débat :

> Le moment paraît venu de s'interroger sur sa vocation [de l'institut] et sur ses méthodes. Lui appartient-il de doubler l'enseignement scolaire en consacrant l'essentiel de son activité à un rôle de répétiteur de français auprès d'une population majoritairement composée de collégiens et de lycéens et parmi laquelle ne figurent plus qu'1/3 de garçons ? Ne devrait-il pas plutôt reporter tous ses efforts sur la réadaptation de ses programmes et ses méthodes aux besoins d'une population adulte motivée par un intérêt professionnel ou personnel, catégorie qu'il ne prend encore en charge que de façon très marginale ? Doit-il continuer, dans un esprit de rivalité commerciale, à lutter sur un terrain parascolaire de plus en plus largement couvert par des institutions privées (qui, à la différence de nombre de ses annexes, ne travaillent pas à perte), ou se déplacer de préférence sur des créneaux spécifiques de type universitaire, professionnel et pratique (français de haut niveau, français spécialisé, cours intensifs d'initiation et de remise à niveau), domaines où sa raison d'être n'est pas disputée[42] ?

Ces quelques pensées formulées en 1991 par cet inspecteur général sont fort utiles pour comprendre la direction suivie par la reconversion entreprise à peine quelques années plus tard. Ces interrogations critiques ont d'ailleurs été reprises et reproduites dans le rapport établi par un deuxième inspecteur général, venu celui-ci à Athènes en 1996. Ayant pris la mesure de la crise de fréquentation que connaissait à l'époque l'établissement, ce dernier se prononçait clairement en faveur d'une « véritable reconversion » de l'IFA qu'il jugeait « inévitable[43] ».

Sous la tutelle de l'ambassade et du ministère des Affaires étrangères

La reconversion institutionnelle de l'établissement est bel et bien engagée dans les années 1990, une décennie qui s'avère, finalement, une période charnière dans l'histoire de l'Institut français d'Athènes. Cette reconversion se manifeste notamment par un transfert de compétences administratives de l'ambassade vers l'institut. En réalité, il ne s'agit pas d'un fait nouveau. À force de collaborer étroitement et étant donné qu'il devenait de plus en plus difficile de distinguer les fonctions propres à chacun de ces deux services,

42. AIFG, Ambassade de France, Daniel Haize, conseiller de coopération et d'action culturelle, « Réflexions pour une reconversion de la coopération et de l'action culturelle en France », Athènes, 18 septembre 1999, p. 2.

43. *Ibid.*, p. 4.

l'institut et le service culturel de l'ambassade ont fini par fusionner dans les années 1970. Pour être plus précis, c'est plutôt le service culturel qui, à cette époque, a été rattaché à l'IFA. De cette fusion administrative témoigne, entre autres, le fait que, dans les années 1970, la personne à la tête de l'établissement de la rue Sina exerce à la fois les fonctions de directeur de l'institut et celles de conseiller culturel de l'ambassade, avec le double titre de Directeur-Conseiller culturel[44].

Cette évolution se trouve renforcée dans les années 1990. En 1997, deux autres services de l'ambassade, le service scientifique et le service universitaire, sont rattachés à l'IFA. Ce rattachement s'accompagne du transfert de leur personnel dans les locaux mêmes de l'établissement de la rue Sina[45]. L'IFA se trouve ainsi doté, à partir de janvier 1996, d'une nouvelle structure administrative, le Centre culturel et de coopération, désigné par la suite sous le nom de Service de coopération et d'action culturelle (SCAC), regroupant les services de l'ambassade. L'IFA est désormais tenu d'assurer « le rôle opérateur de l'Ambassade de France en Grèce pour la coopération franco-grecque en matière éducative, culturelle, universitaire et scientifique, de préférence à sa tâche de dispensateur d'un enseignement de substitution de la langue française[46] ». Depuis lors, le directeur de l'institut porte le long titre de Conseiller culturel, scientifique et de coopération de l'ambassade de France et bénéficie de ce fait du statut diplomatique. De nouvelles plaques portant la mention « Ambassade de France en Grèce – Institut français d'Athènes » sont confectionnées et apposées en 1996 à l'entrée des bâtiments de l'institut central, ainsi qu'à celles de ses annexes athéniennes et provinciales[47]. L'institut devient ainsi, en quelque sorte, une annexe de l'ambassade, dont il dépend administrativement. Cette évolution signifie dans les faits que l'IFA perd, en grande partie, la large autonomie dont il a pu bénéficier comme institution depuis 1938 et surtout à partir de 1946.

Les changements institutionnels survenus au cours de cette décennie dérivent en réalité d'un vaste projet de réformes, mené en 1993 par la Direction générale des Relations culturelles, scientifiques et techniques du ministère des Affaires étrangères. Par ces réformes, le ministère cherche à mieux encadrer, ainsi qu'à unifier le mode de fonctionnement des institutions culturelles étatiques à l'étranger qui contribuent « à forger l'image de la France hors de ses frontières[48] ». Considérés désormais comme étant des « services extérieurs »

44. AIFG, « Aide mémoire. Entretien entre Dimitrakos, secrétaire d'État au ministère de l'Éducation nationale, et Jacques Fauve, Conseiller culturel de l'ambassade de France, 5 avril 1972 », 17 avril 1972.

45. AIFG, J.C. Piet, Service culturel, TD799 Athènes, « IFA : point de situation », 5 novembre 1997.

46. AIFG, Mireille Musso, Service culturel, Athènes 1082, « Évolution du réseau culturel en Grèce », 17 décembre 1996.

47. AIFG, Mireille Musso, « À l'attention de tous les responsables d'annexes », Athènes, 13 mars 1996.

48. Ministère des Affaires étrangères, « Instruction sur les établissements culturels – services extérieurs du ministère des Affaires étrangères – et sur les relations du Département et des ambassades avec les Alliances françaises », Paris, 12 septembre 1995.

de l'administration ministérielle, les 143 instituts français et centres culturels français à travers le monde sont placés sous la tutelle administrative directe des services culturels des ambassades. Leur statut, leurs missions, ainsi que leurs modes d'action sont clairement spécifiés par des instructions ministérielles, ainsi que d'autres textes administratifs, produits au cours de cette période.

On mesurera la portée de cette réforme à la lecture de cet extrait de l'« Instruction sur les établissements culturels – services extérieurs du ministère des Affaires étrangères – et sur les relations du Département et des ambassades avec les Alliances françaises », émanant du ministère des Affaires étrangères et datant de septembre 1995 :

> Les établissements culturels sont des outils privilégiés de la présence et de l'action culturelle et linguistique de la France à l'étranger. Ils sont ouverts au public auquel ils proposent des services et des manifestations culturelles, et agissent également à l'extérieur de leurs murs, en coopération et en partenariat avec les milieux professionnels, institutionnels et associatifs. Le partenariat des établissements culturels avec les collectivités territoriales étrangères ou françaises doit être recherché dans toute la mesure du possible, des projets communs pouvant s'inscrire dans le cadre de la coopération décentralisée. [...] Les manifestations et les services proposés ne doivent pas se limiter à l'enceinte des établissements mais se développer résolument « hors les murs » chaque fois que cela est possible, recherchant systématiquement le partenariat local, autant intellectuel que financier[49].

Il ressort clairement de ce texte que l'Institut français d'Athènes doit désormais évoluer dans un cadre bien délimité, défini au plus haut niveau par l'administration centrale. Il s'agit là d'un tournant majeur dans l'histoire de l'établissement athénien, dont il convient d'emblée de signaler l'importance. Jusque-là, les directeurs de l'institut, tout en étant supervisés par les diplomates français en poste à Athènes et contrôlés par des hauts fonctionnaires du service culturel du ministère des Affaires étrangères à Paris, auxquels ils devaient régulièrement rendre des comptes, disposaient d'une large marge de manœuvre, pour définir la stratégie et les modes d'action de l'établissement qu'ils administraient. Désormais, ce n'est plus le cas. En assumant le rôle d'opérateur de l'ambassade de France en Grèce, pour la coopération franco-grecque en matière éducative, universitaire, scientifique et culturelle, l'établissement de la rue Sina se voit, certes, revalorisé. Mais en se mettant au seul service de l'État français et en subissant sa mainmise, il n'est plus en mesure de définir, librement et de manière autonome, ses propres objectifs, ainsi que les moyens nécessaires pour les réaliser.

49. Ministère des Affaires étrangères, « Instruction sur les établissements culturels – services extérieurs du ministère des Affaires étrangères – et sur les relations du Département et des ambassades avec les Alliances françaises », Paris, 12 septembre 1995.

Se conformant aux instructions reçues par le ministère, la directrice de l'époque, Mireille Musso, se lance dans une profonde réorganisation de l'institut qui passe, entre autres, par une redéfinition de ses principales missions et est suivie par un remaniement radical de ses structures administratives et de son appareil éducatif. Signalons à cette occasion que Mme Musso est la première femme, au milieu des années 1990, à avoir dirigé l'institution depuis sa fondation. Il a fallu, ainsi, près de cinquante ans avant qu'une femme assume la gestion d'un établissement où, depuis plusieurs décennies, l'élément féminin domine, tant au sein du personnel que parmi les élèves et les visiteurs. Elle s'acquitte avec succès de la tâche ardue que représente la transformation de l'IFA en Centre culturel et de coopération.

Tenant compte de ce nouveau cadre institutionnel, l'établissement se voit assigner trois nouvelles missions : « développer les partenariats entre la Grèce et la France », « mieux faire connaître la France contemporaine » et « faire de l'IFA la référence en matière d'enseignement du français[50] ». La poursuite des deux premières missions signifie, entre autres, que l'établissement doit désormais mettre l'accent sur l'action culturelle, ainsi que sur le développement de formes de collaboration franco-grecque dans les domaines universitaire et scientifique. La troisième mission laisse entendre que l'IFA ne doit plus entretenir un vaste réseau de centres d'enseignement du français à destination de la population scolaire grecque.

Un nouvel organigramme

La réorientation de l'institut dans ses principales missions au cours de cette période est suivie d'une profonde réorganisation de ses services, ainsi que de sa structure administrative. Il en résulte notamment l'élaboration d'un nouvel organigramme. Ainsi, l'équipe dirigeante, assistant le conseiller-directeur dans son œuvre, se compose désormais de quatre adjoints : attaché scientifique, attaché de coopération linguistique et éducative, attaché culturel et directeur administratif. Le temps où le directeur de l'institut n'était flanqué que d'un, voire de deux directeurs-adjoints est à jamais révolu. En effet, pour accomplir avec succès les multiples tâches dont l'institution est dorénavant investie, tâches allant bien au-delà de la simple gestion d'un organisme éducatif et culturel, le conseiller-directeur a besoin d'une équipe dirigeante élargie, composée de cadres dirigeants spécialisés.

L'établissement comprend désormais quatre départements principaux : celui des activités culturelles et des échanges culturels franco-grecs, celui de la coopération linguistique, éducative et universitaire et de la formation pédagogique, et celui de la coopération scientifique et technique, dirigés chacun par un conseiller, auxquels s'ajoute un dernier département, comprenant l'administration et le secrétariat général de l'IFA,

50. AIFG, Gérard Fontaine, sous-directeur de la coopération culturelle et artistique, « Rapport de mission. Athènes 6-7 juin 2001 », p. 1-2.

dirigés respectivement par le directeur-adjoint et par le secrétaire général. Le département des manifestations culturelles et des échanges franco-grecs, qui ne comprenait qu'un seul agent jusqu'en 1995, se renforce rapidement. Dirigé par le conseiller culturel adjoint, il devient une pièce maîtresse de l'établissement, c'est là que bat désormais le cœur de l'institution. Il regroupe désormais plusieurs services, dont ceux consacrés notamment à l'organisation des manifestations culturelles et aux relations publiques. Ces deux tâches, essentielles pour le développement d'une action culturelle réussie, sont confiées à quatre agents, qui peuvent aussi compter sur l'assistance de deux secrétaires[51].

Les autres services sont la Médiathèque, le Centre de traduction littéraire et le Bureau du livre, ainsi que le Bureau audiovisuel. Le département de coopération linguistique, éducative et universitaire comprend essentiellement plusieurs attachés linguistiques, les coordinateurs des cycles d'études à l'IFA (cycle fondamental, cycle supérieur, cycle Sorbonne, etc.) et le personnel du Bureau d'information sur les études en France. Le département de coopération scientifique et technique est le moins peuplé, le conseiller scientifique étant simplement assisté par deux secrétaires et deux coopérants du service national. Quant à l'administration et au secrétariat général, ils assurent le bon fonctionnement de l'établissement (comptabilité, services économiques, accueil, assistance technique et informatique, entretien-travaux, nettoyage, sécurité, transport, travaux d'impression, etc.). L'IFA est devenu, en fin de compte, un vaste organisme employant, outre de nombreux enseignants, administrateurs et secrétaires, une large gamme de professionnels : des agents comptables, des techniciens, des informaticiens, des chauffeurs, des agents de sécurité, ainsi que des bibliothécaires et des documentalistes.

À mesure que l'institut se diversifie, qu'il enrichit ses missions et s'acquitte de nouvelles tâches, comme il le fait dans les années 1990, ainsi qu'au cours de la première décennie du XXIe siècle, sa structure organisationnelle se complexifie. Les années 1990 sont aussi marquées par la création de nombreux postes de responsabilité, afin de répondre au besoin d'encadrement et de gestion des multiples services mis en place. Comme le note à juste titre la directrice Musso, au fur et à mesure que l'IFA diversifie et accroît ses activités, sa gestion devient plus complexe et ses fonctions administratives prennent de l'importance[52].

La recomposition du personnel : des enseignants aux administrateurs

Pour faire face à ces nouvelles fonctions, l'IFA a recours à l'embauche d'un nouveau type d'employés. En effet, ne disposer que d'enseignants, même bien formés, comme dans le passé, n'est plus suffisant. À partir des années 1990, l'établissement se met ainsi mis à recruter un nombre important de non-enseignants, exerçant des fonctions

51. AIFG, Mireille Musso, « Restructuration et relance de l'IFA, Centre culturel et de coopération de l'Ambassade de France en Grèce », Athènes, 20 novembre 1996.

52. *Ibid.*, p. 6.

diverses, notamment des fonctions d'administration et de gestion. Il se produit même au milieu de cette décennie une sorte de chassé-croisé entre des enseignants congédiés et des administrateurs nouvellement recrutés : en 1997, alors que 25 enseignants quittent l'institution, 13 nouvelles recrues assument des fonctions essentiellement administratives[53]. La composition du personnel change ainsi progressivement. L'administrateur hautement qualifié, souvent jeune et diplômé de l'université, doté de compétences de gestion et formé aux nouveaux outils technologiques, qui assume des fonctions de responsabilité, prend peu à peu la place du professeur de français, souvent plus âgé et issu du Cours spécial. Signe de la profonde mutation que connaît l'IFA, à l'issue du plan de reconversion, en 2004, 80 personnes parmi son personnel, assurent un « encadrement administratif », contre seulement 47 qui se consacrent à l'enseignement[54]. Autrement dit, pour la première fois dans l'histoire de l'établissement, les « administrateurs-organisateurs » sont, au début du XXIe siècle, plus nombreux que les enseignants.

La direction se montre favorable à cette évolution, voyant dans ces nouvelles recrues des « agents de modernisation et d'adaptation[55] », indispensables pour la réalisation du projet de restructuration et de relance de l'établissement. Elle reproche, en revanche, au vieux corps enseignant de l'institut de s'être « fonctionnarisé » et de ne pas se rendre compte des nouvelles réalités. L'extrait suivant, émanant d'un rapport du directeur Michel Guérin, en dit long sur les tensions et l'incompréhension régnant entre les employés et l'équipe dirigeante de l'institut au cours des années 1990 :

> Deux cent cinquante professeurs permanents exercent à l'Institut avec une sécurité totale de l'emploi et un statut financier n'ayant rien à envier au secteur public. Ce corps professoral en majorité âgé, n'a pas toujours su, pu ou voulu s'adapter aux exigences nouvelles d'une clientèle très sollicitée par ailleurs. Si de nombreux professeurs dispensent encore un enseignement de qualité, nombreux sont également ceux qui, faute d'un contrôle continu de leur travail [...] voient leur enseignement critiqué et mis en cause par les étudiants et leurs parents[56].

Le plan de reconversion mené dans les années 1990, avec les changements radicaux qu'il comporte, dont la réduction des activités d'enseignement et le redéploiement des annexes, suscite logiquement de fortes inquiétudes au sein du personnel, notamment auprès des

53. AIFG, Daniel Haize, conseiller culturel, « Analyse de la situation financière et du fonctionnement de l'IFA », Athènes, 13 novembre 2000.

54. AIFG, Ambassade de France, Service de coopération éducative, « IFA. Direction des cours. Année d'enseignement 2003-2004 », p. 13-15.

55. AIFG, Mireille Musso, « Restructuration et relance de l'IFA, Centre culturel et de coopération de l'Ambassade France en Grèce », Athènes, 20 novembre 1996, p. 4.

56. AIFG, Pierre Zammit, « Réflexion sur la mutation de l'IFA », Athènes, 10 janvier 1992, p. 5.

professeurs, concernés au premier chef par les changements à venir. Ces inquiétudes ne tardent pas, d'ailleurs, à se confirmer lorsque, vers la fin des années 1990, des centres d'enseignement de l'IFA commencent à fermer leurs portes et que cette tendance s'intensifie au tournant du siècle.

Le tournant des années 1990 et la fin du rôle de substitution

On l'aura compris, les années 1990 marquent une période de nombreuses et de profondes mutations de l'institution française. Tout est transformé au cours de cette période : ses structures administratives, son organigramme, sa taille, sa présence géographique et jusqu'à la composition et au statut de son personnel. Les changements survenus sont en réalité encore plus importants, car ils concernent rien de moins que la raison d'être même de l'établissement, sa principale vocation et son double rapport, d'un côté, avec les institutions étatiques françaises, notamment l'administration du ministère des Affaires étrangères dont il dépend, et, de l'autre, avec la société grecque, qui l'accueille et vers laquelle son action se dirige. De toute évidence, l'établissement a cessé d'être l'organisme façonné au fil du temps par Octave Merlier pour devenir quelque chose d'autre, une entité plus difficile à appréhender dans sa complexité. Ce qui est sûr, c'est qu'une certaine période est à jamais révolue et que s'annonce au contraire une nouvelle ère. L'IFA est en train de franchir une étape charnière dans son histoire.

S'il est difficile de cerner concrètement ce qui a changé dans les missions et les fonctions de l'établissement, il est plus facile, peut-être, de dire ce que ce dernier a cessé d'être. Un extrait du « Plan d'action stratégique de l'Institut français d'Athènes 2004-2006 », rédigé par le directeur Arnaud Littardi, résume bien les changements survenus, qui marquent la fin d'une certaine période de l'histoire de l'IFA :

> La période durant laquelle l'Institut français d'Athènes était le centre unique de formation des professeurs grecs de français, une école de langue en situation de monopole, un lycée français qui conduisait les élèves français et grecs au baccalauréat, ainsi qu'un pôle majeur de la traduction et d'édition et un institut de recherche du patrimoine grec est révolue[57].

Qu'est-il devenu ? Le même auteur donne la réponse suivante en 2004 : « L'Institut est aujourd'hui un centre de coopération culturelle intégrant à la fois des activités traditionnelles d'enseignement de la langue et de diffusion de la culture françaises et les fonctions d'un service de coopération de l'Ambassade de France[58] ».

57. AIFG, IFA, « Plan d'action stratégique de l'IFA 2004-2006 », avril 2004.
58. *Ibid.*

Certains directeurs estiment que, tout au long du xxe siècle, l'IFA s'est, dans une certaine mesure, substitué à l'État et à la société helléniques. C'est le cas par exemple dans le domaine de l'enseignement de la langue française à la population scolaire, où l'institut, par son action éducative, a pallié en réalité les carences de l'enseignement public grec en matière d'enseignement des langues étrangères. Ce rôle lui a, certes, permis de montrer son utilité et de recueillir l'estime et la sympathie de la population locale, de se faire connaître et apprécier. Mais les fonctions qu'il s'est mis à remplir ne sont finalement pas les siennes, celles qui normalement correspondent à un institut français opérant dans un pays étranger. Le fait que l'IFA s'est pendant longtemps consacré à l'enseignement en masse du français auprès d'une population scolaire âgée de 10 à 18 ans, à l'aide d'un réseau de plus de 30 centres d'enseignement et de centaines de professeurs, a parfois été perçu, sinon comme une « anomalie », du moins comme une particularité propre à l'établissement et un fait unique parmi les institutions du même genre – ce qui semble être le cas. Les tenants de cette opinion soutiennent que les temps ont changé et qu'il n'est plus nécessaire que l'établissement français persiste dans ce rôle de substitution. Le développement de l'initiative privée dans plusieurs domaines a changé la donne. Le « Plan d'action stratégique » établi en avril 2004, en dit long sur cette façon d'envisager l'évolution de l'institut :

> La fin de la coopération de substitution, où l'IFA assumait bon nombre de fonctions qui normalement relevaient de la Grèce elle-même, a été accélérée par le développement du marché : marché de l'édition qui rendait inutiles les traductions et les publications de l'IFA, marché de l'art avec l'ouverture de galeries privées, marché de l'enseignement des langues surtout avec la croissance rapide du nombre des frondistiria, dont la concurrence agressive attirait avec succès la clientèle traditionnelle de l'Institut[59].

Réorganisation de l'œuvre éducative

À la recherche d'une nouvelle clientèle

La réorientation de l'institut envisagée dans la cadre de sa reconversion entamée au milieu des années 1990 ne signifie pas, pour autant, l'abandon complet de ses activités d'enseignement. Des cours de français de tous les niveaux (Fondamental, Intermédiaire, Intermédiaire Avancé, Avancé) sont toujours dispensés dans le bâtiment central, rue Sina, destinés surtout à une clientèle de proximité immédiate. Si ce type d'enseignement de base est maintenu, c'est aussi avec l'ambition d'en faire un cours de référence pour l'apprentissage

59. AIFG, IFA, « Plan d'action stratégique de l'IFA 2004-2006 », avril 2004, p. 5.

précoce. Les élèves de ce cycle d'études forment plus de la moitié des effectifs de l'institut central en 2002 (607 élèves sur un total de 1 140 inscrits, regroupés en 48 sections). À cela s'ajoutent les cours de préparation aux diplômes de Sorbonne 1 et 2. Cet enseignement, toujours dispensé dans le bâtiment de la rue Sina, réunit environ 150 étudiants au début des années 2000[60]. Grâce à des professeurs de haut niveau, dont certains agrégés détachés de la métropole, l'institut est toujours en mesure d'assurer l'enseignement de qualité exigé pour ces diplômes supérieurs. De manière générale, c'est en développant une offre spécialisée, pour un autre type de public que les écoliers, que l'institut cherche, à partir des années 1990, à se tailler une place bien précise dans le vaste « marché des langues », où il se trouve fortement concurrencé par les *frondistiria*.

Alors que l'enseignement de la langue française avait toujours eu lieu, jusque-là, dans le cadre de classes, l'établissement propose pour la première fois, à partir de 2000, des cours individuels. La demande pour ces cours particuliers assurés *intra-muros* par des professeurs de l'institut va même en s'accroissant au cours de cette période. En 2002, une trentaine environ de personnes se voient dispenser 435 heures de cours personnalisés, générant 13 785 euros de recettes[61]. Le prestige dont jouit l'institut comme centre d'enseignement de la langue française de haut niveau lui permet ainsi de s'introduire dans un domaine de services éducatifs dominé jusque-là par des acteurs privés.

Si l'institut maintient certaines de ces activités éducatives liées à son « métier traditionnel » d'enseignement du français à tous les niveaux, quoiqu'à une échelle beaucoup plus réduite, il mise surtout, après le lancement du plan de reconversion institutionnelle, sur un renouvellement et une diversification de son offre éducative. L'établissement est censé mettre en place des cours spécialisés et des cours de haut niveau et se démarquer ainsi clairement et sûrement de ses concurrents privés. L'idée n'est pas neuve. Elle a déjà été émise dans les années 1960. Mais c'est la première fois qu'on cherche à l'appliquer systématiquement. Dans les faits, cela signifie que l'Institut français laisse désormais l'enseignement général de la langue française à d'autres agents éducatifs, les écoles privées de langues et les enseignants dispensant des cours particuliers. Cela signifie aussi qu'il abandonne en même temps la vaste clientèle des collégiens, qui constituaient jusqu'à cette date près de 85 % des usagers de ses services éducatifs[62]. Comme il est clairement indiqué dans un rapport de mission : « Les cours s'adressant presque exclusivement à une clientèle scolaire devront être peu à peu abandonnés[63] ».

60. AIFG, Ambassade de France en Grèce, Service de coopération éducative, « Bilan de la rentrée. Situation arrêtée au 30/11/2002. Problématique et perspectives », p. 4.

61. *Ibid.*, p. 13.

62. AIFG, « Intervention de M. Gérard Fontaine, Sous-directeur de la coopération internationale, mercredi 24 mai 2000 – IFA », p. 2.

63. AIFG, MAE. « Rapport de mission », Paris, 6 juin 2000, p. 4.

La reconversion de l'institution dans les années 1990 a aussi des effets sur le type de public qui la fréquente en dehors de ses manifestations culturelles. Elle s'adresse désormais de plus en plus à un public d'adultes et de professionnels. Elle cherche un créneau libre, peu propice à la concurrence des particuliers, où elle pourra marquer la différence avec les *frondistiria* et faire valoir ses atouts, notamment l'emploi d'un personnel enseignant hautement qualifié. Les cours spécialisés offerts au début du XXIe siècle comprennent entre autres des cours de français juridique et de français des affaires. En 2002, ces nouveaux cours totalisent une cinquantaine environ d'inscrits. Afin de mieux valoriser cette nouvelle offre, l'institut crée même des titres de certification, sanctionnant l'acquisition de connaissances dans ces domaines. Ces élèves peuvent ainsi prétendre au Certificat de français juridique (19 diplômés en 2001 et 2002), au Diplôme de français des affaires (7 diplômés en 2002), ainsi qu'au Diplôme approfondi de français des affaires (19 diplômés en 2002)[64].

Il est intéressant ici de résumer brièvement l'évolution qu'a connue le public de l'institut tout au long de ses 100 ans de fonctionnement. À partir des années 1910 et jusqu'aux années 1940, l'établissement a été fréquenté principalement par un public d'étudiants d'université et d'élèves des classes supérieures de l'enseignement secondaire, donc de jeunes adultes et d'adolescents, tous originaires d'Athènes. Il convient, par ailleurs, d'ajouter que, dès cette première période, l'élément féminin a été majoritaire au sein du corps étudiant de l'institution, et que cette prédominance féminine s'est maintenue par la suite. Un important changement s'est cependant produit après la fin de l'entre-deux-guerres. Des années 1940 jusqu'aux années 1980, environ, la clientèle de l'établissement français a été composée pour l'essentiel d'élèves de l'enseignement secondaire et des dernières classes de l'école primaire, âgés de 10 à 18 ans. Ce nouveau public provenait, pour les deux tiers, de l'agglomération athénienne, et pour un tiers, de différentes villes de province. Or, à partir des dernières décennies du XXe siècle, la clientèle de l'institut a été de nouveau formée surtout d'adultes, venant majoritairement de la région de la capitale.

Cours universitaires et collaboration avec les universités françaises

La recherche d'une clientèle autre que les écoliers amène l'institution française à s'intéresser davantage aux jeunes Grecs qui envisagent d'entreprendre des études universitaires. Aux yeux de certains de ses directeurs, la transformation qu'est en train de connaître l'IFA au cours des années 1990 signifie aussi que l'établissement doit davantage s'impliquer dans l'offre de cours universitaires. Étant donné que l'institut n'est pas reconnu comme un établissement d'enseignement supérieur, cela suppose d'engager des formes de collaboration avec des institutions universitaires, françaises, de préférence, afin que ce type d'études puisse être validé par l'État et conduire à l'obtention de titres de certification reconnus.

64. AIFG, Ambassade de France en Grèce, Service de coopération éducative, « Bilan de la rentrée. Situation arrêtée au 30/11/2002. Problématique et perspectives », p. 10-11.

Il convient ici de préciser que la collaboration de l'institut avec des universités françaises dans le domaine de l'enseignement universitaire n'est pas un phénomène totalement nouveau. Il remonte en réalité à l'époque de l'immédiat après-guerre, lorsque, à partir de 1947 et jusque dans les années 1960, l'IFA a fonctionné comme un centre d'examen à Athènes pour les études littéraires de l'université de la Sorbonne[65]. Cette collaboration avec l'université de Paris, devenue entre-temps Paris-Sorbonne (Paris IV), du fait de la scission de l'université de Paris en 1970, s'est renforcée lorsqu'en 1977 une convention a été passée entre les deux établissements, permettant de suivre des études littéraires à l'institut jusqu'au niveau du DEUG[66]. À mesure que l'établissement athénien opère dans les années 1990 une profonde réorientation de ses missions, l'offre de cours universitaires se développe et l'IFA se met à collaborer avec plusieurs universités françaises afin de la diversifier. Il devient ainsi possible de préparer, au sein de l'institut, un DEUG d'histoire de l'art en collaboration avec l'université Paris X, une maîtrise de traducteur en collaboration avec l'université Strasbourg 2 et un diplôme d'université niveau DESS en management culturel en collaboration avec l'université Paris-Dauphine[67]. À la fin des années 1990, plus de 400 étudiants grecs suivent ainsi les cours universitaires dispensés à l'institut central, rue Sina. Ceux-ci représentent désormais un tiers des effectifs et génèrent d'importantes recettes pour l'établissement.

L'institut et ses partenaires universitaires profitent du fait qu'un certain nombre de familles grecques considèrent comme plus commode et sans doute moins onéreux que leur progéniture, tout en étant inscrite dans une université française, fasse une partie de ses études à Athènes. Mais la reconnaissance par les autorités compétentes grecques des diplômes universitaires français obtenus dans le cadre d'un programme d'études résultant de la collaboration d'une institution non universitaire, comme l'est l'IFA, avec un établissement d'enseignement supérieur français, n'est nullement assurée. Cherchant à se transformer en une sorte d'annexe universitaire en Grèce des universités de la métropole, l'institut s'engage sur une voie périlleuse. Cela apparaît clairement en 2007. Cette année-là, l'établissement s'empresse de s'associer au projet de l'université Paris-Sorbonne (Paris IV) visant à créer une annexe officielle en Grèce, un centre d'études universitaires situé à Athènes et dispensant une formation au niveau master dans une série de domaines d'études, tels que le droit, les relations internationales, la psychologie et les études en communication[68]. Les déclarations du président de l'université parisienne à la presse grecque, se disant prêt à collaborer même

65. Voir plus haut p. 77-78.

66. AIFG, « Rapport d'activités pour l'année 1979 », 7 mai 1980 ; Luce Rudent, directeur-adjoint de l'IFA, « Note de fin de mission », 1er septembre 1990, p. 9.

67. *Ibid.*

68. AIFG, IFA, « Invitation à la conférence de presse "Sorbonne à Athènes" », Athènes, 18 octobre 2007 ; Ambassade de France, « Éléments de réponse », s.d.

avec des entreprises privées pour la mise en place de l'annexe athénienne, et l'information qui circule selon laquelle le coût des études pourrait atteindre les 10 000 euros, somme fort élevée, ont finalement des répercussions néfastes sur l'image publique de l'IFA[69]. Plusieurs journaux grecs se montrent très critiques, certains allant jusqu'à reprocher à l'établissement français de faire du business en Grèce. De plus, le contexte est extrêmement défavorable, la Grèce étant à l'époque secouée par un vaste et parfois houleux débat sur le sacro-saint caractère public de l'enseignement supérieur. Une partie de l'opinion publique se montre même ouvertement hostile à toute entreprise pouvant conduire à la fondation d'établissements supérieurs privés. S'associer au projet de la Sorbonne d'ouvrir une annexe universitaire athénienne se révèle par conséquent une initiative malheureuse et inopportune, qui aboutit à ternir quelque peu l'image d'une institution française dont l'œuvre culturelle avait été, jusque-là, louée par la presse grecque et qui, dans l'ensemble, était très respectée, pour ne pas dire vénérée, par une partie de l'opinion publique du pays.

Certifier l'acquisition de connaissances en langue française

L'institut comme centre d'examen

La nouvelle période de l'histoire de l'établissement, qui débute au milieu des années 1980, est aussi celle où il s'affirme de plus en plus comme un centre d'examen pour l'obtention des certifications de connaissance de la langue française. Comme nous l'avons vu, les premières certifications décernées par l'institut ont fait leur apparition dans les années 1960 et 1970, avec l'institution du Certificat de langue française et du Diplôme d'études supérieures. Depuis, de plus en plus de candidats grecs se sont présentés aux sessions d'examens régulièrement organisées par l'établissement français. En l'espace d'une douzaine d'années, de 1978 à 1990, le nombre de candidats au certificat a pratiquement doublé, passant de 5 474 à 8 997, et celui pour le Diplôme d'études supérieures a augmenté de 1 002 à 1 593 (voir Annexe V)[70]. Initialement ces deux diplômes délivrés par l'institut n'étaient accessibles qu'à ses propres élèves, mais à partir de 1977 les élèves des écoles privées de français (*frondistiria*) ont également été autorisés à se présenter aux examens pour le certificat. On estime à l'époque le nombre d'écoles privées de langues étrangères dans toute la Grèce à environ 2 000, mais de « niveau souvent médiocre », selon l'ambassadeur

69. « Η Σορβόνη και εν Ελλάδι » [La Sorbonne en Hellade], *Kathimerini*, 23 octobre 2007 ; « Μπίζνες α λα ... ελληνικά της Σορβόνης στην Αθήνα» [Business à la ...grecque de la Sorbonne à Athènes], *Avgi*, 23 octobre 2007.

70. AIFG, Conseil d'orientation pédagogique 27.3.91, IFA, Service des examens, Évolution du nombre d'inscriptions aux examens organisés par l'IFA (1977-1991).

français Mérillon[71]. Leurs élèves n'hésitent cependant pas à postuler aux diplômes décernés par l'institut. Parmi les 3 810 candidats qui postulent en 1985, un tiers sont des « candidats libres », n'ayant aucune filiation à l'institut[72]. En effet, la forte hausse du nombre d'inscrits pour les examens du certificat entre 1978 et 1990 est surtout le résultat de l'affluence de candidats externes, dont le nombre a plus que triplé, s'élevant de 1 700 à 5 600. En revanche, le nombre d'élèves de l'institut se présentant à ces mêmes examens, après avoir augmenté jusqu'en 1982 (3 700 en 1978, 4 700 en 1982), régresse considérablement par la suite (3 600 en 1990 – voir Annexe V)[73]. Entamée au cours de cette décennie, la régression des effectifs de l'IFA est aussi visible dans la diminution du nombre de ses élèves qui participent aux examens pour le certificat. En accueillant, outre ses propres élèves, également les « candidats externes », notamment les élèves des *frondistiria*, l'institut se transforme de plus en plus en un centre d'examen de masse.

Cette tendance se trouve accentuée par le fait que l'établissement sert également de centre d'examen pour un autre diplôme de langue et de civilisation françaises très recherché à l'époque en Grèce : le diplôme d'Études françaises de la Sorbonne. Décerné par l'université Paris-Sorbonne (Paris IV) et comportant trois niveaux (Sorbonne I, II et III), ce diplôme fait l'objet d'une très forte demande, comme l'atteste le triplement du nombre de postulants grecs qui cherchent à l'obtenir (1 700 en 1977, 5 400 en 1991 – voir Annexe V)[74]. Le responsable du service des examens, François Hudelot, estime, au début des années 1990, qu'environ 3 000 candidats réussissent chaque année au Diplôme d'études supérieures de l'IFA ou au Diplôme d'études françaises 2e degré de la Sorbonne[75]. Centre d'examen pour plusieurs types de certifications, diplômes de l'institut et diplômes d'autres institutions françaises, l'IFA accueille chaque année un nombrant croissant de candidats, qui se comptent désormais par milliers. En 1977, 6 260 personnes se présentent aux examens organisés à l'IFA, toutes certifications confondues. Douze ans plus tard, en 1989, leur nombre a plus que doublé, passant à 16 240.

71. AIFG, Jean-Marie Mérillon, ambassadeur, à la DGRCST, « Rapport d'activités pour l'année 1976 », 8 juillet 1977.

72. AIFG, Philippe Valliès, attaché linguistique, à Jean-Pierre Armenguaud, directeur de l'IFA, « Bilan et perspectives », Athènes, 5 juillet 1985.

73. AIFG, Conseil d'orientation pédagogique 27.3.91, IFA, Service des examens, Évolution du nombre d'inscriptions aux examens organisés par l'IFA (1977-1991).

74. *Ibid.*

75. AIFG, IFA, François Hudelot, « Note sur le Service des Examens de l'IFA : orientations et perspectives », Athènes, 4 février 1991.

La ruée vers les nouveaux diplômes DELF et DALF

Un important changement se produit dans ce domaine à partir de 1989. Deux nouveaux types de certification de connaissance de la langue française font leur apparition en Grèce : le Diplôme d'études en langue française (DELF) et le Diplôme approfondi de langue française (DALF), les premiers diplômes de français langue étrangère à valeur internationale. À la différence du Certificat et du Diplôme d'études qui étaient des diplômes « maison », le DELF et le DALF, créés en 1985, sont officiellement délivrés et garantis par le ministère français de l'Éducation nationale. Depuis leur création, ils ont été adoptés dans une cinquantaine de pays. Constitué de plusieurs unités capitalisables, le DELF sanctionne l'acquisition de compétences fondamentales en français, attestant que son titulaire est « capable de communiquer en français dans toutes les situations courantes de la vie quotidienne » et, à un niveau supérieur, qu'il dispose également « d'une connaissance générale de la civilisation française ». Quant au DALF, il atteste que son titulaire est « capable de suivre efficacement les cours d'une université française dans la spécialité qu'il a choisie[76] ». Les nouveaux diplômes du ministère, de reconnaissance internationale, font inévitablement concurrence aux diplômes décernés par l'institut qui ne tardent pas à tomber en désuétude. Ces deux types de certification disparaissent progressivement à partir de 1989[77].

En effet, les nouveaux diplômes suscitent dès le début un véritable engouement auprès des jeunes Grecs, renforçant la ruée vers les titres de certifications du français, au point d'en faire en quelques années à peine un véritable phénomène de masse. Le nombre de candidats grecs pour le DELF explose littéralement, passant de 85 en 1989 à 30 005 en 1996, et à 1 270 pour le DALF[78]. Cette très forte hausse se manifeste surtout au début des années 1990 : 3 300 candidats en 1991, 9 000 en 1992, 21 000 en 1993, 24 700 en 1994[79]. Si l'on tient compte également des candidats qui se présentent aux épreuves écrites et orales d'autres types de certifications, ils sont 39 200 au total en 1996 à franchir les portes d'un des établissements de l'IFA pour subir une évaluation permettant l'acquisition d'un diplôme de langue française (6 260 en 1977, 16 240 en 1989)[80], soit deux fois plus qu'en 1989. Ce nombre est en constante progression au cours de la première décennie du XXIe siècle. Ils sont ainsi plus de 46 000 à rechercher en 2001 une des certifications délivrées par l'institut[81]. Pour la première fois de son histoire, l'établissement compte dans

76. AIFG, c. Budget 1999-2000, Commission nationale du DELF et du DALF, Diplôme d'Études en Langue Française. Diplôme Approfondie de Langue Française. Présentation Résumé, Centre national d'études pédagogiques, juillet 1999.

77. AIFG, « L'Institut français d'Athènes au 1er janvier 1998 : état des lieux ».

78. *Ibid.*, p. 6.

79. AIFG, IFA, Service des examens, « Note au Directeur de l'IFA », Athènes, 7 novembre 1994.

80. AIFG, « L'Institut français d'Athènes au 1er janvier 1998 : état des lieux », p. 6.

81. AIFG, Athènes à Service culturel 2, « Visite du Premier ministre en Grèce – Situation de l'IFA », 5 septembre 2001.

les années 1990 plus d'inscrits à ses examens qu'à ses cours. Par la suite, le nombre des candidats aux examens ne cessant de croître et celui des élèves de diminuer, l'écart entre ces deux catégories s'amplifie. Par ailleurs, comme le souligne le service des examens de l'IFA, 60 % des candidats aux épreuves du DELF sont des « candidats libres », qui n'ont donc aucun lien institutionnel avec l'établissement de la rue Sina et ses annexes, à savoir des élèves des *frondistiria* et des cours particuliers[82].

Vu son ampleur, la réussite du DELF en Grèce constitue un véritable phénomène sociologique. Au début du XXIe siècle, les candidats grecs aux examens du DELF forment à eux seuls 25 % de l'ensemble des étrangers qui, dans le monde entier, sont candidats à ce titre de certification garanti par le ministère de l'Éducation nationale français. Le taux de réussite, qui se situe à 80 %, explique aussi, en partie, l'ampleur du phénomène[83]. La préparation aux examens du DELF devient très vite une spécialité d'un certain nombre de *frondistiria* et d'enseignants dispensant des cours particuliers. Leur clientèle est surtout constituée de jeunes écoliers de 11 à 16 ans. En effet, avant de se consacrer pleinement à la préparation des examens d'entrée dans l'enseignement supérieur au cours des deux dernières années du lycée, les jeunes collégiens et lycéens grecs sont poussés par leur famille à miser sur l'apprentissage des principales langues européennes et à se mettre en « chasse » d'un titre de certification officiel consacrant ce type d'investissement éducatif. L'ampleur massive du phénomène s'explique aussi par la relative prospérité économique que connaissent les classes moyennes urbaines en pleine expansion en Grèce aux cours des deux dernières décennies du XXe siècle et de la première décennie du XXIe siècle. L'intérêt croissant pour les examens du DELF génère par ailleurs un important marché éditorial grec, des éditeurs se spécialisant dans la production d'un matériel pédagogique destiné aux candidats, activité qui, vu l'ampleur du phénomène, se révèle très rentable. L'engouement pour ce type d'examen en Grèce et les soutiens éducatifs, éditoriaux et autres dont il bénéficie s'avèrent finalement très avantageux pour l'institution française, qui profite pleinement du monopole dont elle jouit dans ce domaine pour se renforcer.

Ainsi, si l'établissement a progressivement cessé d'être un centre d'enseignement en masse de la langue française, il est en revanche devenu, entre-temps, un centre de certification en masse de la langue française (**fig. 56**). L'institut perd constamment des élèves, mais « gagne » sans cesse des candidats aux examens. Le rapport à l'institution des uns et des autres n'est bien entendu pas le même. Mais, à une époque transitoire où l'établissement cherche à redéfinir ses missions et son rapport à la société hellénique, devenir un centre d'examen très fréquenté et très recherché pour ses certifications contribue à renforcer sa position.

82. AIFG, Martial Martinez, responsable du Services des examens, « Note au Directeur adjoint de l'IFA », Athènes, 8 septembre 1994, p. 2.

83. AIFG, Ambassade de France en Grèce, Service de coopération éducative, « Bilan de la rentrée. Situation arrêtée au 30/11/2002. Problématique et perspectives », p. 6.

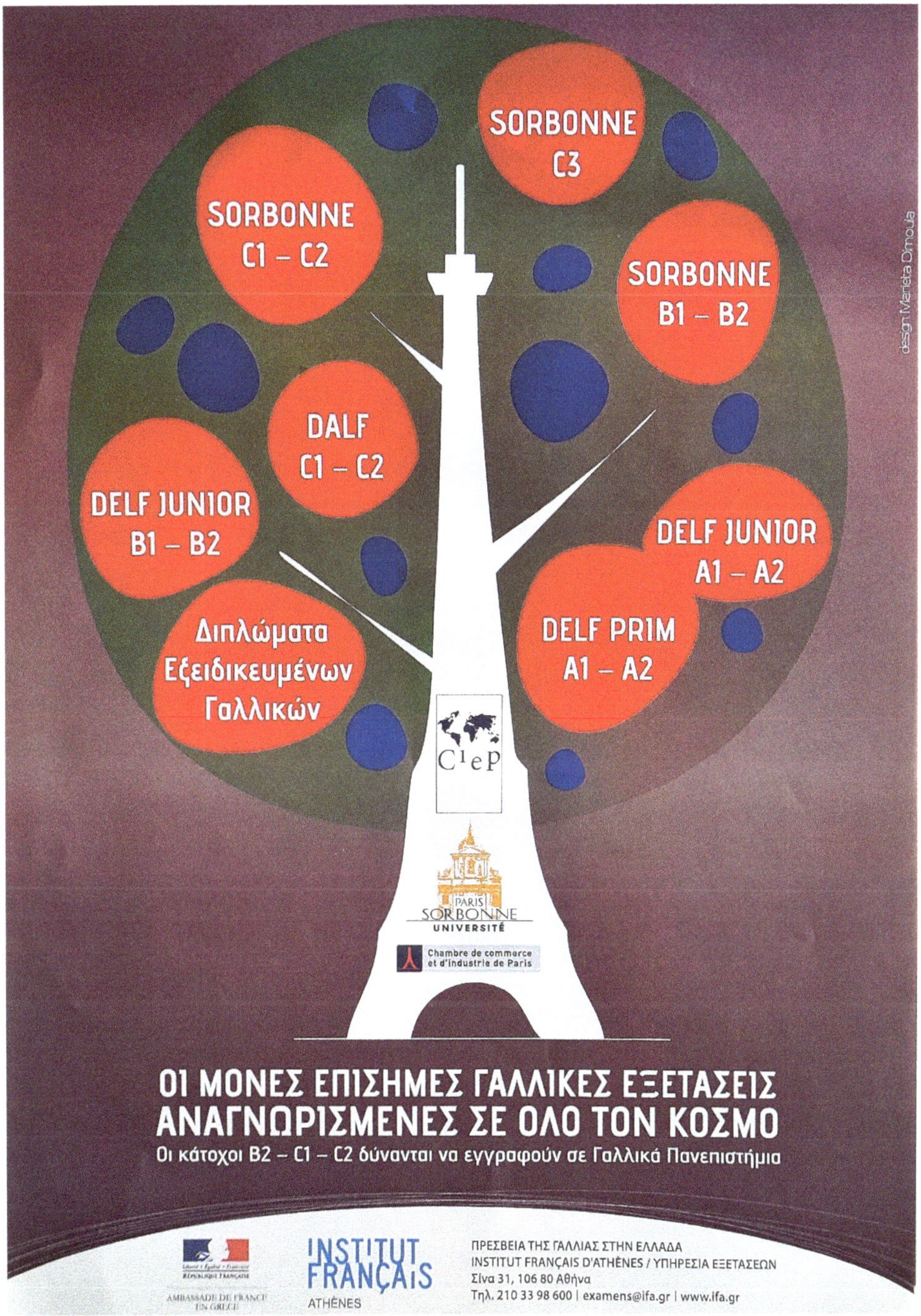

Fig. 56 — Diplômes certifiés par l'Institut français d'Athènes, années 1990. © Institut français de Grèce.

Les examens pour les diplômes de certification se tiennent dans les nombreuses annexes dont dispose encore l'IFA dans les années 1980 et 1990 dans la région de la capitale et en province. Les centres d'enseignement se transforment de ce fait en centres d'examen. En novembre 1994, par exemple, treize centres d'examen situés dans divers quartiers et banlieues d'Athènes et du Pirée (rue Sina, annexe centrale, Ambelokipi, Kalamaki, Kallithea, Colonos, Koukaki, Le Pirée, Nea Smyrni, Papagou-Holargos, Pangrati, Patissia, Philothei) accueillent près de 5 518 candidats. À cela s'ajoutent seize autres centres d'examen existant dans de nombreuses villes de province (Argos, Kalamata, Chalkis, Corfou, Corinthe, Héraklion, Ioannina, Lamia, Larissa, Livadia, Mytilène, Nauplie, Patras, Rhodes, Volos), où se présentent environ 2 460 autres candidats[84]. Ce vaste et dense réseau de centres où ont lieu les examens facilite, certes, la participation à ces derniers. C'est notamment un élément important pour les candidats provinciaux, qui évitent ainsi de longs et coûteux déplacements vers des grands centres urbains éloignés de leur lieu de résidence. Mais le nombre d'inscrits pour les examens continue à augmenter, même après la fermeture, à partir de la fin des années 1990, de plusieurs annexes de province et d'Athènes.

La quête effrénée par les jeunes Grecs de titres de certification attestant de leurs connaissances linguistiques, observée à partir des années 1990, ne concerne d'ailleurs pas que la langue française. Le nombre de Grecs candidats en 1990 à un titre de certification de connaissance de la langue anglaise (diplômes *lower* et *proficiency*) s'élève à 89 000. La hausse s'étant accentuée aux cours des années suivantes, leur nombre passe même à 150 000 en 1996. On peut observer le même phénomène pour les candidats aux titres de certification en langue allemande. Ils se comptent, eux aussi, par milliers et leur nombre augmente même fortement au cours de cette période, passant de 6 000 à 17 000. Avec 42 000 candidats, la langue française se place clairement en deuxième position en ce qui concerne la demande de certification en langues étrangères[85]. Étant donné la domination linguistique et culturelle exercée par le monde anglo-américain en Grèce après 1945, notamment dans les dernières décennies du XXe siècle, le rapport d'un candidat grec pour un diplôme de langue française contre trois pour un diplôme de langue anglaise n'est, en fin de compte, nullement défavorable à la langue de Molière.

La progression constante du nombre de candidats aux examens à partir des années 1990 met à rude épreuve le service des examens de l'institut. Son responsable, Martial Martinez, se plaint ainsi en septembre 1994 d'une charge considérable de travail, ainsi que de la détérioration continue des conditions de travail observée au sein de son service. Il fait remarquer que ses collègues travaillent dans des conditions très stressantes, dans une situation d'urgence permanente et de course perpétuelle contre la montre. Cette surcharge

84. AIFG, IFA, Service des examens, « CLF/DELF Relevé statistique des inscriptions », Athènes, 4 novembre 1994.

85. AIFG, IFA, Service de coopération éducative, Roger Roumègas, « Le marché des langues en Grèce (novembre 2001) », p. 2.

est due non seulement à la croissance rapide du nombre de candidats, passé de 9 000 en 1993 à 31 000 en 1994, soit une hausse de plus de 22 000, mais aussi à une augmentation du nombre d'épreuves à traiter. Pour le seul DELF, cela signifie une multiplication par sept par rapport à l'ancien certificat[86]. La forte hausse du nombre de candidats et d'épreuves à corriger demande par ailleurs d'accroître de manière proportionnelle le nombre d'examinateurs qui s'acquittent de cette tâche. Pour couvrir ce besoin, l'IFA a recours non seulement à ceux de ses enseignants qui se déclarent disponibles, mais également à des professeurs qualifiés des établissements d'enseignement reconnus par le ministère hellénique de l'Éducation nationale, contre une rémunération conséquente.

Informer, inscrire, organiser les séances d'examen, trouver des examinateurs et communiquer, enfin, les résultats à des dizaines de milliers de candidats s'avère désormais une gigantesque entreprise, exigeant une bonne organisation, des ressources humaines adéquates et beaucoup d'heures de travail. Comme le note Martinez, son service a très rapidement été submergé sous une avalanche de demandes d'informations. Recevant quotidiennement un appel téléphonique en moyenne toutes les deux minutes entre 8 h 15 et 15 heures, et un appel en moyenne toutes les cinq minutes entre 16 heures et 17 heures, les six secrétaires du service se trouvent débordées, ce qui amène le responsable à demander avec insistance un renforcement important en moyens humains et matériels. C'est d'ailleurs pour répondre à ce surcroît de travail que ce service a été un des premiers à être informatisé. Un nouveau poste est aussi créé, celui d'adjoint au responsable du bureau des examens, afin d'assurer le renforcement du service, si souhaité, en personnel. En 1996, le bureau des examens comprend donc un chef de service, un adjoint, deux secrétaires et trois agents chargés de l'information sur les examens et de la préparation des sessions.

Frondistiria : des concurrents devenus des partenaires

Tout se passe comme si, après le désengagement de l'institut de son œuvre d'enseignement de la langue française auprès des écoliers durant les dernières décennies du XXe siècle, une sorte de division des tâches s'établissait progressivement, de façon, certes, informelle, entre l'institution publique française et les acteurs privés impliqués dans le marché des langues (écoles de langues privées, enseignants dispensant des cours particuliers). Les seconds se chargent de faire apprendre aux jeunes Grecs le français, et surtout de les préparer pour les examens de certification organisés par l'IFA. Celui-ci, de son côté, assume la tâche de contrôler, au moyen de la tenue des examens, le niveau de connaissance du français acquis par les candidats et de leur procurer, s'ils le méritent, une validation reconnue, en octroyant des titres de certification. L'institut étant un établissement public, aux yeux de beaucoup de Grecs, c'est en quelque sorte l'État français qui se porte garant des diplômes

86. AIFG, Martial Martinez, responsable du Services des examens, « Note au Directeur adjoint de l'IFA », Athènes, 8 septembre 1994.

décernés. Cette collaboration établie de fait entre l'institut et les écoles de langues privées apparaît plus clairement lorsque l'on se rend compte que le premier a même préparé et diffusé au début des années 1990 une « Note à l'attention des directeurs d'établissements (frondistiria)[87] », contenant des instructions sur les modalités à suivre pour s'inscrire aux sessions d'examens pour le DELF et le DALF, destinées aux élèves-clients de ces établissements. Progressivement, les *frondistiria* sont passés du statut de concurrents à celui de partenaires fournissant des candidats pour les examens organisés par l'IFA. Le soutien désormais accordé aux écoles de langues privées témoigne de la volonté de l'IFA de se désengager progressivement des activités d'enseignement, notamment de l'apprentissage du français à des larges groupes d'écoliers par un enseignement direct à une échelle massive. L'idée de coopérer étroitement désormais avec les *frondistiria*, du moins avec une partie d'entre eux, paraît d'autant plus séduisante qu'un certain nombre de ces écoles privées ont été créées dans d'anciennes annexes de l'institut.

Les retombées financières

Or, il est d'autant plus important pour l'institut d'assurer le bon déroulement des procédures d'examen, que celles-ci ont, vu le nombre très élevé de candidats, un impact direct sur les finances de l'établissement. Les droits d'examen ayant été fixés au milieu des années 1990 à 8 500, puis à 11 000 drachmes pour chacune des six unités du DELF, les caisses de l'institut ont rapidement commencé à se remplir[88]. Les examens se révèlent ainsi une précieuse source de revenus alors même que, en raison de l'érosion continue des effectifs, l'établissement voit ses recettes liées à l'enseignement fondre progressivement. Ainsi, alors que les rentrées d'argent liées aux cours diminuent, passant de 47 à 33 millions de francs, de 1991 à 1996, celles provenant des examens, à l'opposé, augmentent fortement, passant de 8 à 21 millions de francs, au cours de cette même période, en raison non seulement de la croissance du nombre des candidats mais aussi de la hausse des tarifs[89]. Les gains assurés par l'organisation d'examens représentent déjà 24 % des recettes budgétaires de l'établissement en 1996[90]. Par la suite, cette part ne cesse de croître, à mesure que le nombre d'examens et de candidats augmente rapidement au cours des années suivantes. Comme le note la directrice Musso, le secteur des examens constitue désormais « l'élément majeur de l'équilibre financier de l'Institut[91] », alors même que les cours sont devenus déficitaires. La

87. AIFG, IFA, Service des examens, Martial Martinez, « Note à l'attention des directeurs d'établissements (frondistiria) », Athènes, 1 octobre 1992.

88. AIFG, « Calendrier [Examens DELF et DALF] », s.d.

89. AIFG, Daniel Haize, « Analyse de la situation financière et du fonctionnement de l'IFA », Athènes, 13 novembre 2000.

90. AIFG, Mireille Musso, « Restructuration et relance de l'IFA, Centre culturel et de coopération de l'Ambassade France en Grèce », Athènes, 20 novembre 1996, p. 7.

91. *Ibid.*

transformation de l'établissement en un important centre d'examen a finalement eu, sans que cela soit initialement recherché, des répercussions très positives au plan économique.

Un important changement est donc en train de se produire dans le mode de fonctionnement de l'institution, dont il convient d'emblée de signaler la portée. Jusqu'à cette date, son financement a été assuré principalement par ses activités d'enseignement, en particulier par les droits d'inscription versés régulièrement par ses nombreux élèves. Ces rentrées liées aux inscriptions lui assuraient des recettes, dont la part dans l'ensemble variait, certes, selon les périodes, mais était généralement supérieure à 60 % jusque dans les années 1960 et s'était élevée jusqu'à 80 % et même 90 % dans les années 1970 et 1980. L'autre source de financement de l'institution, complémentaire celle-ci, provenait, surtout jusqu'aux années 1960, des subventions régulièrement accordées par le ministère des Affaires étrangères, dont le montant pouvait varier fortement selon les périodes. Il reste naturellement à mener un étude plus détaillée, sur la base des budgets annuels de l'institut et d'autres documents de nature économique, pour mieux éclairer cet aspect, mais l'impression d'ensemble qui se dégage jusqu'ici est qu'au XXIe siècle, les droits d'examen versés par des candidats extérieurs à l'établissement dépassent progressivement les droits d'inscriptions de ses élèves, devenant sa principale source de financement et lui assurant, qui plus est, un degré d'autonomie financière fort élevé. Autrement dit, c'est un autre modèle économique de fonctionnement de l'institution qui, petit à petit, se met en place à partir des années 1990, grâce à l'essor de la demande pour des titres de certification du français et au monopole dont l'IFA bénéficie pendant longtemps dans ce domaine.

Ce nouveau modèle économique a pour effet de renforcer la grande autonomie financière dont l'établissement jouit depuis les années 1960. Celle-ci s'est notamment avérée précieuse pour assurer le bon fonctionnement de l'institution, surtout dans les périodes de fortes coupes budgétaires et de diminution des subventions allouées par l'État français, comme dans les années 1990. Ainsi que le signale la directrice Mireille Musso, malgré la diminution constante des crédits accordés par l'État français, l'IFA bénéficie toujours d'une excellente situation financière, grâce aux recettes provenant des examens. Sur un budget annuel de 86 millions de francs pour l'année 1996, l'apport de l'État n'est que de 4,6 millions francs, soit à peine 5 %[92]. Les observations faites en 2003 par le secrétaire général de l'institut, Emmanuel Mouriez, vont dans le même sens. Les recettes liées aux examens, augmentant d'année en année, génèrent en 2002 4,3 millions d'euros, alimentant à hauteur de 60 % le budget annuel, qui se situe à 7,2 millions d'euros. Le même responsable fait par ailleurs remarquer qu'avec un tel budget l'IFA constitue sans aucun doute « un des plus grands établissements français dans le monde[93] ». Il en résulte par ailleurs que l'établissement est toujours autofinancé a plus de 94 %.

92. AIFG, Mireille Musso, « Restructuration et relance de l'IFA, Centre culturel et de coopération de l'Ambassade France en Grèce », Athènes, 20 novembre 1996, p. 2.

93. AIFG, « Rapport de fin de mission de M. Emmanuel Mouriez, secrétaire général du Centre culturel et de coopération près de l'ambassade de France en Grèce du 28 août 2000 au 31 août 2003 », p. 2.

En 1999, après plusieurs décennies d'inaction qui, entre-temps, ont fait la fortune des instituts étrangers, exerçant de fait un véritable monopole sur le marché de certification des langues étrangères en Grèce, et alors que la recherche de ces titres est devenue une pratique courante au sein de larges couches de la population, le Parlement hellénique fait voter une loi (2740/1999) instituant deux diplômes helléniques de langue étrangère. Comprenant deux niveaux, ces certifications peuvent être acquises à la suite d'épreuves orales et écrites lors de sessions tenues annuellement. L'ambition souverainiste des autorités helléniques apparaît aussi dans le fait qu'une direction des certifications en langue étrangère (Διεύθυνση Πιστοποίησης της Γνώσης Ξένων Γλωσσών) est créée, pour la première fois, au sein du ministère grec de l'Éducation nationale[94]. De fait, une certification nationale de langue est finalement introduite par les autorités grecques en 2003, une première dans l'histoire du pays, attirant surtout des candidats de 12 à 15 ans. Malgré un taux de réussite plutôt bas, cette évolution ne manque pas de susciter l'inquiétude des responsables de l'institut[95]. Ceux-ci craignent, en effet, de perdre la clientèle grecque des examens et les importants revenus que génère son appétit pour les titres de certifications français décernés par l'entremise de l'institut. Ces craintes ne se révèlent pas pleinement justifiées, le diplôme hellénique n'étant pas une certification reconnue au niveau international. Ce qui est sûr, par contre, c'est que le monopole dans le domaine de la certification en langue française dont l'IFA a si largement bénéficié pendant presque un demi-siècle est bel et bien arrivé à sa fin en 2003.

Le recentrage vers les activités culturelles

Faire de l'IFA une Maison de la Culture franco-hellénique

Alors que, dans le domaine de l'enseignement du français, l'IFA connaît depuis le début des années 1980 des difficultés croissantes et une érosion continue des effectifs étudiants, l'essor qui s'est manifesté dans le domaine des activités culturelles depuis la deuxième moitié des années 1970 se poursuit et s'amplifie. En 1982, un nouveau directeur, Jean-Marie Drot, est placé à la tête de l'établissement. À l'époque, après plusieurs années de très forte hausse de ses effectifs, l'IFA atteint un pic de fréquentation avec près de 28 000 élèves inscrits dans ses cours et compte un personnel enseignant de près de 343 personnes. Drot se dit impressionné par l'ampleur qu'a prise l'œuvre pédagogique menée par l'institut athénien. « Il ne faut pas beaucoup de temps au Conseiller Culturel nouvellement nommé à Athènes pour comprendre que l'héritage transmis par ses prédécesseurs valeureux constitue une

94. Loi 2740/1999, « Κρατικό Πιστοποιητικό Γλωσσομάθειας και άλλες διατάξεις » [Certificat d'État de compétence linguistique et autres dispositions], *Εφημερίδα της κυβερνήσεως της Ελληνικής Δημοκρατίας* [Journal officiel du gouvernement de la République hellénique], n. A/186, 16 septembre 1999 ; IFA, Service de coopération éducative, « Les certifications de langue étrangère en Grèce », septembre 2000.

95. AIFG, « Note pour Monsieur l'Ambassadeur. Entretien avec Mme E. Calamara », 4/10/2003.

richesse inégalable et probablement unique dans le monde entier[96] », écrit-il dans un de ses rapports. Il semble, en effet, mais cela nécessiterait d'être corroboré par des études plus systématiques, qu'aucun autre Institut français dans le monde n'ait remporté un tel succès dans le domaine de l'enseignement. Toutefois cette comparaison implicite avec l'action menée par les Instituts français implantés dans d'autres pays amène Drot vers d'autres types observations : « Mais, si on y regarde de plus près, on s'aperçoit très vite, qu'au fil des années, emporté par ce succès pédagogique écrasant, l'Institut français d'Athènes a eu, peut-être, tendance à sous-estimer, quelque peu, son rôle d'animateur culturel[97]. »

Tout au long de son mandat, Drot s'efforce ainsi de procéder à un « meilleur équilibrage » entre l'œuvre pédagogique et l'action culturelle. Son ambition est de faire de l'IFA une « petite et chaleureuse "Maison de la Culture franco-hellénique", ouverte à tous[98] ». Il s'emploie ainsi à intensifier, démultiplier et diversifier les différentes activités culturelles de l'institution. Amorcé par Octave Merlier au lendemain de la Deuxième Guerre mondiale, le *tournant culturel* de l'IFA se trouve consolidé sous la direction de Drot, qui fait du développement des activités culturelles la priorité de son action. Ses successeurs suivent la même voie, cherchant davantage à organiser des événements culturels réussis et à attirer vers l'institut un nombre croissant de spectateurs et d'auditeurs qu'à recruter de nouveaux élèves.

Sous l'impulsion du nouveau directeur, de nombreuses expositions artistiques – et sans doute quelques-unes des plus importantes de son histoire – sont ainsi organisées à l'IFA au milieu des années 1980, consacrées, entre autres, aux peintres Théophilos, Matisse, Ghikas (1984) (**fig. 57**), Nikos Engonopoulos (1987) (**fig. 58**), Franck Kupka (1987) (**fig. 60**), Yannis Tsarouchis (1990) (**fig. 61**) et Gaïtis (1990) (**fig. 62**), au photographe et dessinateur Henri Cartier-Bresson (1985) (**fig. 59**), ainsi qu'au sculpteur Coulentianos, ou encore au phénomène du Philhellénisme. D'importants concerts ont aussi lieu, au cours desquels sont jouées les œuvres de grands compositeurs contemporains, tels Francis Poulenc et Iannis Xenakis. Drot essaie aussi d'introduire, avec succès, certaines innovations, afin de rendre plus attirantes les manifestations tenues à l'institut. Il instaure ainsi les « Rencontres du mardi », « entretiens dialogués » avec des personnalités grecques ou françaises, qui se tiennent régulièrement à l'auditorium et sont menés par le directeur en personne. Le choix des intervenants est révélateur des ambitions de ce dernier. Parmi les invités venus parler dans le cadre de ces rencontres, figurent le philosophe Kostas Axelos (6.4.1983), les cinéastes Costa-Gavras (1.11.1983) et Théo Angelopoulos (28.1.1986), les metteurs en scène Antoine Vitez (9.4.1984), Karolos Koun (12.04.1984) et Peter Brook (14.09.1985), le décorateur, scénographe et metteur en scène Yannis Kokkos (9.4.1984), les écrivains Marguerite Yourcenar (1.3.1983), Dimitri Analis (11.4.1983), Françoise Sagan (23.3.1985), Léopold Senghor (4.10.1985), Nathalie Sarraute (24.10.1985),

96. AIFG, Jean-Marie Drot, « Pour un meilleur équilibre entre le pédagogique et l'animation culturelle », s.d.

97. *Ibid.*

98. *Ibid.*

L'INSTITUT FRANÇAIS D'ATHÈNES

vous présente

N. HADJIKYRIACOS-GHIKAS

PRÉSENCE DU DIEU PAN
Η ΠΑΡΟΥΣΙΑ ΤΟΥ ΠΑΝΟΣ

24 JANVIER - 11 FÉVRIER 1984

INSTITUT FRANÇAIS D'ATHÈNES * 31, RUE SINA

L'INSTITUT FRANÇAIS D'ATHENES

présente

NIKOS ENGONOPOULOS

Peintre et Poète

Collections particulières

13-28 NOVEMBRE 1987

Heures d'ouverture :
du lundi au vendredi de 10 h. à 20 h. ; le samedi de 10 h. à 14 h.

INSTITUT FRANÇAIS D'ATHÈNES * 31, RUE SINA

L'INSTITUT FRANÇAIS D'ATHÈNES

présente

HENRI CARTIER-BRESSON

dessins et tempéras

8 OCTOBRE - 11 NOVEMBRE 1985

avec le concours du Ministère Français de la Culture

INSTITUT FRANÇAIS D'ATHÈNES ⋆ 31, RUE SINA

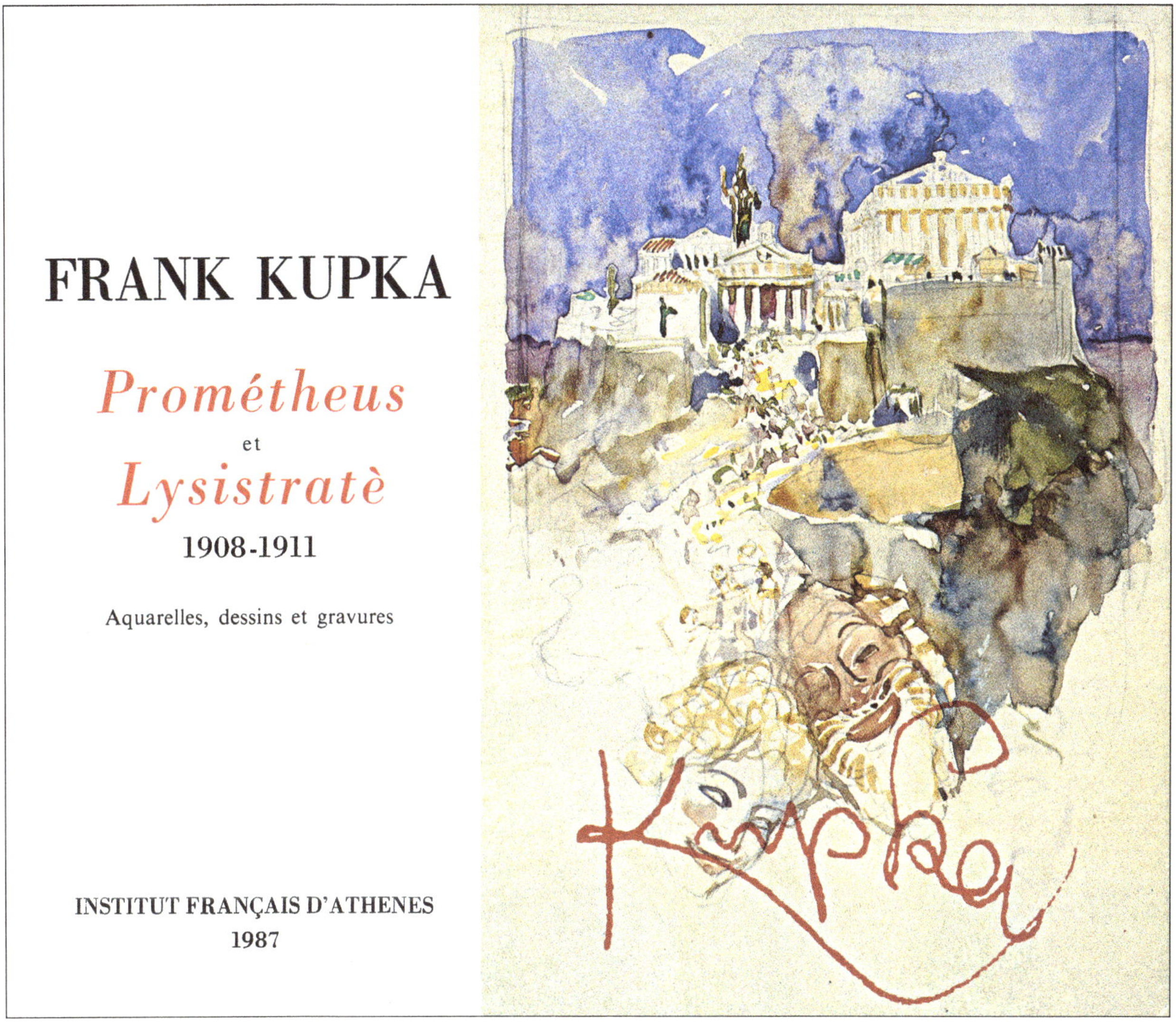

Illustrations des figures des pages précédentes et suivantes :

Fig. 57 — Couverture du catalogue de l'exposition N. Hajdikyriacos-Ghikas, 1984. © Collection particulière.
Fig. 58 — Affiche de l'exposition Nikos Engonopoulos, 1987. © Institut français de Grèce.
Fig. 59 — Affiche de l'exposition Henri Cartier-Bresson, 1985. © Institut français de Grèce.
Fig. 60 — Couverture du catalogue de l'exposition Franck Kupka, 1987. © Collection particulière.
Fig. 61 — Affiche de l'exposition Yannis Tsarouchis, 1990. © Institut français de Grèce.
Fig. 62 — Affiche de l'exposition Yannis Gaïtis, 1990. © Institut français de Grèce.

L'INSTITUT FRANÇAIS D'ATHENES,
LA FONDATION YANNIS TSAROUCHIS,
LA PINACOTHEQUE PIERIDIS

présentent

HOMMAGE
YANNIS TSAROUCHIS

DU 16 MAI AU 15 JUIN 1990

INSTITUT FRANÇAIS D'ATHENES - 31, RUE SINA

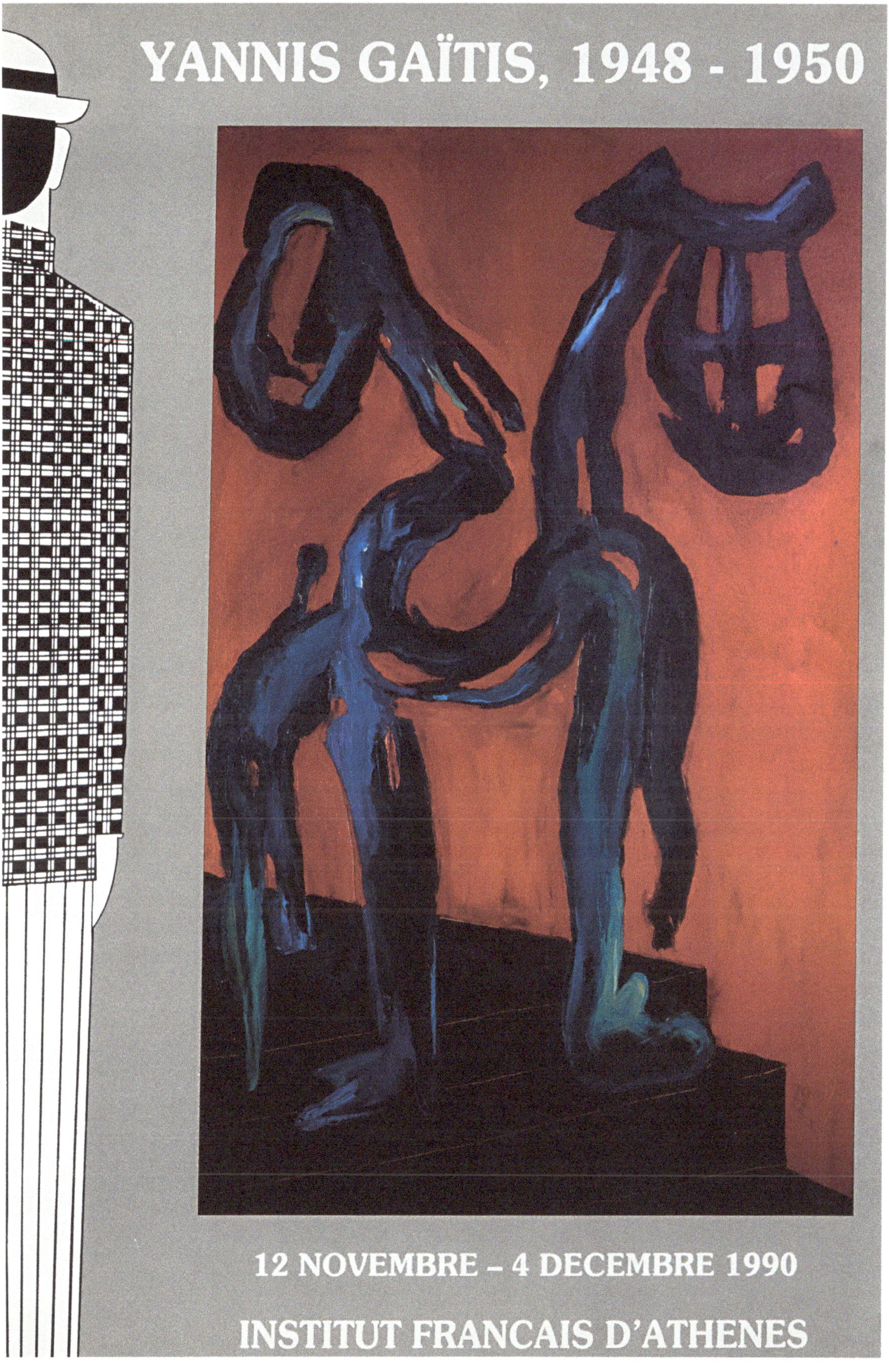
YANNIS GAÏTIS, 1948 - 1950
12 NOVEMBRE – 4 DECEMBRE 1990
INSTITUT FRANCAIS D'ATHENES

Vassilis Alexakis (28.11.1985), Michel Déon (15.05.1986), et Eugène Ionesco (27.3.1986) – accueilli pour la deuxième fois à l'IFA –, les peintres Eduardo Arroyo (31.10.1983), Mayo (Antoine Malliarakis) (11.11.1983) et Nikos Hatzikyriakos-Ghikas (24.1.1984), ainsi que le photographe Lucien Clergue (16.05.1983). Toutes ces rencontres sont enregistrées afin de constituer les Archives de l'Institut français d'Athènes[99]. Ces hommes et femmes des lettres et des arts, relevant de domaines de création très divers, sont pour la plupart d'origine grecque ou française et presque tous de langue et de culture françaises. Le choix des orateurs ne pouvait être plus judicieux. Sans doute est-il en partie influencé par les intérêts personnels du directeur, lui-même écrivain et metteur en scène. Mais ce sont bien des représentants de la fine fleur du monde artistique en France et en Grèce qui passent dans les années 1980 par l'établissement de la rue Sina, transformant celui-ci en un lieu de pèlerinage pour le public athénien. En quelques années, Drot réussit à placer l'IFA au cœur de la vie artistique et intellectuelle de la capitale grecque.

D'autres créateurs viennent aussi parler à l'institut, en dehors du cadre des « Rencontres du mardi », sous la forme plus traditionnelle de conférences. L'année 1984 en particulier est marquée par le passage de plusieurs orateurs de renom. En mars, l'écrivain Aris Fakinos vient présenter « Les écrivains grecs en France ». En avril, le réalisateur Robert Manthoulis donne deux conférences, l'une sur l'art cinématographique, l'autre sur Edith Piaf. En mai, c'est au tour de Jacques Lacarrière de s'exprimer deux soirées de suite devant le public de l'institut, sur les thèmes « Une histoire d'amour avec la Grèce » et « L'homme et l'œuvre ». Enfin, en décembre 1984, l'écrivain Jean-Pierre Chabrol clôture le cycle de doubles conférences de l'année avec deux causeries intitulées respectivement « Être ou avoir » et « Notre temps »[100].

Suivant un principe établi déjà au cours de la deuxième moitié des années 1970, le directeur Drot prend soin d'inviter des créateurs grecs aussi bien que français et de maintenir, autant que possible, un certain équilibre entre la présence des uns et des autres autour des manifestations culturelles organisées par l'institut, qu'il s'agisse d'expositions, de concerts ou de conférences. C'est là une politique délibérée, qui répond à une vision bien précise du rôle que doit jouer l'institution française en Grèce. Comme Drot le souligne à plusieurs reprises, celle-ci doit servir à créer un dialogue culturel franco-grec et faire de la rue Sina « un lieu d'interpénétration réelle[101] » des cultures nationales des deux pays[102].

99. AIFG, Dominique Chapy, ambassadeur, à la DGRCST, « Le programme d'activités culturelles de l'IFA (1983-1984). Bilan et perspectives ». Plusieurs de ces enregistrements sont disponibles sur le site de l'institut (ifg.gr) : « Les grandes voix de l'IFA ».

100. *Ibid.*

101. AIFG, Jean-Marie Drot, « Pour un meilleur équilibre entre le pédagogique et l'animation culturelle », s.d., p. 4.

102. *Ibid.*

Pour mieux atteindre cet objectif, le directeur s'adresse, en particulier, à de nombreux artistes et intellectuels grecs, installés de longue date en France, notamment à Paris. Il ne faut pas oublier, en effet, qu'au cours des premières décennies de l'après-guerre un important courant migratoire de créateurs et de penseurs grecs s'est dirigé vers la capitale française, à commencer par les passagers du *Mataora* et les exilés des années 1940[103]. Comme le remarque à juste titre le directeur Armengaud, les intenses relations culturelles franco-grecques de l'époque sont nourries, entre autres, par la présence de nombreux créateurs grecs à Paris et par la « circulation naturelle » des artistes entre les deux pays[104]. Or, qui peut mieux jouer ce rôle de *passeurs de culture* que ces artistes et intellectuels grecs résidant depuis plusieurs décennies en France et si profondément imprégnés par sa langue et sa culture ? C'est là que Drot trouve de précieux animateurs pour assurer un rapprochement culturel franco-hellénique sur les terrains de l'institut.

On a soutenu que le peinte grec Mayo, de son vrai nom Antoine Malliarakis, était pratiquement inconnu en Grèce, avant que l'institut ne le révèle en 1983 au public athénien par le biais de ses activités culturelles[105]. Or, il est fort probable que cela vaille également pour d'autres parmi ces artistes et intellectuels grecs qui participent aux manifestations organisées par l'IFA dans les années 1980 – ce qui pourrait être établi par des études plus détaillées. Si cette hypothèse se confirmait, on pourrait légitimement considérer que l'un des apports de l'institut a été, sinon de faire découvrir, du moins de faire mieux connaître en Grèce des représentants de ces élites intellectuelles et artistiques grecques de la diaspora, peu connus encore dans leur patrie, en raison de leur éloignement géographique.

Le fait que parmi ces Grecs de France se trouvent plusieurs anciens passagers du *Mataora* (Coulentianos, Candilis, Axelos, Castoriadis, Svoronos et d'autres) ne semble pas, d'ailleurs, relever du hasard. En honorant par leur présence l'institution française, ces derniers semblent s'acquitter d'une vieille dette envers celle-ci et envers son premier directeur, à l'origine du voyage du *Mataroa*, qui a marqué leur vie et façonné, par la suite, leur itinéraire intellectuel et artistique[106]. Ce qu'ils sont devenus, ils le doivent, entre autres, au rôle qu'a joué dans leur vie l'IFA. C'est dans le cadre d'un colloque sur l'*Europe de la culture et l'Europe des Citoyens* (9-10.5.1985) que l'historien Nicos Svoronos est accueilli, en mai 1985, à l'établissement de la rue Sina, où il parle des origines culturelles de l'Europe. Kostas Axelos devient pour sa part un habitué de l'institut. En l'espace d'une vingtaine d'années, il y donne au moins trois conférences : « Pourquoi penser ? » (6.4.1983), « Œdipe à Colone ou l'assomption de l'homme » (13.4.1989) et « L'énigme de la réponse » (22.4.2004). Cornelius Castoriadis se rend lui aussi à plusieurs reprises

103. Manitakis 2021, p. 17-34.

104. AIFG, J.P. Armengaud, « Les relations culturelles entre la France et la Grèce », Athènes, 14 juin 1985.

105. AIFG, Dominique Chapy, ambassadeur, à la DGRCST, 29 mai 1984, « Le programme des expositions de l'IfA 1983-1984. Bilan », p. 3.

106. Sur le voyage du *Mataroa*, voir Jollivet, Manitakis 2020.

à l'institut, notamment en février 1989, pour une série de conférences autour du thème « La fin de la philosophie ? ». Chacune de ses visites à la rue Sina provoque une véritable ruée d'auditeurs. Bien que considéré comme l'une des plus grandes salles de spectacle de la ville, avec une capacité d'accueil de 365 places assises, l'auditorium se révèle à chaque fois trop petit pour accueillir le public qui s'est déplacé. Les services de l'institut estiment que les conférences données en février 1989 par Castoriadis dans l'établissement sont suivies par 3 000 personnes – ce qui semble constituer un véritable record. Les deux conférences données par Axelos en avril de cette même année attirent, d'après cette même source, plus de 1 000 auditeurs chacune. Dans un document interne, il est reconnu que l'affluence lors de conférences de Castoriadis et d'Axelos est telle que, sous la pression du public, les normes de sécurité sont transgressées[107]. En s'associant et en offrant son hospitalité à ceux qui sont considérés comme les plus grands penseurs grecs du xxe siècle, à la réputation mondiale, l'IFA rehausse son prestige auprès de la société grecque. Si les années 1960 et 1970 ont été marquées surtout par une expansion des activités éducatives de l'institut, la décennie suivante voit donc une floraison sans précédent des activités culturelles. Engagé depuis les premières décennies de l'après-guerre, le tournant culturel de l'IFA se trouve ainsi confirmé.

Véhiculer une nouvelle image de la France

Dans la ligne tracée par le directeur Drot (1982-1985), ses successeurs continuent à développer et à privilégier l'action culturelle de l'institut, consacrant le tournant culturel de l'institution qu'il avait engagé. De l'intérêt accru porté aux activités culturelles témoigne, entre autres, le grand nombre de manifestations organisées chaque année. Au cours de l'année 1988-1989, de septembre à juin, plus de 250 « actions » intellectuelles et artistiques sont réalisées, un chiffre comparable à celui de l'année précédente. Ces activités culturelles présentent une grande variété. On y dénombre plus précisément (toujours pour l'année 1988-1989) : 13 représentations théâtrales, 2 spectacles de danse, 2 spectacles de prestidigitation, 29 concerts et récitals, 19 expositions, 16 colloques, tables rondes et rencontres, 22 conférences (contre 47 pour l'année 1987-1988), 108 films et 36 vidéos. Par cette diversité, l'institut cherche à atteindre des publics variés, à inclure le plus grand nombre possible de domaines artistiques (cinéma, théâtre, musique, danse, photographie, arts plastiques, etc.) dans son programme annuel et à maintenir un certain équilibre entre les activités à caractère artistique et celles à caractère intellectuel. On s'efforce aussi d'assurer une alternance, avec des jours fixes de la semaine pour tel ou tel type de manifestations, afin de créer des habitudes auprès du public et de le fidéliser (p.ex. lundi : cinéma ou conférence, mardi : spectacle ou récital, mercredi : cinéma, vendredi : cinéma,

107. AIFG, Ambassade de France, Service culturel, « Manifestations présentées à l'IFA (26.09.88-6.06.89) », Athènes, 10 juin 1989.

concert ou spectacle). Les services de l'institut estiment que la fréquentation moyenne par manifestation se situe à environ 300 personnes à la fin des années 1980[108]. Dans un de ses rapports, le directeur Trihoreau se déclare, d'ailleurs, très satisfait de l'action culturelle menée par l'établissement :

> Le bilan de l'année scolaire 1988-1989 fait apparaître une grande activité où le nombre et la qualité se le disputent et cela dans tous les genres. Le succès est divers mais parfois immense, surtout dans le cas où les Grecs sont associés aux Français. Et le dossier de presse montre que l'ensemble des journaux ainsi que la Radio et la Télévision suivent avec soin le programme et en font une bonne publicité[109].

Il est intéressant d'observer ici qu'au moment où, dans les années 1980, les premiers signes d'une désaffection du public scolaire de l'IFA commencent à se manifester, avec une érosion continue du nombre d'inscrits dans ses cours, celui-ci remporte un succès sans précédent sur un autre plan, comme l'atteste l'affluence du public lors de nombreuses manifestations très réussies, ayant, en plus, un important écho auprès de la presse locale.

Il est aussi important de noter ici qu'une plus grande importance est accordée au cours de cette période à des opérations de communication et de publicité portant sur les manifestations organisées, visant à mieux informer le public athénien sur le calendrier d'activités de l'établissement. Le personnel s'emploie ainsi à acheminer des invitations dans les plus brefs délais, à imprimer et à distribuer à temps le programme de manifestations et à informer régulièrement les médias sur les activités culturelles de l'IFA. C'est la première fois dans l'histoire de l'établissement que ce genre d'opérations publicitaires fait l'objet d'un tel soin. Bien communiquer sur ses activités va devenir, à partir des années 1980, l'une des priorités de l'établissement, pour des raisons évidentes.

Les travaux de rénovation de l'auditorium, entrepris à la fin des années 1980, sont une nouvelle preuve de l'intérêt porté à l'organisation de manifestations culturelles au sein de l'institution. Ces travaux comprennent notamment la modernisation du système de traduction, avec la mise en place de nouvelles cabines et de nouveaux postes individuels[110]. C'est très probablement à la suite de ces travaux que la capacité d'accueil de la salle est réduite à 365 places. Si les directeurs se montrent aussi intéressés par le service de la traduction simultanée, c'est aussi parce qu'ils le jugent essentiel « pour la pratique du

108. AIFG, Ambassade de France, Service culturel, « Manifestations présentées à l'IFA (26.09.88-6.06.89) », Athènes, 10 juin 1989.

109. AIFG, IFA, « Note de synthèse sur l'IFA. Conseil d'orientation du jeudi 22 juin 1989 », Athènes, 20 juin 1989.

110. AIFG, Ambassade de France, le conseiller culturel, « Note introductive pour le Comité d'Orientation des Instituts Français en Grèce », Athènes, 20 juin 1989, p. 6.

dialogue franco-hellénique[111] », à laquelle ils sont extrêmement attachés à cette époque. Le fait aussi qu'une quinzaine d'années seulement après sa mise en service, les directeurs de l'IFA décident de réinvestir dans l'équipement technique de l'auditorium (révision du réseau électrique, équipement sonore, projecteurs, équipement vidéo grand écran, etc.), est bien la preuve qu'ils le considèrent comme un outil précieux pour mener une ambitieuse politique culturelle. Comme le signale l'un d'eux dans son rapport, « [l]'activité de l'Institut est largement conditionnée par les équipements dont il dispose[112] ». De nouveaux travaux de rénovation de l'auditorium sont entrepris durant l'été 2001 par le directeur Daniel Haize. Le besoin de rénovation de la salle de spectacle provient aussi sans doute du fait que celle-ci a fait l'objet d'une sorte de surexploitation, accueillant presque quotidiennement des manifestations, depuis son inauguration. De plus en plus, la vie culturelle de l'IFA, pour un grand nombre de ses activités, gravite autour de son auditorium. Les difficultés techniques et financières auxquelles doivent faire face l'établissement et son personnel chaque fois qu'un spectacle est organisé à l'extérieur de l'institution ne peuvent que justifier cette préférence. Signalons, enfin, que l'auditorium rénové porte depuis 2012 le nom de « Theo Angelopoulos », en l'honneur du cinéaste grec, un habitué des nouveaux locaux[113].

Le développement de l'action culturelle de l'IFA, l'augmentation du nombre de manifestations organisées et l'accroissement du nombre d'intervenants venus de France pour animer ces dernières, alourdissent nécessairement la part du budget de l'institution consacrée à ce domaine. D'autant plus que, contrairement aux activités d'enseignement, les activités culturelles aggravent les dépenses, sans générer en contrepartie la moindre recette. Or, les responsables de l'établissement semblent éprouver des difficultés à s'adapter à cette réalité. Étant donné, par ailleurs, que les manifestations de l'IFA attirent un grand nombre de spectateurs, ils essaient, à la fin des années 1980, d'introduire le principe d'une « participation financière du public », considérant qu'il y a là un moyen de se procurer une source complémentaire de financement. Les places de la salle de spectacle sont ainsi numérotées et vendues « à des prix modiques[114] ». Mais le public de l'institut s'oppose dès le début à cette nouvelle pratique, qui rompt avec la tradition de l'établissement et abolit le sacro-saint principe de l'accès gratuit aux événements culturels, toujours en vigueur, d'ailleurs, dans les établissements concurrents. Une baisse notable de la fréquentation est observée, amenant la direction à abandonner cette innovation peu appréciée.

111. AIFG, Dominique Chapy, ambassadeur, à la DGRCST, 4 Avril 1984, p. 8 ; Ambassade de France en Grèce, « Note introductive pour le Comité d'Orientation des Instituts Français en Grèce », Athènes, 20 juin 1989.

112. AIFG, Ambassade de France, le conseiller culturel, « Note introductive pour le Comité d'Orientation des Instituts Français en Grèce », Athènes, 20 juin 1989, p. 6.

113. Voir https://www.ifg.gr/facilities/auditorium-theo-angelopoulos/ ; AIFG, Daniel Haize au ministère des Affaires étrangères, 9 mai 2002, « L'Institut Français d'Athènes. Chronique d'une reconversion avancée ».

114. AIFG, Ambassade de Grèce. Service culturel, « Manifestations culturelles présentées à l'IFA (26.9.88-6.6.89) », Athènes, 14 juin 1989.

Un important changement se produit aussi, à partir de la fin des années 1980, en ce qui concerne le choix des conférenciers. Tout au long de cette décennie, la plupart des invités de l'institut sont des artistes et des écrivains. En revanche, les représentants des milieux universitaires et scientifiques français ayant participé à l'une des manifestations de l'IFA sont beaucoup moins nombreux. Plus généralement, la « France des sciences », des sciences positives, comme des sciences sociales, est peu présente parmi les activités grand public organisées par le personnel de l'établissement. Les successeurs de Drot s'emploient à remédier à cette situation et à rééquilibrer le choix des personnes invitées à s'exprimer devant le public athénien. L'enjeu est de taille. Au fil des années et à mesure que ses manifestations se multiplient et sont de plus en plus suivies par le public athénien, les responsables de l'institution française se rendent compte que son action culturelle contribue fortement à façonner une certaine idée de la France auprès de la population locale. Or, le choix des invités pour les années 1980 véhicule surtout une image de la France comme pays des arts et des lettres. Aux yeux des directeurs qui succèdent à Drot, c'est une vision trop traditionnelle, et quelque peu dépassée, qui se trouve ainsi largement diffusée à travers les activités de l'établissement qu'ils dirigent. Ils jugent donc important de renouveler l'image de la France, de la représenter sous des aspects plus modernes et plus diversifiés, en associant désormais étroitement aux manifestations de l'institut des universitaires et des scientifiques français.

L'IFA continue, certes, comme dans le passé, à faire appel à des écrivains français ou francophones, certains d'origine grecque, pour participer à son programme annuel de conférences. C'est ainsi que sont passés par l'auditorium les écrivains Claude Simon (Prix Nobel de Littérature en 1985), Thanassis Valtinos, Amin Maalouf, Pierre Mertens, Jorge Semprún et Gisèle Prassinos, venus à Athènes, respectivement, en mai 1988, octobre 1989, janvier 1992, février 1993, février 1995 et février 1996. Signalons aussi parmi ces invités littéraires la présence de l'écrivain albanais Ismaïl Kadaré, invité en février 1998 – un cas particulier, vu ses origines et sa langue d'écriture. Cependant, l'accent est mis, au cours de cette même période, sur la venue de représentants éminents des sciences sociales et humaines, ainsi que des sciences positives. C'est au tour de sociologues, tels qu'Edgar Morin (7.12.1987), Luc Boltanski (29.3.1989) ou Pierre Bourdieu (15.10.1996), d'historiens, parmi lesquels Jean-Pierre Vernant (29.5.1990), Georges Duby (14.10.1991), Maurice Aymard (15.11.1991), Marc Ferro (7.12.1993) et Claude Mossé (29.5.1994), ou encore d'hellénistes comme Jacqueline de Romilly (28.5.1992), de rencontrer le public athénien. Leur visite en Grèce dans le cadre des manifestations organisées par l'institut n'est pas sans lien avec le rayonnement croissant exercé depuis 1974 par les milieux universitaires français dans ces domaines, comme l'atteste le nombre considérable de professeurs et de chercheurs grecs en histoire et en sociologie ayant été formés en France, le courant important d'étudiants grecs intéressés par ses disciplines qui se dirigent vers des établissements supérieurs français et le nombre croissant de livres d'histoire et de sociologie traduits du français et édités par des maisons d'éditions grecques. L'institut prend, ainsi, acte de ce fait et sert de relais, amplifiant l'influence française exercée sur ces milieux.

De manière plus générale, vers la fin des années 1980 et au cours de la décennie suivante, ce sont les « penseurs » qui prennent le pas sur les « créateurs » dans le programme annuel de conférences de l'IFA. Au-delà des représentants des sciences humaines déjà cités, d'autres figures éminentes du monde intellectuel (et aussi médiatique) français, difficiles à classer sous une étiquette scientifique, passent également par l'auditorium, pour exercer leurs talents d'orateurs. Citons, entre autres, Myriam Revault d'Allonnes (19.11.1987), Alain Finkielkraut (16.2.1988), Alain Duhamel (15.4.1991), Pascal Bruckner (4.5.1992) et Élisabeth Badinter (4.3.1994). Un tel défilé de chercheurs et de penseurs français, brillants et célèbres, dans l'établissement de la rue Sina ne laisse pas, en fin de compte, de surprendre. Certes, les autres instituts français dans le monde reçoivent eux aussi d'illustres visiteurs, sans qu'on puisse déterminer toutefois, faute d'études historiques portant sur ces établissements, si c'est avec la même fréquence. Mais on ne peut manquer ici de se demander si la longue tradition de « pérégrination » des intellectuels français en Grèce, en raison notamment de son histoire et de ce qu'elle symbolise, remontant au moins au temps d'Ernest Renan, n'a pas, en quelque sorte, favorisé l'IFA dans ce domaine par rapport à d'autres instituts français. Toujours est-il qu'il serait difficile de nier que le changement de cap observé au cours de cette période quant au choix des thématiques et des intervenants dans le programme annuel de conférences a contribué à une modernisation de l'image de la France auprès du public grec, ainsi qu'à une mise en valeur de son potentiel d'intellectuels et d'universitaires. D'autant plus que cette mise en valeur ne se limite pas aux seules sciences sociales et humaines. Elle concerne aussi bien, comme nous allons le voir par la suite, les sciences de la nature.

« La France des sciences » invitée à l'institut

Moderniser l'image de la France auprès du public grec, mettre en valeur cette « France des sciences », passe aussi par une meilleure exposition de l'œuvre accomplie dans le domaine des sciences dites positives. Fait marquant de la fin des années 1980 et des années 1990, un nombre considérable des conférenciers de l'IFA sont désormais des scientifiques. Parmi ces derniers, citons, à titre d'exemple, le biologiste et spécialiste d'hématologie et de cancérologie Jean Bernard (20.2.1987), l'astrophysicien franco-canadien Hubert Reeves (25.10.1988), le biologiste et professeur au Collège de France Philippe Kourilsky (12.10.1989), l'astronome et membre de l'académie des Sciences Jean-Claude Pecker (3.2.1992), le chimiste Jean-Marie Lehn (14.5.1992), le physicien et Prix Nobel de physique 1992 Georges Charpak (22.10.1993), son confrère Pierre-Gilles de Gennes (7.5.1996), Prix Nobel de physique 1991, le neurobiologiste Michel Jouvet (13.10.1993) ainsi que le biologiste et biochimiste François Gros (23.3.1993)[115]. Biologistes, physiciens, chimistes, astronomes et autres spécialistes des sciences de la nature se sont succédé sur l'estrade de l'auditorium tout au long de cette période. Le public de l'IFA a ainsi pu écouter des conférences portant sur des sujets très différents de ceux auxquels il était habitué jusque-là, comme les maladies génétiques, les gènes humains, les progrès de la biologie, etc. Aux lauréats du prix Nobel de littérature et du prix Goncourt ont succédé les lauréats des prix Nobel de physique et de médecine. Les conférences de l'IFA du milieu des années 1980 avaient été marquées surtout par la présence d'écrivains et d'artistes. Celles de la fin des années 1980 et des années 1990 le sont majoritairement par celle d'intellectuels, d'universitaires et de chercheurs.

Cycles thématiques et débats

Inviter des intervenants à s'adresser au public athénien dans les locaux de l'institut a été depuis les années 1930 l'une des manifestations culturelles largement favorisées par les directeurs de l'IFA. Jusqu'aux années 1980, ce mode d'intervention orale est demeuré très individualisé, sous la forme bien connue de la conférence. Le directeur Drot s'est employé à l'intégrer dans un cadre plus interactif, avec un animateur, souvent le directeur en personne, stimulant l'invité par des questions, ce qui a donné naissance aux fameuses « Rencontres », reprises également par un certain nombre de ses successeurs. Certes, la vieille pratique de l'intervention orale à caractère individuel est maintenue, non seulement dans les années 1990, mais aussi au cours de la première décennie du XXIe siècle. Parmi les invités de l'institut venus à cette époque donner une conférence ou participer à un entretien, figurent, entre autres, le philosophe Pascal Bruckner (8.5.2001), le journaliste Jean-Marie Colombani, à deux reprises (21.10.2002 et 28.02.2006), le sociologue Alain Badiou (29.1.2008) et l'historienne d'origine grecque Hélène Arhweiler, ancien recteur de l'académie de Paris, chancelier des universités de Paris (22.9.2008). Cependant, les organisateurs des manifestations culturelles de l'IFA montrent un penchant de plus en plus net pour un autre mode d'intervention orale, plus collectif et interactif, la table ronde, qui a l'avantage de mobiliser plusieurs intervenants à la fois. Il ne s'agit pas réellement d'une nouveauté, mais plutôt d'une pratique qui se généralise.

Une autre innovation est introduite de manière systématique vers la fin des années 1990 : le cycle thématique. Il ne s'agit plus de « monter », comme dans le passé, des événements culturels isolés, sans lien entre eux, mais plutôt d'organiser et d'associer plusieurs manifestations autour d'une ou plusieurs thématiques centrales, regroupant autant que possible les activités culturelles organisées au cours de l'année. Le traitement d'une thématique peut ainsi s'étendre sur plusieurs semaines, voire plusieurs mois,

115. AIFG, c. Conférences scientifiques, 1992-1996, « Service scientifique de l'Ambassade de France à Athènes, Conférences scientifiques 1992-1993 à l'IFA (rue Sina 31) il y aura traduction simultanée ».

couvrant une large partie de l'année. Le nouveau mode opératoire de l'institut dans ce domaine apparaît clairement dans le programme de manifestations pour l'année 1997. Cette année-là, c'est la philosophie qui est mise à l'honneur. Inauguré par une conférence de Michel Serres, en janvier 1997, le cycle philosophique est clôturé avec une conférence de Jacques Derrida, donnée à l'automne de cette même année. La venue en Grèce du grand philosophe français est organisée en collaboration avec l'École polytechnique d'Athènes et l'université Panteion. Le troisième invité d'honneur est Philippe Lacoue-Labarthe, appelé lui aussi à exposer sa pensée devant le public athénien. Aux interventions individuelles s'ajoutent des tables rondes et des journées d'études portant sur la philosophie, de manière à élargir le cercle des intervenants. Six autres philosophes français viennent ainsi débattre à Athènes : Barbara Cassin, Catherine Malabou, Eric Alliez, Philippe Büttgen, Michel Deguy et Philippe Reynaud. Les organisateurs ont manifestement cherché à établir un certain équilibre en invitant à la fois des personnalités jouissant d'une grande renommée, comme Derrida ou Serres, qui assurent une forte publicité aux manifestations organisées, et d'autres moins connues, au-delà d'un cercle d'initiés[116].

Le souci de faire connaître au public athénien de jeunes créateurs français, au lieu de se contenter de recycler continuellement les figures les plus célèbres, apparaît aussi dans le choix de l'autre thématique de 1997, consacrée au jeune roman français. Une table ronde est organisée à cet effet, à laquelle participent neuf jeunes écrivains « représentatifs des courants littéraires actuels » : Emmanuelle Bayamack-Tam, Lionel Duroy, Yannick Haenel, Christophe Honoré, Marie Le Drian, Virginie Lou, Jean-Yves Masson, Lydie Salvayre et Jean-Philippe Toussaint[117]. La pratique de la table ronde gagne de plus en plus du terrain. Au cours de cette année, près d'une vingtaine de Français au total viennent en Grèce pour participer à l'une des manifestations organisées à l'institut. On est loin du temps où le programme annuel de l'IFA ne comprenait, tout au plus, que deux à trois conférenciers venus de France, le reste des conférences étant assuré par des professeurs de l'institut. Il est clair que la direction ne lésine pas sur les moyens employés afin d'assurer le tournant culturel de l'établissement, initié dans les années 1980 et correspondant à une réorientation par rapport aux principales missions qu'il s'était assigné.

À l'aube du XXIe siècle, l'IFA considère toujours que l'une de ses principales missions consiste à animer des débats d'idées en Grèce. D'où le recours, comme dans le passé, à l'invitation d'intellectuels et d'universitaires français, venus rencontrer le public grec. En 2001, par exemple, des débats sont animés par le politologue Gilles Kepel, l'historien Stéphane Courtois et l'écrivain Dominique Fernandez – pour ne citer que quelques noms. La pratique des tables rondes se poursuit également. Ainsi, au cours de cette même année, plusieurs tables rondes sont organisées dans le cadre du cycle « Quatre débats

116. AIFG, IFA. « L'Institut français d'Athènes au 1er janvier 1998 : état des lieux », p. 10.

117. *Ibid.*

pour comprendre le monde », résultant d'un partenariat de l'institut avec des organismes de presse français et grec – d'un côté, le journal *Le Monde diplomatique*, de l'autre, le quotidien *Eleftherotypia*. C'est, à notre connaissance, la première fois que l'IFA accorde une aussi large place dans ses manifestations à la presse et aux journalistes. Jean-Marie Colombani, le directeur du journal *Le Monde*, participe d'ailleurs à diverses manifestations au cours des années suivantes. Il est intéressant de signaler également que l'établissement cherche à nouveau à agir en collaboration avec des partenaires grecs. L'IFA redevient ainsi un terrain de rencontres intellectuelles et culturelles franco-helléniques.

Nouvelles missions

Favoriser les études universitaires en France

L'action de l'IFA au cours de la deuxième moitié du XXe siècle ne se limite pas aux œuvres d'enseignement et à l'animation culturelle. L'institution s'engage dans d'autres types d'activités, comme l'aide accordée à la diffusion du livre et du film français ou le soutien apporté aux Grecs qui désirent entreprendre ou poursuivre des études en France.

Depuis l'envoi d'étudiants grecs en France sur le *Mataroa* en décembre 1945, l'IFA a toujours assisté les Grecs dans leurs projets d'études en France, par tous les moyens possibles. Dans les années 1990, l'institut essaie de mieux organiser son action dans ce domaine. Ce qui a sans doute mené à cette évolution, c'est le fait que les migrations d'études des jeunes Grecs ont pris une grande ampleur depuis les années 1980. On estime qu'au cours des années 1990, environ 60 000 jeunes se rendent chaque année à l'étranger, principalement dans des pays européens, pour entamer ou poursuivre des études universitaires. Or, les établissements supérieurs français n'accueillent qu'une part fort réduite de ce mouvement : on ne dénombre que 2 700 étudiants grecs parmi leurs inscrits, contre 30 000 pour le Royaume-Uni.

Un service des études en France est ainsi mis en place dans les années 1990 au sein de l'établissement central de la rue Sina, doté de trois agents, avec pour mission d'informer et d'orienter les Grecs désireux de suivre des cours dans un établissement supérieur français. Plus précisément, son personnel répond à de nombreuses demandes de renseignements, portant sur des sujets aussi divers que le contenu des cursus, les procédures d'inscription ou la reconnaissance des diplômes par les autorités helléniques, renseignements fournis généralement par contact direct, mais aussi par téléphone, par courrier ou par courrier électronique. Les agents de ce service dispensent également des conseils personnalisés et mettent à la disposition des personnes intéressées une documentation papier ou électronique. On estime que, vers la fin des années 1990, le service est consulté par environ 1 000 usagers par an, certains revenant à plusieurs reprises, et reçoit environ 200 appels téléphoniques. Une autre action développée par ce service est l'organisation de réunions d'information sur les études en France en dehors de l'enceinte de l'établissement, dans des institutions universitaires (université d'Athènes, université du Pirée), ainsi que dans des écoles secondaires, notamment dans des écoles privées accordant une large place à l'enseignement du français, comme l'école dite des Ursulines[118]. La mise en place de cette nouvelle agence au sein de l'institut montre non seulement sa capacité à évoluer avec le temps et à offrir des nouveaux services, mais aussi son ambition de jouer un rôle stratégique dans le cadre des relations franco-helléniques.

Assurer la diffusion du livre et de l'écrit

Le succès remporté par les manifestations organisées depuis les années 1980 par l'IFA, l'audience qu'elles rencontrent auprès du public et l'intérêt qu'elles suscitent auprès des médias grecs, grâce à l'action efficace du service des relations publiques de l'établissement, amènent les responsables de l'institution à considérer qu'elles constituent un moyen privilégié pour promouvoir le livre français. Déjà, au temps de Merlier, l'institut s'était mis au service de la politique de promotion du livre français, en apportant son concours à la tenue d'Expositions du Livre Français (1950, 1960), manifestations organisées régulièrement avec le soutien de l'ambassade et souvent avec la collaboration d'éditeurs français ainsi que des libraires athéniens spécialisés dans la vente du livre français, comme la librairie Kauffmann[119].

Au cours des dernières années du XXe siècle, la collaboration de l'institut avec des maisons d'édition et des librairies se poursuit. Elle s'étend même à des éditeurs grecs, afin de soutenir également la publication d'œuvres françaises traduites en langue grecque. Le mode opératoire a quelque peu changé. Il s'agit désormais d'associer des éditeurs et des libraires aux conférences et aux tables rondes organisées par l'établissement, afin de proposer au public un choix d'ouvrages en lien avec celles-ci. Les rencontres tenues à l'institut en 1997 dans le cadre du cycle de philosophie sont ainsi accompagnées d'expositions d'ouvrages philosophiques en langue française, organisées avec le concours de l'organisation France Édition et de la librairie française d'Athènes Kauffmann. De même, deux maisons d'édition grecques, Hestia et Kastaniotis, sont associées à l'organisation de la table ronde sur le jeune roman français. Par ailleurs, l'invitation d'écrivains et d'intellectuels français de renom à l'institut s'inscrit souvent dans le cadre d'une politique de promotion des livres, en général à l'occasion du lancement en Grèce de l'un de leurs ouvrages. Sont ainsi invités, entre autres, pendant la période 1998-2002 : Jean-Pierre Vernant, Edgar Morin, Barbara Cassin, Tzvetan Todorov, Gilles Kepel, Pierre Bourdieu, Jacques Derrida, Sylviane Agacinski et Stéphane Courtois[120]. De même, l'historienne Claude Mossé est accueillie en 2006 dans

118. AIFG, M. Guillet, H. Paraskeva, A. Barth, « Compte rendu sur les études en France », 7 avril 1998.

119. ADN, 754/1, c. 27, IFA, « Rapport 1950-1951 », p. 68-70 ; *ibid.*, c. 7, « Note à l'attention de M. Guery au sujet de l'Exposition du Livre Français », 15 juin 1960.

120. AIFG, IFA, « L'Institut français d'Athènes au 1er janvier 1998 : état des lieux », p. 10.

le cadre de la présentation au public grec d'un de ses livres sur la démocratie athénienne, qui vient d'être traduit[121].

Création du Centre de traduction littéraire

L'accord bilatéral de 1938 prévoyait que chacun des deux gouvernements favoriserait « la traduction des chefs-d'œuvre littéraires et scientifiques et la diffusion des ouvrages écrits dans la langue de l'autre pays » (article 6)[122]. La Collection de l'Institut français, sous la direction de Merlier, avait ébauché un début d'exécution de ce programme, en publiant des traductions de classiques français en grec mais aussi de poésie grecque en français (Solomos, Séféris, Sikélianos), sans parler de la publication d'inédits grecs dans leur langue originale (théâtre de Sikélianos). Mais cet objectif avait par la suite été perdu de vue, l'IFA se contentant de soutenir par des moyens classiques la promotion du livre français en Grèce. La création du Centre de traduction littéraire, un an après la parution du dernier *Bulletin analytique de Bibliographie hellénique*, réactive l'esprit de l'accord initial tout en donnant un nouvel élan aux éditions de l'institut.

Le Centre de traduction littéraire (CTL) de l'Institut français d'Athènes, dépendant du Bureau du livre, est créé en novembre 1986, sous la direction de Jean-Pierre Armengaud, à la suite du succès des journées franco-grecques du livre organisées à l'été 1986 par l'ATLF (Association des traducteurs littéraires de France) à Arles. L'intérêt soulevé par ces rencontres a fait apparaître la nécessité de former de jeunes traducteurs spécialisés dans le domaine littéraire. Fait remarquable, et qui mérite d'être souligné, le centre est tout de suite pensé comme une structure double. Il ne s'agit en effet pas seulement de former de nouveaux traducteurs du français vers le grec, afin d'améliorer encore la diffusion de la production littéraire française en Grèce, ce qui relève des missions normales du Bureau du livre, mais aussi, ce qui est plus original, de créer une pépinière de jeunes traducteurs du grec vers le français, afin de relancer le courant de traductions d'œuvres littéraires grecques, qui s'est affaibli dans les années 1980, moins d'ailleurs par l'absence de traducteurs que par le manque de curiosité des éditeurs français. Parallèlement à la section grecque, la plus importante en nombre, une section française est donc aussi créée, quoiqu'avec des effectifs bien moindres, étant donné l'étroitesse du vivier de recrutement, limité à la communauté francophone vivant à Athènes.

La formation dure deux ans, avec en moyenne six heures de cours en première année et quatre heures de séminaire en seconde année, au bout desquels un diplôme de traduction littéraire est délivré, après évaluation par un jury d'une traduction originale réalisée par l'étudiant. En 1988, la première promotion compte 5 diplômés pour l'atelier français et 10

121. Mossé 2006.

122. « Accord relatif aux rapports intellectuels et artistiques signé à Paris le 19 décembre 1938 entre la France et la Grèce », *Journal officiel de la République française*, 27 mai 1939, n. 125, p. 6707.

pour l'atelier grec ; par la suite les chiffres sont respectivement de 1 et 10 en 1989, 6 et 14 en 1990, 2 et 10 en 1991, 4 et 12 en 1992, 0 et 8 en 1993, 5 et 11 en 1994, et enfin 7 et 12 en 1995, dernière année à voir sortir une promotion « française ». De 1996 à 1999, l'atelier français continue à travailler avec des effectifs et des horaires réduits, mais aucun diplôme n'est accordé. En dix ans, donc, de 1986 à 1996, la section française du CTL a formé en tout 30 traducteurs, contre 85 pour la section grecque. À partir de l'année scolaire 2000-2001, seul l'atelier grec fonctionne officiellement, décernant une dizaine de diplômes par an, en moyenne, et continue aujourd'hui encore à former des promotions de traducteurs (14 en 2000, dernier chiffre trouvé dans les archives). L'atelier français a d'ailleurs très rapidement révélé sa fragilité. Dès la deuxième année, le nombre des candidats diminue, faisant craindre le tarissement rapide du vivier de recrutement, et la question se pose de sa pérennité. En février 1988, Marcel Durand, le professeur responsable de cet atelier, propose un réaménagement de son fonctionnement, permettant aux anciens étudiants diplômés de continuer à suivre des séminaires et à participer aux activités du centre[123]. C'est ce qui se passe de manière informelle, une petite communauté de traducteurs se constituant progressivement et continuant à graviter quelque temps autour du CTL, mais cela n'empêche malheureusement pas la fermeture de l'atelier français.

Le centre établit rapidement des relations avec les autres centres européens de traduction littéraire, en particulier le Collège de la traduction d'Arles et celui de Straelen, afin de former un véritable réseau européen des centres de traduction littéraire. En novembre 1987, le CTL est ainsi représenté aux Assises de la traduction à Arles, et des boursiers sont envoyés à Arles à l'été 1988. Il semblerait toutefois que ces initiatives n'aient pas eu beaucoup de suite. La réussite du CTL se situe davantage dans la formation des traducteurs et dans l'aide à l'édition.

Le CTL ne se contente pas de former des jeunes traducteurs, mais se soucie également de la question cruciale des débouchés éditoriaux. Il s'est ainsi assuré, lors de sa création, l'appui d'un certain nombre d'éditeurs, qui se sont engagés à passer commande de nouvelles traductions. Dès la première année, les éditions Néféli signent un contrat pour *Bleu panique*, de Catherine Clément, les éditions Exandas pour *Le Livre des Nuits*, de Sylvie Germain, tandis que *Bourlinguer*, de Blaise Cendrars, doit paraître aux éditions Roès. Des partenariats privilégiés sont également mis en place. Les éditions Hestia s'associent ainsi avec l'IFA, en 1991, pour coéditer des ouvrages de traductologie en langue grecque, tels que les essais de Georges Mounin, Jean-René Ladmiral, Antoine Berman ou Henri Meschonnic, « afin d'offrir au public grec une collection de référence dans le domaine de la traduction, encore inexistante en Grèce[124] ». Il est à noter toutefois que l'IFA fait appel pour cette série d'œuvres à des traducteurs confirmés et non aux jeunes diplômés du CTL.

123. AIFG, Dossier CTL.

124. AIFG, dossier CTL, « Contrat de coédition entre l'Institut français d'Athènes et les éditions Hestia », 7 octobre 1991.

La section grecque du CTL forme année après année de nombreux traducteurs dont beaucoup travaillent ensuite pour des éditeurs grecs. Dans certains cas l'IFA apporte une aide à la traduction, afin de favoriser l'édition de tel ou tel classique inédit en grec. L'éditeur privé commande alors la traduction à un étudiant du CTL et l'IFA s'engage en retour à verser à l'éditeur en question une somme correspondant à 30 % du montant total de la traduction. C'est le cas par exemple pour la traduction du *Dictionnaire philosophique* de Voltaire, en 1994, aux éditions Delfini, et du roman de Colette, *La Naissance du jour*, en 1997, chez Kastaniotis. Mais le CTL permet aussi de relancer l'activité éditoriale de l'institut, en éditant directement certaines traductions. À partir des années 1990, la section grecque propose une spécialisation dans le domaine de la traduction théâtrale, sous la direction du dramaturge et traducteur de théâtre Andreas Staïkos. Certaines des traductions réalisées par les étudiants pour leur diplôme sont ensuite publiées par l'Institut français dans la collection « Théâtre », créée à cette occasion. Les œuvres dramatiques françaises étant jusque-là très peu publiées en Grèce, à la différence de ce qui se passe pour le roman, par exemple, l'IFA n'entre pas en concurrence avec des éditeurs privés, et permet au contraire de mettre à la disposition du public grec des textes jusque-là difficilement accessibles. Entre 1992 et 1999, 25 titres paraissent, parmi lesquels on trouve aussi bien du théâtre classique, avec des pièces de Racine, Molière, Marivaux, Musset ou Dumas, que des œuvres de dramaturges de la fin du XIXe et du XXe siècle, de Maeterlinck et Claudel à Bernard-Marie Koltès (voir Annexe VII).

Les éditions de l'IFA entreprennent également, à l'initiative du CTL, de publier la traduction de *À la recherche du temps perdu*, de Marcel Proust, en grec. Cette traduction, commencée par Pavlos Zannas alors qu'il était prisonnier politique, pendant la dictature, avait ensuite été poursuivie par lui après sa libération, mais était restée inachevée. Les premiers volumes de *À la Recherche du temps perdu* (*Αναζητώντας τον χαμένο χρόνο*) de Marcel Proust, traduits par Pavlos Zannas et révisés par Takis Poulos, sont d'abord édités à l'IFA, dans la collection « Κλασσικοί συγγραφείς » [Auteurs classiques] du CTL, avant d'être repris par les éditions Hestia, qui publient ultérieurement les volumes suivants, traduits par le seul Takis Poulos.

En France, à la fin des années 1980, la situation éditoriale est bien différente. La littérature grecque, après avoir suscité un certain intérêt pendant la période de la dictature[125], est de nouveau très négligée par les éditeurs français et les traducteurs ont le plus grand mal à faire publier leurs traductions. En 1990, toutefois, la Grèce a été l'invitée, avec l'Australie et la Pologne, des « Belles Étrangères », le festival littéraire organisé chaque année, de 1987 à 2010, par le Centre national du livre sous l'égide du ministère de la Culture. Douze écrivains ont fait le voyage et participé aux différentes manifestations, attirant ainsi l'attention des éditeurs sur la littérature hellénique. Ce n'est donc sans doute pas un hasard

125. Arnoux-Farnoux 2021, p. 277-298.

si l'année suivante, l'IFA, alors dirigé par Michel Guérin, signe une convention générale de coédition avec la maison Actes Sud, assurant un débouché éditorial providentiel aux traductions de littérature grecque en français. Cet accord entre l'établissement public français et un éditeur privé détermine un véritable âge d'or de la traduction littéraire du grec en français durant les années 1991-1999. De très nombreux textes sont alors publiés, non seulement de romanciers contemporains très lus en Grèce comme Maro Douka, Rhéa Galanaki, Thanassis Valtinos ou Takis Theodoropoulos, mais aussi de poètes surréalistes tels qu'Andreas Embirikos et Nikos Engonopoulos, et enfin de prosateurs « classiques » comme Emmanuel Roïdis ou Georges Vizyinos (voir Annexe VII).

Le CTL publie également aux éditions de l'IFA, dans la Collection de l'Institut français d'Athènes, des outils précieux pour l'histoire de la traduction de la littérature grecque en français et de la littérature française en grec. Sous la direction de Petros Papadopoulos, qui dirige la section grecque, sont en effet édités deux inventaires très complets : *La Grèce et les livres. Guide des livres d'auteurs grecs en français et des livres sur la Grèce* (1990), qui fait l'objet d'une 2e édition, refondue et enrichie, sous le titre : *La Grèce en français. Guide des livres de la littérature grecque traduits en français et des livres sur la Grèce du XVe siècle à nos jours* (1993) ; et *Από τα Γαλλικά στα Ελληνικά. Οδηγός μεταφράσεων 1945-1995* [Du français vers le grec. Guide des traductions 1945-1995] (1995). Par ailleurs, le centre édite un *Bulletin* proposant à la fois des articles de fond sur la question de la traduction du grec en français et du français en grec, des dossiers spéciaux et des informations sur l'actualité littéraire.

Le Centre de traduction littéraire a sans aucun doute été l'une des très belles innovations de l'IFA durant la période considérée. Dans sa forme première, en particulier, avec les deux ateliers, il a été une manifestation parfaite de ce dialogue des cultures grecque et française que l'institut a cherché à établir, avec des succès divers, tout au long de son histoire. Il a de plus le mérite d'avoir conduit à la production de résultats très concrets, ces multiples traductions d'œuvres littéraires grecques et françaises qui n'auraient jamais vu le jour sans son aide et qui demeurent, marquant une étape importante dans l'histoire des relations littéraires franco-helléniques.

Promouvoir la production cinématographique française

À partir des années 1960, l'IFA se met à organiser systématiquement des projections de films français. Un petit local de la rue Sina est ainsi transformé en cinémathèque, avec des séances tenues tous les vendredis. Au cours de l'année 1960-1961, parmi les films présentés, accompagnés de débats, au public athénien, en étroite collaboration avec la Fédération du Ciné-club de Grèce, figurent, entre autres, des œuvres de Jean Cocteau (*La Belle et la Bête*), de Robert Bresson (*Les Dames du Bois de Boulogne*) et de René Clément (*Les Maudits*)[126].

126. ADN, 753PO/1, c. 27, IFA, « Rapport 1962-1963 », p. 41.

Les données disponibles laissent penser que cette activité cinématographique s'est poursuivie sans interruption au cours des années suivantes et avec un certain succès. Pour ne se limiter qu'à un seul exemple, entre octobre 1965 et mars 1966, 4 longs métrages ont été projetés, avec des films d'Alain Resnais, Agnès Varda, Jacques Becker et Jacques Rosier, présentés au cours de plusieurs séances afin de satisfaire un public nombreux, plus de 2 500 spectateurs au total[127]. En décembre 1963, une exposition est consacrée à la carrière et à l'œuvre du metteur en scène Georges Méliès, l'un des pionniers du cinéma français[128]. À l'instar de plusieurs autres domaines artistiques, le 7e art trouve ainsi, lui aussi, sa place parmi les activités culturelles développées par l'institut. Celui-ci se voit par conséquent chargé d'une nouvelle mission : contribuer à la diffusion en Grèce des œuvres cinématographiques françaises.

Au cours des années 1970 et 1980, l'IFA se trouve progressivement conforté dans son rôle de promoteur du cinéma français. Le nombre des séances se multiplie, de même que celui des spectateurs qui y assistent. L'une des raisons de ce succès tient au fait que l'institut est désormais mieux équipé pour assurer des projections cinématographiques, avec la construction en 1976 de l'auditorium, à la place du petit local affecté à la cinémathèque des années 1960[129]. Au cours de l'année 1979-1980, par exemple, 86 séances sont organisées dans la nouvelle salle, montrant pour l'essentiel des longs métrages. D'après une note de synthèse rédigée par le personnel de l'ambassade, ces séances ont été suivies par 35 000 spectateurs[130]. Ce chiffre peut paraître élevé, mais il a peut-être son explication dans les circonstances qui prévalent à l'époque dans les salles de projection privées, comme il ressort d'un autre rapport : « En ce qui concerne le cinéma, enfin, il importe de souligner que, par l'effet d'une certaine défaillance des salles privées, l'Auditorium de l'Institut français d'Athènes est devenu le lieu privilégié du film français et constitue, de ce fait, un pôle d'attraction puissant[131] ».

Sous l'impulsion du directeur Drot, l'activité cinématographique de l'institut est particulièrement riche au milieu des années 1980, avec l'organisation de rétrospectives ainsi que de cycles consacrés à des auteurs (Robert Bresson, Eric Rohmer, Bertrand Tavernier, Costa-Gavras, Michel Mitrani, René Clément, Maurice Failevic) ou à des thématiques (Zola au cinéma, Festival du film d'art (**fig. 64**), Festival du film d'animation, Cinéma du Réel, Cinéma de l'Imaginaire). Le programme des projections cinématographiques se densifie, avec des séances organisées au moins quatre à cinq fois par semaine. Fidèle à son dessein de faire de l'IFA un lieu de rencontres franco-helléniques, le directeur accorde aussi

127. ADN, 753PO/1, c. 30, IFA, « Rapport d'activités pour l'année 1965-1966 », p. 16.

128. ADN, 753PO/1, c. 30, IFA, « Rapport d'activités pour l'année 1963-1964 », p. 39.

129. AIFG, Christian de Margerie à la DGRCST, « Action culturelle en Grèce : année 1973 », 15 mars 1974, p. 10.

130. AIFG, « Rapport d'activités pour l'année 1979 », 7 mai 1980, p. 6.

131. AIFG, « Rapport d'activités pour 1980. Note de synthèse », 29 avril 1981, p. 12.

Fig. 63 — Affiche du 12e Festival du film francophone, 2011. © Institut français de Grèce.

Fig. 64 — Affiche du premier Festival du film d'art d'Athènes, 1983. © Institut français de Grèce.

une large place au cinéma grec, en organisant la projection de films d'auteurs tels que Nikos Koundouros, Alexis Damianos et Robert Manthoulis. Grâce à la modernisation de son équipement et surtout à la politique délibérée de ses directeurs, l'IFA se transforme ainsi de plus en plus en un pôle d'attraction pour les cinéphiles de la capitale[132].

Dans les années 1990 et 2000, l'IFA s'engage davantage dans la promotion de la production cinématographique française en Grèce, multipliant à cet effet les initiatives et les partenariats. Diverses manifestations sont ainsi programmées dans les années 1990 : projection de films récents, parfois en avant-première, organisation de cycles spécifiques – Panorama du cinéma européen, Cinéma et Réalité (Festival de documentaires), Festival du Film d'Art –, projections spéciales, etc. Mais un pas décisif est franchi au début des années 2000 avec la création du Festival du film français d'Athènes, devenu après 2005 Festival du film francophone de Grèce, avec une première partie à Athènes et une seconde à Thessalonique. Le premier Festival du film français a lieu du 14 au 24 septembre 2000 ; 14 films français produits en 1999-2000 et inédits en Grèce sont projetés, sous-titrés en grec, auxquels s'ajoutent 7 films en hommage à Juliette Binoche. La délégation artistique comprend plusieurs acteurs, dont Nathalie Baye et Ariane Ascaride, ainsi que les réalisateurs Frédéric Fonteyne et Otar Iosseliani. La 2e édition se tient au printemps (23 mars-5 avril 2001), afin de faire coïncider la manifestation avec le mois de la Francophonie. En plus des 11 films récents et inédits en Grèce sélectionnés, un hommage à Rohmer propose l'intégrale des 22 longs métrages du cinéaste. 38 projections en collaboration avec 4 distributeurs grecs réunissent 9 000 spectateurs, soit plus du double de la première année. Une délégation artistique impressionnante fait le voyage depuis la France, au sein de laquelle figurent le producteur Daniel Toscan du Plantier, la réalisatrice Jeanne Labrune et les acteurs Jean-Pierre Daroussin, Anna Mouglalis, Marie Rivière et d'autres. La 3e édition (29 mars-11 avril 2002) voit la projection de 13 films inédits, dont *Huit femmes* de François Ozon, grand succès de l'année, ainsi que 17 films en hommage à la carrière d'Isabelle Huppert. Emmanuelle Béart et François Ozon font partie des invités, et la presse grecque assure une très large couverture de la manifestation, qui a attiré cette fois 15 000 spectateurs. Soutenu par Unifrance, l'organisme chargé de la promotion du cinéma français dans le monde, le festival continue à prendre de l'ampleur dans les années qui suivent, réunissant en moyenne 18 000 spectateurs pour une cinquantaine de films sélectionnés, toutes catégories confondues (**fig. 63**). C'est certainement aujourd'hui la manifestation la plus populaire de l'IFG.

132. AIFG, Dominique Chapy, ambassadeur, à la DGRCST, « Le programme d'activités culturelles de l'IFA (1983-1984). Bilan et perspectives », p. 5 ; « Principales manifestations du programme 1982-1983 » ; « Principales manifestations du programme 1983-1984 ».

Attirer des lecteurs : de la Bibliothèque de l'IFA à la Médiathèque Octave Merlier

À la fin des années 1950, la bibliothèque de l'institut dispose d'environ 30 000 volumes, est abonnée à 165 revues, reçoit entre 150 et 200 lecteurs par jour et assure un service de prêt à l'extérieur. Dans l'ensemble, son lectorat se compose de professeurs et d'élèves de l'établissement, ainsi que d'un nombre réduit d'initiés (**fig. 65**)[133]. En dépit de son administration ambitieuse, tout au long de son mandat, et malgré la richesse des fonds en livres et en revues, Merlier n'est pas parvenu à attirer en grand nombre des lecteurs extérieurs à l'établissement, afin d'accroître le rayonnement de l'institut au sein de la société hellénique par un autre moyen que celui des cours, des conférences et des expositions. Reprenant à leur compte le projet de Merlier, ses successeurs se sont employés à le réaliser, c'est-à-dire à transformer une simple salle de lecture en une véritable bibliothèque, moderne, bien équipée, spacieuse, constamment enrichie, dotée d'un personnel spécialisé et susceptible de séduire des utilisateurs externes. En faire, en quelques mots, un véritable foyer de la culture française, ouvert à la ville d'Athènes et fréquenté par ses habitants.

Fig. 65 — Salle de lecture de la bibliothèque de l'Institut français d'Athènes, années 1960. © Institut français de Grèce.

133. ADN, 754PO/1, c. 12, « Questionnaire [Bibliothèque IFA] », 2 janvier 1958.

Dans le cadre de la nouvelle orientation suivie depuis les années 1980, qui valorise surtout les services culturels de l'établissement, la bibliothèque de l'institut est appelée à jouer un rôle encore plus important que dans le passé. L'effort consenti pour moderniser son fonctionnement, diversifier ses services et enrichir ses collections n'a, en effet, nullement faibli tout au long de cette période. Avec 70 000 volumes à la fin des années 1990, son fonds de livres a plus que doublé depuis l'ère Merlier, témoignant d'une politique constante d'acquisitions. À cela s'ajoute l'abonnement à 163 revues et à 4 quotidiens. Preuve des efforts continus accomplis pour assurer sa modernisation, la bibliothèque dispose également de nombreux supports multimédias, dont 1 700 vidéocassettes et 1 800 cd[134]. Au milieu des années 1990, elle compte 4 000 lecteurs inscrits, chiffre qui régresse toutefois à 3 000 au cours de la décennie suivante. La fréquentation quotidienne moyenne est alors de 140 emprunteurs et de 300 lecteurs sur place[135].

Mais avec une salle de lecture d'une capacité d'à peine 28 places assises, il devient parfois difficile d'accueillir convenablement ces derniers. Comme le note Françoise Pellegrin dans un état des lieux datant de 1995 : « Les pauvres lecteurs s'installent où ils peuvent, un coin de fichier, un bout de rayonnage[136] ». Le manque d'espace a aussi pour résultat de réduire considérablement la part des riches collections de la bibliothèque directement accessible aux visiteurs – 10 000 livres et usuels seulement sont en libre accès. Le service du prêt, en revanche, semble plutôt bien fonctionner. En 1994, 40 000 supports en tout genre ont été empruntés (25 000 en 1992), dont 24 000 livres, le reste étant des revues, des cd et des vidéos. C'est au moyen du prêt à domicile que la bibliothèque a sans doute réussi à trouver son public, dont le nombre est resté stable, cependant, sinon en légère régression. Preuve des soins apportés pour améliorer son fonctionnement, la bibliothèque de l'IFA est mieux dotée qu'auparavant en personnel, tant du point de vue du nombre des agents que de leur spécialisation. Des travaux de rénovation sont entrepris en 1999[137].

Même après la réduction des effectifs survenue au début des années 2000, le service de la bibliothèque dispose d'un personnel spécialisé, composé de sept bibliothécaires qui conseillent efficacement les usagers. Les directeurs successifs se sont aussi employés à assurer un horaire d'ouverture élargi : l'espace de consultation est accessible du matin au soir, y compris la matinée du samedi, pour une durée hebdomadaire totale de 41 heures – ce qui en fait une des bibliothèques les plus accueillantes d'Athènes. Étant donné l'enrichissement continu des collections de l'IFA en d'autres supports que le livre (cd, vidéos, etc.), on a même jugé opportun d'adopter la nouvelle dénomination de « médiathèque », suivant

134. AIFG, IFA, Médiathèque Octave Merlier, « Une médiathèque pour l'an 2000 », décembre 1998.

135. AIFG, IFA, Médiathèque, Françoise Pellegrin, « État des lieux et proposition », Athènes, 9 novembre 1995.

136. *Ibid.*, p. 3.

137. AIFG, Ambassade de France, IFA, Daniel Haize, Conférence de presse. « L'IFA se développe autour de nouveaux objectifs », 24 septembre 2001, p. 3.

une pratique déjà habituelle en France, en lui accolant le nom de son premier directeur : Médiathèque Octave Merlier[138]. Celui qui, plus qu'un simple directeur, a été un véritable fondateur de l'institution athénienne, et qui, par son administration inspirée, a largement déterminé sa destinée, trouve, enfin, une place pérenne au sein de l'établissement auquel il a consacré toute sa vie.

L'IFA à l'aube du XXIe siècle

Le passage à l'ère numérique

Les années 2000 marquent une période de transition dans l'histoire de l'IFA. L'établissement, engagé dans un long processus de mutation, évolue dans un nouveau cadre administratif et change de stratégie ainsi que de mode d'action. Son personnel, quelque peu secoué par les profonds bouleversements (licenciements, fermeture des annexes, nouvelles missions) entraînés par la restructuration, s'efforce de s'adapter à la nouvelle situation. Afin de l'associer à cette évolution, le nouveau directeur, Arnaud Littardi (2002-2004), convoque l'ensemble du personnel à une journée de « réflexion ouverte sur l'avenir de l'institution et les moyens d'une relance », tenue le 14 novembre 2003[139]. Entre-temps, la Grèce adhère en 2004 à l'Organisation internationale de la francophonie (OIF), en tant que membre associé. Dans ce contexte favorisant encore davantage le rapprochement entre la Grèce et la France, l'institut est incité à jouer de manière accrue le rôle de médiateur culturel entre les deux pays. Le directeur Littardi tente notamment de donner une nouvelle impulsion à l'établissement en le dotant d'un comité d'honneur et d'un conseil d'orientation, composés de personnalités du monde des arts et des lettres – comme les écrivains Vassilis Alexakis, Titos Patrikios, Vassilis Vassilikos, ou le peintre Alekos Fassianos –, ainsi que de représentants des grands partenaires culturels de l'IFA – tels que Angelos Delivorias, directeur du musée Benaki, Niki Goulandri, vice-présidente du musée d'Histoire naturelle Goulandris et du musée d'Art cycladique Goulandris, et Marina Lambraki-Plaka, directrice de la Pinacothèque nationale. Il ne semble pas, cependant, que cette initiative ait connu de suite[140].

En revanche, l'ouverture à partir de 2004, au sein de l'établissement, d'une cafétéria rénovée, baptisée Paris-Athènes, remporte un franc succès auprès du public. Ce nouvel espace convivial est d'ailleurs régulièrement utilisé, depuis, pour l'organisation d'expositions de jeunes artistes, contribuant ainsi à l'action culturelle menée par l'établissement. Les

138. AIFG, « Médiathèque Octave Merlier. Bref historique 2000-2018 ».

139. AIFG, « La journée du 14 novembre 2003 ».

140. AIFG, IFA, « L'Institut français d'Athènes rallume la flamme 10 juin 2004. Création d'un comité d'honneur et d'un conseil d'administration ».

deux premières décennies du nouveau millénaire sont aussi celles où l'institution accélère son informatisation et plus généralement son passage à l'ère numérique. Sa médiathèque se dote en 2011 d'une salle de consultation numérique avec cinq postes informatiques et en 2012 d'une bibliothèque numérique multimédia, la Culturethèque. En 2013, enfin, elle procède à la numérisation de la fameuse Collection de l'Institut français d'Athènes.

À la recherche de partenariats

Conformément aux instructions ministérielles reçues depuis le milieu des années 1990, l'institut s'emploie à développer son action culturelle en collaboration avec des partenaires locaux. L'institution s'efforce désormais d'établir des partenariats franco-helléniques, en liaison avec des institutions culturelles grecques, publiques ou privées, afin de produire des activités « hors les murs ». Déjà à la fin des années 1990, l'IFA collaborait régulièrement avec deux importants « acteurs culturels » du pays, le Palais de la Musique (Mégaro Mousikis) et le Festival international de danse de Kalamata, mais, au cours des deux décennies suivantes, le nombre de ses partenaires grecs ne cesse de croître et de se diversifier. Dans les années 2010, l'établissement désormais dénommé Institut français de Grèce (IFG) collabore avec plus d'une quarantaine d'institutions culturelles grecques, dont le Centre culturel Onassis, la Fondation Niarchos, la Fondation Cacoyannis, la Fondation Theocharakis, le Festival international du film de Thessalonique, le Festival international du film d'Athènes, le Festival du film de Drama, la Cinémathèque nationale de Grèce, le Festival d'Athènes et d'Epidaure, le Festival Demetria de Thessalonique, le Festival de Nauplie, la Pinacothèque nationale, le musée Benaki, le musée d'Art cycladique, le musée macédonien d'Art contemporain, le musée d'Histoire naturelle Goulandris, le Centre hellénique de la Photographie, l'Orchestre national d'Athènes, l'Orchestre Camerata, la Scène lyrique nationale – sans que cette énumération soit exhaustive. La liste des partenaires comprend également des institutions universitaires et scientifiques (université d'Athènes, université de Thessalonique, université Panteion, Fondation nationale pour la recherche scientifique), ainsi que des maisons d'édition (Agra, Hestia, Patakis)[141]. Grâce à ces nombreuses collaborations, l'IFG est en mesure de co-organiser chaque année des centaines de manifestations culturelles ou même scientifiques dans des domaines aussi variés que le cinéma, les arts visuels, la musique, le théâtre, la danse ou encore les sciences humaines.

Le développement d'une politique de partenariats de l'IFA avec des institutions grecques est rendu possible par le fait que, dans les années 2000 et 2010, la ville d'Athènes se dote d'infrastructures culturelles exceptionnelles, qui n'existaient pas auparavant. Plusieurs des fondations culturelles citées plus haut sont en réalité de création récente (Palais de la Musique en 1991, Fondation Niarchos en 1996, Fondation Théocharakis en 2004, etc.).

141. AIFG, Institut français de Grèce, « Projet de programmation 2012-2015 », septembre 2013.

D'autres, plus anciennes, comme le musée Benaki, ont considérablement accru leurs moyens ces dernières années (création de l'antenne de la rue Piréos en 2004). L'IFG n'est ainsi plus, avec son auditorium, l'institution culturelle la mieux dotée en salle et en équipement de la capitale grecque, mais évolue désormais dans un environnement caractérisé par une forte concurrence avec d'importantes institutions culturelles grecques. Cependant, plutôt que celle de la compétition, c'est la voie de la collaboration avec ces institutions grecques qui est finalement privilégiée au moyen des partenariats.

Un important changement est ainsi en train de se produire, dont il convient d'emblée de signaler l'importance. Jusque-là, l'institut, tout en privilégiant depuis les années 1980 l'action culturelle, a surtout misé sur l'organisation de manifestations par ses propres moyens, tenues généralement dans ses locaux, notamment à l'auditorium. En poursuivant une politique de partenariats, l'institut s'invente, en quelque sorte, un nouveau métier : celui de coproducteur de manifestations culturelles. Cette politique de collaboration institutionnelle permet à l'IFG de démultiplier son action culturelle, sans pour autant alourdir son budget, de s'associer à des événements culturels de haute qualité, d'atteindre des publics variés, autres que ceux qui fréquentaient la rue Sina, d'élargir, enfin, son audience au-delà de la région de la capitale, dans plusieurs villes de province, où sa présence, depuis la fermeture de plusieurs de ses annexes provinciales, s'est considérablement affaiblie. En travaillant étroitement avec tout un réseau d'institutions et de professionnels grecs de la culture, l'institut parvient à mieux s'intégrer au sein de la société hellénique et à faire partie intégrante de son paysage culturel.

La politique des partenariats menée par l'IFG au cours de la deuxième décennie du XXIᵉ siècle ne se limite pas aux seules institutions grecques. L'institut développe également des formes de collaboration institutionnelle avec des partenaires français, tels que la Comédie-Française, le Festival d'Avignon, la Maison Antoine Vitez, le musée de Cluny, le Théâtre du Rond-Point, le Festival international de la bande dessinée d'Angoulême, l'École française d'Athènes, l'École normale supérieure ou l'université de Paris 1 Panthéon-Sorbonne, pour ne citer que quelques exemples[142]. Ces partenaires français sont souvent associés à des projets menés de concert avec des partenaires grecs. En agissant de la sorte, l'institut se trouve confirmé dans son rôle classique de médiateur culturel, facilitant par tous les moyens possibles les échanges et les contacts artistiques et intellectuels entre des acteurs institutionnels français et grecs.

Initiée vers la fin des années 1990, développée au cours de la première décennie du XXIᵉ siècle, la politique des partenariats atteint son point culminant dans les années 2010, sous la direction, successivement, d'Olivier Descotes (2011-2015) puis de Mikaël Hautchamp (2015-2019). Le bilan, il faut bien le reconnaître, est impressionnant. Des dizaines de partenariats réussis donnent lieu à des centaines de manifestations « hors les

142. AIFG, IFA, Catherine Suard, conseillère culturelle, « Rapport de fin de mission septembre 2008-août 2011 » ; IFG, « Projets Grèce France Alliance 2014 ».

murs »[143]. Depuis sa fondation, l'établissement français n'a jamais produit une œuvre culturelle aussi riche et aussi variée en dehors de son périmètre historique de la rue Sina que durant cette décennie. Jamais auparavant il ne s'est montré aussi extraverti dans son action. Son audience s'est pour la première fois élargie bien au-delà des cercles des habitués du bâtiment historique de la colline du Lycabette.

Le succès remporté au plan organisationnel par la politique des partenariats se double d'un autre au plan de la communication portant sur les événements organisés. Depuis la deuxième moitié des années 1990, l'institut s'est doté d'un service de communication, qui, au fil des années, s'avère très performant. Le personnel de l'IFG est rapidement passé maître dans l'art de la communication de masse, en ayant recours non seulement aux moyens traditionnels de promotion (envoi de communiqués de presse, diffusion d'affiches, distribution de flyers, édition d'un programme de manifestations en 20 000 exemplaires, envoi d'invitations par courrier, constitution d'une large base de contacts), mais aussi en utilisant efficacement les nouveaux outils de communication de l'ère numérique (site de l'institution constamment actualisé, mise en ligne des enregistrements vidéo des manifestations, usage de Facebook et Twitter, envoi de courrier électronique, etc.). Cette politique de communication, systématisée notamment sous la direction de Catherine Suard, est également promue au moyen de partenariats passés avec des médias grecs ou français[144]. Grâce à l'ensemble de ces actions de promotion et d'information, la riche programmation culturelle des années 2010, fruit de partenariats multiples, reçoit une très large publicité. Plusieurs directeurs insistent sur le fait que l'œuvre accomplie par l'institution doit gagner en visibilité. D'où une importance accrue accordée, de plus en plus, aux opérations de promotion, ainsi qu'à la mise en place d'une couverture médiatique des manifestations organisées et des partenariats. L'institut réussit à se doter au fil du temps d'un puissant appareil de communication en Grèce, dont il tire le meilleur parti pour promouvoir ses projets.

C'est aussi pour des raisons économiques que la politique de partenariats est privilégiée aux cours des deux premières décennies du XXIe siècle. Il convient de rappeler que l'institution suit depuis la fin des années 1990 une politique de rigueur budgétaire, toujours de mise au début du XXIe siècle, malgré un taux d'autofinancement très élevé (95 % en 2011)[145]. Soumis à la pression du ministère, les directeurs successifs s'emploient constamment à réduire, autant que possible, les dépenses de fonctionnement de l'établissement. À cet effet, un certain nombre de postes sont supprimés, des départs à la retraite ne sont pas

143. AIFG, IFG, « Projet de programmation 2012-2015 », septembre 2013.

144. AIFG, IFA, Catherine Suard, conseillère culturelle, « Rapport de fin de mission septembre 2008-août 2011 ».

145. AIFG, IFA, Catherine Suard, conseillère culturelle, « Rapport de fin de mission septembre 2008-août 2011 », p. 2.

remplacés et, surtout, on recourt systématiquement à des prestataires de service plutôt qu'à des salariés à plein temps, recrutés en bonne et due forme. La grave récession économique qui affecte la Grèce à partir de 2009 ayant entraîné une diminution des recettes de l'institut, cette tendance se trouve renforcée. En témoigne, entre autres, la fermeture en 2012, pour des raisons d'économie, des annexes de Corinthe et de Livadia, derniers résidus de la présence de l'institut dans des petites villes de province[146].

La récession économique favorise, par ailleurs, la recherche de partenariats. Ces derniers, en effet, permettent à l'institution de produire une œuvre culturelle à moindre coût, en partageant les dépenses et en mutualisant les moyens avec ses associés, grecs ou français. La politique de partenariats ouvre également la voie au mécénat privé, très sollicité. En 2004, par exemple, des partenaires privés ont participé à des projets culturels de l'institut, en y apportant des contributions financières à hauteur de 35 000 euros[147]. La liste des partenaires de l'IFG comprend ainsi non seulement des fondations culturelles privées, mais aussi des entreprises, françaises ou même grecques, disposées à cofinancer son action culturelle. Pour donner un exemple, en 2007, la manifestation intitulée « Parisgorama » bénéficie de subventions apportées par La Redoute, entreprise française de vente à distance. De même, le programme de bourses Vrικα s'appuie en partie sur des donations provenant d'entreprises privées. Alors que, tout au long du XXe siècle, l'institut a toujours financé l'ensemble de ses activités en s'appuyant uniquement sur des fonds publics, ainsi que sur ses propres ressources, la recherche de sponsors privés marque, de manière évidente, un tournant dans sa longue histoire.

La coopération universitaire, scientifique et audiovisuelle

Chargé désormais de superviser et de promouvoir la coopération franco-hellénique dans les domaines universitaire, scientifique et audiovisuel, et doté de spécialistes (attaché universitaire, attaché audiovisuel, etc.), le personnel de l'institut s'emploie là aussi à produire une œuvre importante, qui devient de plus en plus visible dans les années 2000 et 2010.

Depuis la fin des années 1990, des salons de promotion des études en France sont organisés tous les ans dans les grandes villes grecques, afin de fournir des informations aux personnes désirant effectuer des études universitaires en France. En février 2012, le salon organisé à Athènes réunit 16 représentants d'institutions universitaires françaises et attire près de 1 200 visiteurs (**fig. 66**)[148]. L'institut fonctionne également comme une antenne

146. AIFG, IFG, « Développer la coopération franco-grecque. Une saison culturelle franco-grecque », 23 juin 2012.

147. AIFG, « Coopération artistique : bilan 2004 et perspectives 2005/2006 ».

148. AIFG, IFA, Catherine Suard, conseillère culturelle, « Rapport de fin de mission septembre 2008-août 2011 », p. 4.

Fig. 66 — Affiche du Salon des études en France, 2012. © Institut français de Grèce.

locale de Campus France, organisme public créé en 2010 à Paris dans le but de promouvoir l'enseignement supérieur français auprès des étudiants étrangers.

Jusqu'en 2014, l'institut apporte, par ailleurs, son appui logistique au programme bilatéral de soutien aux projets de recherche Platon, lancé en 1989 en vue de développer la coopération scientifique, technique et technologique entre des établissements supérieurs et/ou des centres de recherche en France et en Grèce. Financé à part égale par les deux partenaires, ce programme permet notamment de couvrir les frais de déplacement et de séjour pour les membres des équipes de recherche mixtes franco-helléniques[149]. Au début des années 2000, une cinquantaine environ de projets de recherche scientifique, notamment dans les domaines de la biologie et de la médecine, bénéficient de l'appui financier de ce programme.

L'institution se lance également dans de nouvelles initiatives comme la mise en place, à partir de 2004, d'un programme de bourses, intitulé Vrικα, finançant des études en master et des cotutelles de thèse. En 2007, 39 boursiers au total en bénéficient, recevant chacun un montant de 10 000 euros par an, pour faire des études en ingénierie, en commerce/gestion, en sciences ou en droit. Ce nouveau programme de bourses, conçu comme le produit de partenariats, a pour particularité d'être cofinancé par des entreprises privées, françaises et grecques (Thalès, Air France, Crédit Agricole, Leroy Merlin, Safran, Banque Geniki, Banque Emboriki, etc.). Ainsi, pour financer certains de ses projets, l'institut n'hésite pas à s'orienter vers le monde des entreprises[150].

De son côté, l'attaché audiovisuel cherche à développer une « politique d'influence » française dans le monde des médias et du cinéma. Il veille à assurer une meilleure diffusion des films de production française dans les festivals et les circuits commerciaux et tente d'influencer les directeurs de programme, afin d'augmenter l'achat de productions françaises. Il incite aussi professionnels et entreprises à passer des accords de coproductions et de cofinancements franco-grecs.

L'institut, de plus en plus plus orienté vers la coopération, se confond désormais avec le Service de coopération et d'action culturelle (SCAC) de l'ambassade. On est loin de l'époque où l'institution était avant tout un établissement centré principalement sur des activités d'enseignement. Une nouvelle étape de cette évolution est, en 2011, la transformation de l'Institut français d'Athènes en *Institut français de Grèce*, dépendant de l'Institut français de Paris. Cet établissement public créé en 2010, opérateur du ministère des Affaires étrangères et du ministère de la Culture pour l'action culturelle extérieure de

149. AIFG, IFA, « L'Institut français d'Athènes au 1er janvier 1998 : état des lieux », p. 14 ; D. Le Masne, « Rapport de fin de mission en Grèce. Ambassade de France à Athènes, septembre 1994-août 1997 », septembre 1997.

150. Ambassade de France, Service de coopération et d'action culturelle, Institut français d'Athènes, « Présentation mai 2007 », p. 18-19.

la France, propose aux instituts français du monde entier des programmes de soutien. Cette nouvelle dénomination entérine cependant également le fait que la mission de l'établissement couvre non seulement sa capitale mais aussi l'ensemble de la Grèce.

L'IFA comme foyer pour les Grecs francophones

En 2004, lors d'une période de forte introspection, tandis que la direction et le personnel de l'institution française tentent de redéfinir les missions, les priorités et les engagements de l'IFA à l'aube du XXIe siècle, apparaît l'idée selon laquelle l'institution doit à la fois se mettre au service des Grecs francophones et s'appuyer sur eux. Dans son « Plan d'action stratégique », le directeur Arnaud Littardi écrit plus précisément :

> Les Grecs francophones, dont beaucoup sont des « anciens » de l'IFA, constituent à travers toute la Grèce un réseau exceptionnel. C'est grâce à eux que la francophilie et la francophonie continuent d'être vivantes et actives en Grèce. L'action de l'IFA n'a de sens que si elle est conduite pour eux et avec eux. L'Institut ne doit pas être une maison de la France en Grèce, mais bien un centre de convivialité, d'échanges et de culture pour les francophones de Grèce[151].

Cet extrait traduit bien une forme de prise de conscience. Les responsables de l'institution se rendent pleinement compte à quel point la force de cette dernière réside, entre autres, dans la loyauté, le dévouement et l'appui sans faille apportés par les francophones et francophiles de Grèce. Tout au long de son histoire séculaire, l'IFA a, plus que toute autre institution française opérant sur le territoire hellénique, contribué à former cette population si attachée à la France, à sa langue, à sa culture, à ses œuvres intellectuelles et scientifiques, mais a aussi profité de sa présence pour se renforcer, mener avec succès ses activités et accomplir sans faille ses missions. Ce sont ces Grecs, francophones et francophiles, qui ont suivi en masse ses cours d'enseignement à des niveaux divers et ont fidèlement assisté à ses nombreuses manifestations, assurant à l'établissement ce public nombreux et enthousiaste dont il avait besoin pour se réclamer d'un certain succès. Ce sont ces Grecs, imprégnés de langue et de culture, qui ont, à plusieurs reprises, tout au long de son existence, activement participé à ses diverses activités et entreprises, comme enseignants, orateurs, organisateurs, collaborateurs ou simples travailleurs, lui assurant de solides appuis locaux, afin de mener à terme son œuvre multiple. Il convient ici de se poser la question suivante : que serait devenu, à la vérité, l'IFA tout au long de ces décennies, sans l'appui indéfectible de ce groupe de fidèles, sans cesse renouvelé d'une génération à l'autre ? Aurait-il pu survivre aussi longtemps, affronter avec succès les crises qu'il a connues

151. AIFG, IFA, « Plan d'action stratégique de l'IFA 2004-2006 », avril 2004, p. 10.

et se transformer pour assurer sa pérennité ? Au début des années 2000, les responsables de l'IFA se rendent compte que l'un des atouts les plus précieux dont dispose l'institution est ce *capital humain*, qui lui a été si attaché et si loyal au fil du temps. Maintenir le contact avec cette partie de la population locale, se mettre à son service en se constituant, au travers de ses activités, comme un lieu de rencontre de ce groupe, mais aussi l'associer, autant que possible, à ses futurs plans, en le mobilisant, paraît à l'époque plus qu'une nécessité ou un devoir : l'acquittement d'une véritable dette contractée au cours des années. Mais pour certains de ses administrateurs, cela n'est pas suffisant. Pour assurer son développement dans le temps, l'institution a besoin non seulement de l'appui de groupes qui lui sont fidèles, acquis d'avance à la cause de la langue et de la culture française, mais aussi plus généralement de l'adhésion à ses projets des nouvelles générations.

Cibler les jeunes, promouvoir l'innovation

Ne pas laisser l'IFG vieillir comme institution, en orientant de plus en plus son offre vers les nouvelles générations. Telle est l'une des nouvelles orientations de l'établissement, formulée déjà en 2003, mais mise en œuvre surtout au cours de la deuxième moitié des années 2010. Pour un établissement qui compte un siècle d'histoire et un bilan plus que réussi, l'enjeu est de taille. Les directeurs qui l'ont administré depuis les années 2000 ont cherché, en premier lieu, à perpétuer l'institut dans son rôle de grand acteur de la vie culturelle athénienne, en organisant quotidiennement, à l'aide de partenariats, des dizaines de manifestations en tout genre. Expositions de peintures et de photos, concerts, représentations théâtrales, projections de films et de vidéos, organisation d'ateliers, de conférences et de débats, lectures publiques d'œuvres littéraires se succèdent à un rythme soutenu, au point qu'il devient difficile d'en établir un inventaire détaillé.

Parmi ces diverses initiatives, les « nuits de la philosophie », s'inspirant d'un exemple français réussi datant de 2010, lancées en mai 2014 par Olivier Descotes et réinventées en 2016 par Mikaël Hautchamp, se distinguent, tant par leur originalité, que par l'écho qu'elles ont eu. Ces débats philosophiques nocturnes, organisés autour de tables rondes, conférences individuelles et projections de films, avec l'aide d'universitaires et de chercheurs indépendants, grecs et français, en partenariat avec l'Institut Goethe (en 2015) et avec l'École normale supérieure (en 2017), articulés autour de thématiques précises (*Logos* en 2014, *Bios* en 2015, *Lenteur* en 2018, etc.), ont rencontré un succès inespéré à Athènes, attirant près de 3 500 auditeurs, de tout âge, pendant quatre années consécutives, dans les locaux mêmes de l'établissement ou dans ceux de ses partenaires[152].

L'institut ambitionne toujours, par ailleurs, d'animer le débat d'idées en Grèce et de le faire prospérer en favorisant les contacts avec le savoir français. En témoigne le

152. AIFG, IFG, Mikaël Hautchamp, « La programmation 2016 du Service de coopération et d'action culturelle / Institut Français de Grèce SCAC/IFG ».

lancement en 2016 du cycle « Pensée contemporaine », avec des thématiques bien choisies : « Repenser le politique » (2016), « L'identité européenne » (2017) et « Comment l'histoire peut-elle éclairer l'avenir ? » (2018). C'est dans ce cadre institutionnel que des grands penseurs français, tels que Alain Badiou, Patrick Boucheron et Pierre Rosanvallon ont été invités à donner des conférences. L'invitation de conférenciers français reconnus pour leur excellence scientifique se fait aussi en partenariat avec le CNRS dans le prestigieux Palais de la Musique (Megaro Mousikis) avec force publicité.

Dans les années 2000, l'institution française continue d'accueillir des dizaines de milliers de jeunes Grecs, âgés majoritairement de 10 à 25 ans, venus participer aux épreuves de certification de la langue française (DELF-DALF), tenues dans ses différents centres d'examen. Comme par le passé, il s'agit d'une gigantesque opération organisée minutieusement par le service des examens de l'IFG, générant, par ailleurs, d'importantes recettes pour l'établissement (4,3 millions d'euros en 2007). Pour donner un exemple, à la seule session de mai 2007, plus de 37 800 candidats se sont présentés dans une quarantaine de villes sur l'ensemble du pays et il a fallu mobiliser 839 examinateurs[153].

Même si, revigoré par la politique des partenariats et par plusieurs actions réussies, dont celles que nous venons de citer, l'institut ne semble pas être en perte de vitesse au début du XXIe siècle, pour ses administrateurs, ses directeurs, mais aussi les ambassadeurs en poste qui surveillent de près son fonctionnement, il est important de pouvoir se projeter dans le futur. Il leur semble ainsi vital de nouer des liens étroits et durables avec la jeunesse grecque. D'où les efforts répétés visant à séduire ces jeunes générations[154]. Les initiatives allant dans ce sens se multiplient, notamment sous la direction de Mikaël Hautchamp, conscient de l'enjeu que cela représente pour l'institution qu'il dirige. Ainsi, plusieurs activités développées par l'institut (séances cinématographiques, rencontres littéraires, soirées poétiques, festival dédié à la littérature de jeunesse, mise en place d'ateliers, etc.) ciblent en particulier un public jeune. En septembre 2016, la médiathèque met à la disposition de ses jeunes visiteurs une salle de jeux vidéo et à l'automne 2018 des manifestations sont organisées autour de ce loisir de masse, avec notamment l'invitation de créateurs français de jeux vidéo à la renommée internationale, comme Benoît Sokal. Des cycles de conférences et des séminaires se tiennent à partir de 2016 sur des sujets très porteurs et très prisés par les jeunes, comme l'économie circulaire, l'agriculture durable et les villes intelligentes. On incite les jeunes à élaborer et à soumettre des projets innovants. C'est ce qui explique la participation de l'institut au projet « Jeunesse innovante », lancé en 2016 et bénéficiant de l'apport financier de la Fondation Niarchos, visant à soutenir, au moyen de rencontres régulières, de jeunes entrepreneurs grecs. Dans la foulée, c'est un réseau d'innovation franco-grec désigné sous le nom de *Mazinnov*, qui voit le jour l'année suivante, sur initiative de l'ambassade et de l'institut,

153. Ambassade de France, Service de coopération et d'action culturelle, Institut français d'Athènes, « Présentation mai 2007 », p. 9.

154. AIFG, IFA, « Plan d'action stratégique de l'Institut français d'Athènes 2004-2006 », 19 avril 2004, p. 10.

associant plus de 130 membres français et grecs, parmi lesquels se trouvent des centres de recherche, des incubateurs, des start-up et des entreprises, visant à créer, par un effet de synergie, un cadre favorable à l'éclosion de projets innovants franco-grecs[155]. Œuvrant dans le même sens, l'IFG facilite la réalisation de stages en entreprises en France pour des jeunes diplômés de l'enseignement grec, en partenariat cette fois-ci avec la fondation Bodossakis qui assume le poids économique de l'opération.

L'Institut français gagnera-t-il finalement son pari de « rajeunissement » institutionnel ? Parviendra-t-il à s'attacher solidement, dans sa marche vers l'avenir, cette jeunesse grecque, si sollicitée mais si peu tournée vers la langue et la culture françaises, par comparaison avec les générations précédentes ? Il est sans doute trop tôt pour se prononcer sur cette question. Toujours est-il que l'IFG est en train de faire une entrée triomphale dans son deuxième siècle d'existence. À vrai dire, peu d'institutions culturelles en Grèce – et certainement aucun autre institut étranger à Athènes, à l'exception des écoles archéologiques – peuvent se prévaloir d'une aussi belle performance. Confortés par cette longue histoire, les administrateurs de l'établissement peuvent affronter avec confiance et sérénité les défis à venir. On ne peut en effet mieux résumer le parcours historique de l'Institut français de Grèce, depuis sa fondation au début du XXe siècle jusqu'à nos jours, qu'en y voyant une série de transformations institutionnelles réussies, ouvrant la voie, à chaque époque, à d'indéniables succès.

155. AIFG, IFG. Mikaël Hautchamp, « La programmation 2016 du Service de coopération et d'action culturelle / Institut Français de Grèce ».

Annexes

I. Directeurs de l'Institut français d'Athènes

Comme annexe de l'École française d'Athènes (1907-1945)

1907-1912 / Maurice Holleaux
1912-1913 / Théophile Homolle
1913-1919 / Gustave Fougères
1919-1925 / Charles Picard
1925-1935 / Pierre Roussel
1936-1937 / Robert Demangel
1938-1941 / Octave Merlier
1941-1945 / Robert Demangel, assisté par Roger Milliex, nommé Secrétaire général

Comme établissement autonome (1946-2022)

1945-1961 / Octave Merlier
1961-1965 / Henri Ehret
1965-1970 / Pierre Pouget
1970-1977 / Jacques Fauve
1977-1982 / François Neel
1982-1985 / Jean Marie Drot
1985-1987 / Jean-Pierre Armengaud
1987-1989 / Jacques Trihoreau
1990-1993 / Michel Guerin
1993-1997 / Mireille Musso
1997-1998 / Jean-Claude Piet
1998-2002 / Daniel Haize
2002-2004 / Arnaud Littardi
2004-2008 / Alain Fohr
2008-2011 / Catherine Suard
2011-2015 / Olivier Descotes
2015-2019 / Mikaël Hautchamp
2019-2021 / Patrick Comoy
2021-... / Nicolas Eybalin

II. Évolution des effectifs, 1925-2001

Année	Élèves
1925	435
1939	1051
1950	9300
1955	9362
1960	12520
1965	14187
1969	14874
1975	17674
1983	28068
1991	23200
1995	10810
2001	2256

III. Évolution de la fréquentation des annexes de l'IFA, 1949-2000

Évolution des effectifs : établissements d'*Athènes et des environs*

Nombre d'élèves par établissement

Établissements	1949-1950	1968-1969	1980-1981	1991-1992	1999-2000
Institut central (rue Sina 31)	2141	2103	4081	3404	1618
Institut annexe (rue Sina 25)	1328	-	-	-	-
Annexe centrale (rue Voukourestiou)	-	1248	1792	1161	-
Patissia	952	1606	2761	1673	220
Le Pirée	583	1019	1692	1298	280
Ambélokipi	60	731	1011	833	-
Callithéa	340	399	904	615	223
Colonos	338	366	933	804	184
Koukaki	212	393	682	494	-
Exarchia	-	614	932	-	-
Nea Smyrni	-	475	1210	1063	170
Pangrati	473	722	1585	1251	132
Papagos	-	103	550	1010	308
Philothée	109	341	1355	1906	284
Kalamaki	-	-	823	1133	254
Moschato	93	-	-	-	-

Établissements	1949-1950	1968-1969	1980-1981	1991-1992	1999-2000
Nea Kokkinia	125	-	-	-	-
Tambouria	109	-	-	-	-
Vieux Phalère	110	-	-	-	-
Aghia Paraskevi	-	-	-	-	71
Glyfada	-	-	-	-	217
Kifissia	-	-	-	-	245
Total Athènes et environs	6973	10120	20311	13241	4206

Les annexes de l'Institut français d'Athènes, 1949-2000

Évolution des effectifs : *établissements de province*

Nombre d'élèves par établissement

Établissements	1949-1950	1968-1969	1980-1981	1991-1992	1999-2000
Agrinion	113	-	-	-	-
Aigion	159	163	146	-	-
Argos	-	138	198	182	123
Calamata	-	234	235	449	228
Chalcis	104	207	273	236	-
Corfou	238	297	238	204	97
Corinthe	-	159	237	373	203
Héraklion	-	343	415	284	152
Ioannina	-	424	348	426	113
La Canée	107	278	179	-	-
Lamia	146	186	320	375	164
Larissa	300	543	949	544	239
Livadia	70	215	163	235	219
Nauplie	-	135	180	131	74
Patras	232	439	795	680	144
Pyrgos	-	63	-	-	-
Thèbes	75	-	-	-	-
Sparte	92	-	-	-	-
Tripolis	110	160	124	-	-
Volos	320	539	832	369	89
Xylocastro	67	188		-	-
Rhodes	-	43	-	-	-
Total province	2133	4754	5785	4535	1845

IV. Date de fermeture des annexes de l'IFA (1986-2012)

Annexe	Année
Aigion	1986
Sparte	1986
Exarchia (Athènes)	1988
Tripoli	1991
La Canée	1992
Ampelokipi (Athènes)	1997
Koukaki	1997
Rhodes	1997
Chalkida	1998
Annexe Centrale*	1999
Volos	2000
Nea Smyrni (Athènes)	2000
Pangrati (Athènes)	2000
Patissia (Athènes)	2000
Kifissia (Athènes)	2001
Glyfada (Athènes)	2001
Le Pirée	2001
Callithea (Athènes)	2001
Agia Paraskevi (Athènes)	2001
Corfou	2001
Ioannina	2001
Héraklion	2001
Argos	2001
Nauplie	2001
Colonos (Athènes)	2002
Calamaki (Athènes)	2002
Philothéi (Athènes)	2002
Holargos (Athènes)	2002
Calamata	2002
Lamia	2002
Corinthe	2012
Livadia	2012

* Rue Massalias

V. Candidats aux diplômes de langue française (Certificat, DES, Sorbonne I, II, III) 1977-1991

Candidats inscrits aux examens organisés par l'Institut français d'Athènes

Certificat de Langue Française

Année	C.I	C.Ex.	Total
1978	3702	1772	5474
1979	4535	2149	6684
1980	4680	2572	7252
1981	4893	2800	7693
1982	4702	3199	7901
1983	4593	3465	8058
1984	4493	3622	8115
1985	4429	3814	8243
1986	4212	3442	7654
1987	4521	3657	8178
1988	4271	4200	8471
1989	4086	4765	8851
1990	3667	5600	9267
1991	3996	6000	9996

C.I.= Candidat Interne C.Ex. = Candidat Externe

Source : AIFG, Conseil d'orientation pédagogique 27.3.91, IFA, Service des examens, Évolution du nombre d'inscriptions aux examens organisés par l'IFA (1977-1991).

Diplôme d'Études Supérieures (D.E.S.) – Diplôme d'Études Françaises de la Sorbonne (Sorb.) I, II, III

Année	D.E.S.	Sorb. I	Sorb. II	Sorb. III	Total Sorb.
1977	-	1231	390	87	1708
1978	-	1395	387	93	1875
1979	-	1331	532	82	1945
1980	1002	1538	479	128	2145
1981	1366	1613	644	157	2414
1982	1547	1566	540	162	2268
1983	1889	1574	706	171	2451
1984	2192	1803	658	193	2654
1985	2199	2043	930	213	3186
1986	2302	1979	996	210	3185

Année	D.E.S.	Sorb. I	Sorb. II	Sorb. III	Total Sorb.
1987	1820	2695	1202	240	4137
1988	1634	2909	1636	240	4785
1989	1700	3474	1727	280	5481
1990	1639	3258	1566	250	5074
1991	1593	3596	1630	238	5464

Source : AIFG, Conseil d'orientation pédagogique 27.3.91, IFA, Service des examens, Évolution du nombre d'inscriptions aux examens organisés par l'IFA (1977-1991).

VI. Conférences et tables rondes 1946-2018
(Sélection établie d'après les sources disponibles)

23 décembre 1946	Jean Malbert, professeur de l'IFA, directeur de l'annexe du Pirée « La philosophie de Jean-Paul Sartre »
24 mai 1946 (800 auditeurs)	Paul Éluard, poète « La poésie au service de la vérité »
19 avril 1947	Georges Theotocas, écrivain, ancien directeur du Théâtre National « Paris 1946 et les principales tendances de la pensée française »
02 février 1949	Angelos Sikelianos, poète « L'Humanisme de René Guastalla »
19 mai 1950	Pierre Clarac, inspecteur général de l'Éducation nationale « Les méthodes actives dans l'enseignement du français »
03 février 1951	Eugène Dallegio, écrivain « De Constantinople en Cappadoce à travers l'Asie Mineure »
10 février 1951	Phédon Koukoules, professeur à l'université d'Athènes « La vie des couvents du temps de Byzance »
12 avril 1951	André Chamson, essayiste et romancier « Le Demi-siècle devant la jeunesse »
08 avril 1954	Raymond Aron, professeur à l'Institut d'études politiques de Paris « Politique et philosophie dans la littérature française actuelle »
15 avril 1954	René Etiemble, professeur à la faculté des lettres de l'université de Montpellier « Rimbaud, poète »
11 mai 1954	Georges Friedmann, directeur d'études à l'EPHE « L'homme et la machine dans la civilisation industrielle »

27 janvier 1955	Jean Grenier, philosophe et écrivain « Constantes méditerranéennes »
11 mars 1955	Gabriel Audisio, écrivain « La jeunesse de la Méditerranée »
01 avril 1955	André Dhotel, écrivain, prix Femina 1955 « Les images de l'Univers chez les poètes contemporains : Saint-John Perse »
29 avril 1955	Albert Camus, écrivain et philosophe, Prix Nobel de littérature 1957 « Le théâtre contemporain »
21 octobre 1955	André Mirambel, professeur de grec moderne à l'École nationale des langues orientales « Les études orientalistes à l'École des Langues Orientales de Paris ».
24 octobre 1955	Émile Henriot, membre de l'Académie française « Histoire et travaux de l'Académie Française »
12 janvier 1956	Pierre Lyautey, publiciste et conférencier « La science française à l'assaut de la nature »
08 et 16 mars 1956	Georges Huisman, directeur général honoraire des Beaux-arts « Fernand Léger et la peinture française aujourd'hui »
29 mars 1956	Pierre Chantraine, directeur d'études de philologie grecque, EPHE « Homère et ses traducteurs français »
11 et 18 octobre 1957	René Huygue, professeur au Collège de France « Delacroix et Baudelaire » et « L'impressionnisme dans ses rapports avec la pensée contemporaine »
07 décembre 1957	Takis Papatzonis, écrivain « Homère et l'épopée »
14 décembre 1957	Sotiris Patatzis, écrivain « Dostoïevski »
31 mars 1958	Michel Butor, écrivain, Prix Théophraste Renaudot 1957 « Qu'est-ce que le roman ? »
02 mai 1958	Marie-Jeanne Duruy, professeur à la Sorbonne « L'Amour dans la « Comédie Humaine » de Balzac »
09 novembre 1961	Marc Blancpain, secrétaire général de l'Alliance française « La situation actuelle de la langue française dans le monde »

13 mars 1962	Bernard Kayser, professeur de géographie à l'université de Toulouse « Transformations et perspectives du monde méditerranéen »
27 mars 1962	Jean-François Angelloz, germaniste, professeur à l'université de Strasbourg « Paul Valéry et la genèse de la Jeune Parque »
26 mars 1963	Jean Grenier, professeur à la Sorbonne « Le miroir comme symbole de l'esthétique classique »
02 avril 1963	Jacqueline de Romilly, historienne, professeur à la Sorbonne « L'optimisme de Thucydide »
30 avril 1963	Marie-Jeanne Durry, professeur à la Sorbonne « Guillaume Apollinaire »
19 novembre 1963	André Revuz, professeur à l'université de Poitiers « Mathématiques nouvelles, pédagogie nouvelle »
21 janvier 1964	Georges Langrod, directeur d'études à l'EPHE « La fonction publique internationale »
28 janvier 1964	André Mirambel, professeur de littérature grecque moderne à la Sorbonne « Séféris, les valeurs européennes et l'hellénisme »
17 mars 1964	Roger Bismut, professeur à l'Institut « À propos de *Madame Bovary* : nouvelles perspectives d'une critique flaubertienne »
31 mars 1964	Jacques Roos, professeur de littératures modernes comparées à l'université de Strasbourg « Victor Hugo politique et son idée des États Unis d'Europe »
07 avril 1964	Francis Pruner, professeur à la faculté des lettres de l'université de Dijon « L'orphisme de Cocteau »
15 mai 1964	Henri Ehret, directeur de l'IFA – Georges Séféris, poète « Hommage à Georges Séféris »
26 mai 1964	André Blanchet, professeur à l'Institut d'études politiques de Paris « L'Afrique noire et son évolution politique récente »
26 janvier 1965	Guy Burgel, agrégé de géographie « Dynamismes géographiques en Grèce »
02 mars 1965	Henri Desroche, directeur d'études à l'EPHE « Un instrument de développement : les mouvements associatifs »

29 mars 1966	Léon CELLIER, professeur de littérature à l'université de Grenoble « Mallarmé et Odile Redon »
21 mars 1967	Herni GOUHIER, professeur à la Sorbonne « Tragique et tragédie dans le théâtre français contemporain »
05 avril 1968	René POIRIER, professeur de philosophie à la Sorbonne, membre de l'Institut « Le problème de la vérité dans le vie esthétique »
22 avril 1969	Henri SONIER DE LUBAC, théologien catholique, cardinal français « Teilhard de Chardin, son œuvre, sa pensée »
22 octobre 1976	Hommage rendu à la mémoire d'Octave Merlier
06 mars 1983	Kostas AXELOS, philosophe « Pourquoi penser ? »
13 mars 1983	Aris FAKINOS, écrivain « Les écrivains grecs en France »
08 mai 1984	Jacques LACARRIÈRE, écrivain « Une histoire d'amour avec la Grèce »
04 novembre 1985	Bernard CASSEN, journaliste « Pour construire l'Europe »
02 avril 1986	Françoise DOLTO, pédiatre et psychanalyste « Les troubles psychosomatiques de l'enfance »
07 décembre 1987	Edgar MORIN, sociologue « Culture scientifique et culture humaniste »
16 février 1988	Alain FINKIELKRAUT, philosophe « La défaite de la pensée »
25 octobre 1988	Hubert REEVES, astrophysicien « Les premiers instants de l'Univers »
14 novembre 1989	Konstantinos DESPOTOPOULOS, philosophe « La philosophie»
14 février 1989 (3 000 auditeurs)	Cornelius CASTORIADIS, philosophe, directeur d'études à l'EHESS « La fin de la philosophie »
29 mai 1990	Jean-Pierre VERNANT, historien, anthropologue, professeur au Collège de France « Mythe et pensée dans la Grèce antique »
14 octobre 1991	Georges DUBY, historien, professeur au Collège de France « Orientations récentes des recherches historiques en France »

15 avril 1991	Alain DUHAMEL, journaliste « De Gaulle – Mitterrand »
04 mai 1992	Pascal BRUCKNER, essayiste et romancier « Les médias sont-ils responsables de la dégradation de la culture ? »
28 mai 1992	Jacqueline DE ROMILLY, helléniste, professeur à la Sorbonne « Voyage et connaissance du passé dans la Grèce antique »
22 mars 1993	François GROS, biologiste, professeur au Collège de France « Les maladies génétiques »
07 décembre 1993	Marc FERRO, historien, directeur d'études à l'EHESS « Les effets de deux guerres mondiales vus en 1993 »
04 mars 1994	Elisabeth BADINTER, femme de lettres, philosophe « XY de l'identité masculine »
15 octobre 1996	Pierre BOURDIEU, sociologue, directeur d'études à l'EHESS « Le rôle des intellectuels aujourd'hui »
18 décembre 1997	Jacques DERRIDA, philosophe, directeur d'études à l'EHESS « Pardonner. L'impardonnable et l'imprescriptible »
18 avril 2000	Hervé LE BRAS, historien démographe et Michel ANDRIEU, économiste Table ronde : « Démographie : les limites de la planète au XXIe siècle ? »
29 mai 2000	Jean DANIEL, fondateur et directeur du *Nouvel Observateur* « La Nation »
04 octobre 2000	Barbara CASSIN, philosophe « Voir Hélène en toute femme »
02 novembre 2000	Tzvetan TODOROV, sémiologue, historien des idées « Le droit d'ingérence »
07 juin 2001	Bertrand HERVIEU, président de l'INRA, et José BOVÉ Table ronde : « Quelle agriculture pour demain ? »
07 mars 2002	Michel FOUCHER, spécialiste en géopolitique et Georges PREVELAKIS, professeur « La dimension balkanique de l'Europe »
6 mai 2003	Henri ATLAN, biologiste et philosophe « La génétique aura-t-elle raison de l'éthique ? »
20 janvier 2006	Claude MOSSÉ, historienne « Périclès, l'invention de la démocratie »

04 avril 2006	Claude Allègre, géochimiste, membre de l'Académie des sciences « Les grands défis planétaires du XXIe siècle »
02 mai 2006	Jean-Marie Lehn, Prix Nobel de chimie « De la matière à la vie : la chimie ? »
14 novembre 2006	Jean-François Clervoy, astronaute « Vivre et travailler à bord de la navette spatiale »
19 avril 2007	Yves Coppens, paléoanthropologue, professeur au Collège de France « L'Odyssée de l'espèce »
29 janvier 2008	Alain Badiou, philosophe « La méditation philosophique sur la guerre, autrefois et aujourd'hui »
06 mars 2008	Claudine Monteil, écrivain Table ronde : « Être femme 40 ans après Mai 68 »
14 mai 2009	Jean Quatremer, journaliste et essayiste « Europe puissante, Europe impuissante »
15 mars 2010	Xavier North, délégué général à la langue française Table ronde : « Francophonie et culture dans l'espace méditerranéen »
08 avril 2010	Michèle Rousseau, adjointe à la commissaire générale au développement durable « Les réelles avancées du Grenelle de l'environnement »
02 novembre 2010	Myriam Revault D'Allonnes, philosophe Colloque sur Michel Foucault
27 janvier 2011	Alain Badiou, philosophe « Figures de la féminité dans le monde d'aujourd'hui »
26-28 mai 2011	Edgar Morin, sociologue Colloque : « Culture et Barbarie : communication et société contemporaine »
10 mai 2012	Myriam Revault D'Allonnes, philosophe « Paul Ricœur, une pensée de la crise »
25 Janvier 2013	Michel Deguy, poète, philosophe et Marc Crépon, philosophe Table ronde : « Penser la crise avec Jacques Derrida »
04 novembre 2013	Martin Hirsch, haut fonctionnaire « Les nouveaux enjeux sociaux et la gouvernance européenne »
23 janvier 2014	Alain Badiou, philosophe « La réception de Platon dans la philosophie contemporaine »

26 février 2014	Frédéric Worms, philosophe, et Giannis Prelorentzos, philosophe « Pour un vitalisme critique : le nouveau problème du vivant et la philosophie française contemporaine »
04 avril 2014	Serge Haroche, co-lauréat du prix Nobel de physique « Étrangeté et paradoxe du monde quantique » (au Megaro Mousikis)
27 février 2014	Hubert Reeves, astrophysicien « Poursuivre la restauration de la planète »
02 mai 2014	Michel Deguy, poète, philosophe, et Barbara Cassin, philosophe Nuit de la Philosophie – Le Logos
22 mai 2014	Jean-Pierre Changeux, neurobiologiste « Approches expérimentales et théoriques de l'accès à la conscience »
05 février 2015	Gilles Bœuf, biologiste « La biodiversité, de l'océan et la forêt, à la cité » (au Megaro Mousikis)
23 Mars 2015	Mireille Delmas-Marty, juriste « L'universalisme des droits de l'homme et la diversité des cultures »
05 mai 2015	Étienne Balibar, philosophe, et Yannis Stavrakakis, philosophe « Du populisme au contre-populisme : histoire et stratégie »
08 mai 2015	Nuit de la philosophie : le BIOS (Penser la vie)
09 juin 2015	Édith Heard, généticienne « Sommes-nous bien plus que nos gènes ? Le rôle de l'épigénétique dans le développement et la pathologie » (au Megaro Mousikis)
13 octobre 2015	Luce Giard, historienne des sciences et de la philosophie « L'invention du quotidien de Michel de Certeau »
05 novembre 2015	Dominique Raynaud, glaciologue, Vincent-Henri Peuch, climatologue « Les enjeux de la Conférence sur le climat de Paris »
11 janvier 2016	Mario Botta, professeur, Antoine Picon, président de la Fondation Le Corbusier : « Fin et futur dans l'œuvre de Le Corbusier »
12 février 2016	Michaël Stora, psychologue « Les adolescents à l'épreuve du virtuel »
1er mars 2016	Salah Stétié, écrivain et poète Conférence-lecture

05 mai 2016	Alain Badiou, philosophe « Qu'est-ce que la politique aujourd'hui ? »
20 mai 2016	Philippe Lacadée, psychiatre-psychanalyste « L'école, cette expérience de l'autre »
30 mai 2016	Gilles Kepel, politologue « Le Jihad en Europe »
10 mai 2016	Myriam Revault D'Allonnes, philosophe « La politique a-t-elle encore un sens ? »
31 janvier 2017	Nicole Fontaine, ex-présidente du Parlement européen « L'Europe après le Brexit : comment réinventer le projet d'une Europe unie et solidaire ? »
07 février 2017	Michel Brunet, paléontologue « Origine et histoire de la famille humaine : nous sommes tous des Africains » (au Mégaro Mousikis)
16 mai 2017	Jules Hoffmann, co-lauréat du Prix Nobel en physiologie-médecine « L'immunité innée, des insectes à l'Homme » (au Mégaro Mousikis)
19 mai 2017	Nuit de l'esthétique
09 octobre 2017	Vincent Descombes, philosophe « L'Europe en quête d'une identité »
07 novembre 2017	Pierre Rosavallon, historien « Les enjeux de la démocratie au 21e siècle »
17 mai 2018	Maurice Godelier, anthropologue « L'imaginé, l'imaginaire et le symbolique »
18 mai 2018	Nuit des idées : la lenteur
02 octobre 2018	Luc Boltanski, sociologue « Marchandisation du passé et économie de l'enrichissement »
30 octobre 2018	Gilles Trystram, professeur, directeur d'AgroParisTech « Comment l'innovation peut-elle révolutionner les systèmes alimentaires durables de demain ? »
06 novembre 2018	Michaël Fœssel, philosophe « L'avenir de la liberté »
13 novembre 2018	Michel Kaplan, historien « Pourquoi l'empire byzantin a-t-il pu durer onze siècles ? »

VII. Ouvrages publiés par l'Institut français d'Athènes
(Liste non exhaustive)

Collection de l'Institut français d'Athènes

Robert Levesque
Solomos. Introduction. Prose et poèmes [traduits du grec]
Athènes, Icaros, 1945
Collection de l'Institut français d'Athènes, 1

Robert Levesque
Séféris. Choix de poèmes traduits et accompagnés du texte grec, avec une préface
Athènes, Icaros, 1945
Collection de l'Institut français d'Athènes, 2

Angelos Sikélianos
Le Serment sur le Styx, cinq poèmes de Sikélianos, 1941-1942. trad. Octave Merlier. Bois de Spyro Vassiliou
Athènes, Icaros, 1946
Collection de l'Institut français d'Athènes, 3

Konstantinos I. Amantos
Ιστορία του Βυζαντινού κράτους [Histoire de l'Empire Byzantin]. Tome second
Athènes, 1947
Collection de l'Institut français d'Athènes, 4

François Villon
Ballades et autres poèmes / Οι μπαλάντες κι άλλα ποιήματα, texte français, avec introduction, traduction grecque et commentaires, par Spyros Skiadaressis
Athènes, Icaros, 1947
Collection de l'Institut français d'Athènes, 5

Nicos P. Andriotis
Το γλωσσικό ιδίωμα των Φαράσων [Le Dialecte de Farassa], Préface de Mme Melpo Merlier
Athènes, Icaros, 1948
Collection de l'Institut français d'Athènes, 8
Archives de musique populaire et de folklore d'Asie Mineure. Vol. 4. Cappadoce 2

René Descartes

Λόγος περί της μεθόδου – Discours de la méthode pour bien conduire sa raison et chercher la vérité dans les sciences, texte français avec introduction, traduction grecque et notes par Chr. Christides
Athènes, 1948
Collection de l'Institut français d'Athènes, 15

Phédon Koukoulès

Βυζαντινόν βίος και πολιτισμός [Vie et civilisation byzantines]
Athènes, IFA, 1948-1951. 6 vol.
Collection de l'Institut français d'Athènes, 10-13, 43, 73, 76, 90

Comprend : T. 1. Fasc. 1. (10) Les Écoles. La Nourriture des enfants. Les Jouets ; T. 1. Fasc. 2. (11) Monuments de la parole. Gestes. Superstitions ; T. 2. Fasc. 1. (12) Fêtes et réjouissances. Œuvres de bienfaisance. Métiers. Commerce. Artisanat ; T. 2. Fasc. 2. (13) Vêtements. Vaisselle et mobilier. Les Femmes de mœurs libres. La Vie d'une femme à Byzance ; T. 3. (43) L'Hippodrome et les jeux du cirque. Jeux et concours athlétiques. Captifs et prisonniers byzantins. Châtiments sur la place publique. Voleurs et prisons. Spectacles et réjouissances populaires. Les Foires. Altercations et injures. Malédictions, voeux et serments. – 1949 ; T. 4. (73) Naissance. Baptême. Mariage. Mort et enterrement. Maison. Rues et marchés couverts. Coiffure. Chaussure. Établissements de bains. – 1951 ; T. 5 (76,1) Mets et boissons. Repas et banquets. La Danse. La Vie du paysan. L'Apiculture. La Viticulture. La Vie pastorale. La Pêche. La Vie du marin. La Chasse ; T. 5. Supplément (76,2) Le Grec moderne et les us et coutumes byzantins et post-byzantins. – 1952 ; T. 6 (90) Médecine. Tribunaux et peines. La Vie monastique. Le Théâtre religieux. La Marine de guerre à Byzance. Coutumes byzantines et non point turques. Le Dodécaïmeron et Pâques à Byzance. Carnaval et mascarades à Byzance. Envoûtements. Vêtements et costumes. Traditions. Contes. Proverbes. Noms byzantins. Surnoms byzantins. Les Choses qui ne doivent pas se dire. Grecs de l'Italie du Sud et coutumes byzantines. – 1955 («1957» sur la couv.)

Melpo Merlier

Το αρχείο της μικρασιατικής λαογραφίας [Les Archives de folklore d'Asie Mineure]
Athènes, Icaros, 1948
Collection de l'Institut français d'Athènes, 7
Archives de musique populaire et de folklore d'Asie Mineure. Vol. 4. Cappadoce, 1

MOLIÈRE
Αμφιτρύων [*Amphitryon*], traduit par G. N. Politis
Athènes, Icaros, 1948
Collection de l'Institut français d'Athènes, 9

Angelos SIKÉLIANOS
Ο Θάνατος του Διγενή [La Mort de Digénis], Tragédie, Préface en français par Octave Merlier
Athènes, Icaros, 1948
Collection de l'Institut français d'Athènes, 6

Georges PHOUTAS
Ποιήματα [Poésies], Préface d'Octave Merlier
Athènes, 1948
Collection de l'Institut français d'Athènes

Manolis KALOMIRIS
La Mort de la Vaillante (*Ο θάνατος της Αντρειωμένης*) – Poème symphonique en forme de ballet – Partition d'orchestre
Athènes, IFA, 1948
Collection de l'Institut français d'Athènes – Série musicale, 1

Marios VARVOGLIS
Αγία Βαρβάρα. Συμφωνικό πρελούδιο [Sainte Barbara. Prélude symphonique]
Athènes, IFA, 1948
Collection de l'Institut français d'Athènes – Série musicale, 2

Nikos SKALKOTTAS
Τέσσερεις ελληνικοί χοροί [Quatre danses grecques]
Athènes, IFA, 1948
Collection de l'Institut français d'Athènes – Série musicale, 3

Georges PONIRIDY
Trois préludes symphoniques – Partition d'orchestre
Athènes, IFA, 1949
Collection de l'Institut français d'Athènes – Série musicale, 4

Takis DEMODOS
Ο Ιππότης Appert [Le Chevalier Appert] (1797-1873)
Athènes, IFA, 1949
Collection de l'Institut français d'Athènes, 41

Stamatis C. Karatzas

Κοραής και Νικολόπουλος [Coray et Nicolopoulos]
Athènes, IFA, 1949
Collection de l'Institut français d'Athènes, 23

Eugène Dallegio

Les Philhellènes et la guerre de l'Indépendance. Lettres inédites de J. Orlando et A. Louriotis
Athènes, IFA, 1949
Collection de l'Institut français d'Athènes, 19

Dimitrios Loucopoulos, Dimitrios A. Petropoulos

Η λαική λατρεία των Φαράσων [La Vie religieuse à Farassa]
Athènes, IFA, 1949
Collection de l'Institut français d'Athènes, 34
Archives musicales de folklore et Centre d'études d'Asie Mineure. Cappadoce, 3

Constantin A. Romaios

Cultes populaires de la Thrace, les Anasténaria, la cérémonie du Lundi pur, traduit du grec par I. Tissaméno, avant-propos par Octave Merlier
Athènes, IFA, 1949
Collection de l'Institut français d'Athènes, 18 – Cahiers d'hellénisme, 1

Constantin D. Sterghiopoulos

Les Finances grecques au VIe siècle
Athènes, IFA, 1949
Collection de l'Institut français d'Athènes, 16

La Châtelaine de Vergy / Η Αρχόντισσα του Βερζύ, poème traduit de l'ancien français par Francis Baulier et en grec moderne par A. Andréopoulos
Athènes, IFA, 1949
Collection de l'Institut français d'Athènes, 29

Socratis Karantinos

Περί θέατρου [Essai sur le théâtre]
Athènes, IFA, 1949
Collection de l'Institut français d'Athènes

Raymond Matton

Rhodes
Athènes, IFA, 1949
Collection de l'Institut français d'Athènes. Villes et paysages de Grèce

Alexandros Delmouzos

Το κρυφό σχολειό [L'École de Volos], 1908-1911
Athènes, IFA, 1950
Collection de l'Institut français d'Athènes, 66

Anna Hadjinicolaou-Marava

Recherches sur la vie des esclaves dans le monde byzantin. Préface de Rodolphe Guilland
Athènes, IFA, 1950
Collection de l'Institut français d'Athènes, 45

Petros Katsaïtis

Ιφιγένεια – Θυέστης – Κλαθμός Πελοποννήσου [*Iphigénie – Thyeste – La Plainte du Péloponnèse*] – Œuvres inédites. Édition critique avec introduction, notes et glossaire par Emmanuel Kriaras
Athènes, IFA, 1950
Collection de l'Institut français d'Athènes, 44

François Rabelais

Γκαργκαντούας και Πανταγκρυέλ / *Gargantua et Pantagruel*, pages choisies. Texte français avec introduction, traduction grecque et commentaires par Spyros Skiadaressis
Athènes, IFA, 1950
Collection de l'Institut français d'Athènes, 30

Angelos Sikélianos

Θυμέλη. Ο Διθύραμβος του ρόδου. Ο Δαίδαλος στην Κρήτη. Σίβυλλα [Thymélé - Théâtre, vol. 1 La Sibylle, Dédale en Crète, le Dithyrambe de la Rose] [trois œuvres déjà publiées mais épuisées, en grec]
Athènes, IFA, 1950
Collection de l'Institut français d'Athènes

Dinos Konomos

Σολωμού. Ανέκδοτα γράμματα στον Ιωάννη Γαλβάνη – Solomos. Lettres inédites à Jean Galvanis
Athènes, IFA, 1950
Collection de l'Institut français d'Athènes, 72

Nicos P. Andriotis

Ετυμολογικό λεξικό της κοινής Νεοελληνικής [Dictionnaire étymologique du grec moderne]
Athènes, IFA, 1951
Collection de l'Institut français d'Athènes, 24

Athanassios P. Costakis

Σύντομη Γραμματική της Τσακωνικής διαλέκτου [Grammaire du tsaconien]. 1re partie : Le dialecte de la Tsakonie septentrionale, Kastanitsa et Sitaina. 2e partie : Le tsaconien de Propontide, Vatka et Havoutsi
Athènes, IFA, 1951
Collection de l'Institut français d'Athènes, 35

Neocosmos Grégoriadis (Général)

L'Art de la guerre, d'Homère à Alexandre Le Grand, traduit du grec par Mlle J. Tissaméno
Athènes, IFA, 1951
Collection de l'Institut français d'Athènes, 55

Ioannis I. Kessissoglou

Το γλωσσικό ιδίωμα του Ουλαγάτς [Le Dialecte d'Oulagatch]
Athènes, IFA, 1951
Collection de l'Institut français d'Athènes, 40. Cappadoce, 4

Dimitrios S. Loukatos

Religion populaire à Céphalonie, traduit du grec moderne par Jean Malbert
Athènes, IFA, 1951
Collection de l'Institut français d'Athènes, 46

Dimitrios S. Loukatos, Dimitrios Loucopoulos

Παροιμίες των Φαράσων [Proverbes de Farassa]
Athènes, IFA, 1951
Collection de l'Institut français d'Athènes, 21. Cappadoce, 5

Dimitrios Loucopoulos, Dimitrios S. Loukatos

Proverbes de Farassa, traduits du grec, d'après l'édition Loucopoulos-Loucatos, par Octave Merlier
Athènes, IFA, 1951
Collection de l'Institut français d'Athènes, 21 bis
Centre d'études d'Asie Mineure. Archives musicales de folklore. Cappadoce, 5 A

Dimitri Saratsis (Dr)

Μαθήματα υγιεινής [Leçons d'hygiène] (3e édition)
Athènes, IFA, 1951
Collection de l'Institut français d'Athènes, 67

Nikos Kazantzakis

Ascèse. Salvatores Dei, traduit du grec et présenté par Octave Merlier
Athènes, IFA, 1951
Collection de l'Institut français d'Athènes

P. J. Iliopoulos

Le Climat de la région égéenne de la Grèce
Athènes, IFA, 1952
Collection de l'Institut français d'Athènes, 75

La Rochefoucauld

Σκέψεις ή Γνωμικά και Αξιώματα Ηθικής – Réflexions ou Sentences et maximes morales Texte avec introduction, traduction grecque et notes par Chr. Christidès
Athènes, IFA, 1952
Collection de l'Institut français d'Athènes, 32

Démètre J. Pallas

Η «θάλασσα» των εκκλησιών. Συμβολή εις την ιστορίαν του χριστιανικού βωμού και την μορφολογία της λειτουργίας [La « Thalassa » dans l'église chrétienne, contribution à l'histoire de l'autel chrétien et à la morphologie de la liturgie]
Athènes, IFA, 1952
Collection de l'Institut français d'Athènes, 68

Evangelos P. Papanoutsos

La Catharsis des passions d'après Aristote
Athènes, IFA, 1952
Collection de l'Institut français d'Athènes, 71

Themis Siapkaras-Pitsillidès

Le Pétrarquisme en Chypre : poèmes d'amour en dialecte chypriote d'après un manuscrit du XVIe siècle. Texte établi et traduit [du chypriote en français] avec le concours de Hubert Pernot [édition bilingue]
Athènes, IFA, 1952
Collection de l'Institut français d'Athènes, 74

Chrysos Evelpidis

Les Sujets de la peinture. Essai sociologique
Athènes, IFA, 1953
Collection de l'Institut français d'Athènes, 79 [La couv. porte : «1954»]

Anna Hadjinicolaou-Marava

Ο άγιος Μάμας [Saint Mame]
Athènes, IFA, 1953
Collection de l'Institut français d'Athènes, 57
Centre d'études d'Asie Mineure. Archives musicales de folklore. Cappadoce, 9.

Raymond Matton

Hydra et la guerre maritime, 1821-1827
Athènes, IFA, 1953
Collection de l'Institut français d'Athènes, 65. Villes et paysages de Grèce, 2

Roger Milliex

Ελληνογαλλικά – 1 – Αδαμάντιος Κοραής – Victor Hugo [Études franco-grecques. 1er cahier. 1. Coray et la civilisation française. 2. Victor Hugo, constant ami de la Grèce]
Athènes, IFA, 1953
Collection de l'Institut français d'Athènes, 77
[Texte grec. La 2e partie est traduite du français. Introduction en français et en grec.]

Georges Séféris

Trois jours dans les églises rupestres de Cappadoce
Athènes, IFA, 1953
Collection de l'Institut français d'Athènes, 78 A
Centre d'études d'Asie Mineure. Archives musicales de folklore. Cappadoce, 8A

Georges Séféris

Τρεις μέρες στα μοναστήρια της Καππαδοκίας [Trois jours dans les églises rupestres de Cappadoce]
Athènes, IFA, 1953
Collection de l'Institut français d'Athènes, 78
Centre d'études d'Asie Mineure. Archives musicales de folklore. Cappadoce, 8

Evangelos P. Papanoutsos

La catharsis des passions d'après Aristote
Athènes, IFA, 1953
Collection de l'Institut français d'Athènes, 71

Constantin A. Vavouskos

Η παράλειψις ως ζημιογόνον γεγονός εις τα αδικήματα του Αστικού δικαίου [L'Abstention comme fait dommageable dans la responsabilité civile délictuelle, contribution à l'étude des articles 914 et 919 du code civil hellénique]
Athènes, IFA, 1954
Collection de l'Institut français d'Athènes. Série juridique, 52

Stamatis K. Caratzas

Υποκοριστικά του ιδιώματος Κύμης και περιχώρων [Les diminutifs dans le dialecte de Kymi et des environs], thèse soutenue en 1944 à l'Université d'Athènes
Athènes, IFA, 1954
Collection de l'Institut français d'Athènes, 84

Raymond Matton

Rhodes (2e édition) Avec 116 photographies commentées en français et en anglais
Athènes, IFA, 1954
Collection de l'Institut français d'Athènes, 62. Villes et paysages de Grèce

Michel D. Stassinopoulos

Traité des actes administratifs, Préface de M. René Cassin
Athènes, IFA, 1954
Collection de l'Institut français d'Athènes, 82

Jean N. Kalleris

Les anciens Macédoniens. Étude linguistique et histoire, t. 1
Athènes, IFA, 1954
Collection de l'Institut français d'Athènes, 81

Dimitrios Petropoulos

La comparaison dans la chanson populaire grecque
(ouvrage publié avec le concours du CNRS)
Athènes, IFA, 1954
Collection de l'Institut français d'Athènes, 86

Georges Ténékidès

La notion juridique d'indépendance et la tradition hellénique
Athènes, IFA, 1954
Collection de l'Institut français d'Athènes

Angelos Sikélianos
Θυμέλη τ. 3 Ασκληπιός [Thymélé t. 3 Asklépios], avec des dessins et des bois de A. Tassos
Athènes, IFA, 1955
Collection de l'Institut français d'Athènes, 50

Georgios K. Vlachos
Essai sur la politique de Hume, avec une préface de J.-J. Chevallier
Athènes, IFA, 1955
Collection de l'Institut français d'Athènes, 85

Raymond Matton
La Crète antique
Athènes, IFA, 1955
Collection de l'Institut français d'Athènes, 87. Villes et paysages de Grèce

Joachim-Claude Merlant
Le Moment de Lorenzaccio dans le destin de Musset
Athènes, IFA, 1955
Collection de l'Institut français d'Athènes, 101

Georgios A. Balis
Code civil hellénique. Traduction en grec de l'Institut hellénique de droit international et étranger effectuée par Pierre Mamopoulos, note introductive de Petros Vallindas [Mémoire de Georgios A. Balis.]
Athènes, IFA, 1956
Collection de l'Institut français d'Athènes, 80. Série juridique

Georgios A. Sôtiriou, Maria G. Sôtiriou
Εικόνες της Μονής Σίνα [Icônes du Mont Sinaï]. T. 1er : planches
Athènes, IFA, 1956
Collection de l'Institut français d'Athènes, 100

Georgios A. Sôtiriou, Maria G. Sôtiriou
Εικόνες της Μονής Σίνα [Icônes du Mont Sinaï], T. 2 : texte (avec un résumé en français)
Athènes, IFA, 1958
Collection de l'Institut français d'Athènes, 102

Mélanges Octave et Melpo Merlier : à l'occasion du 25e anniversaire de leur arrivée en Grèce
Athènes, IFA, 1956. 3 vol.
Collection de l'Institut français d'Athènes, 92-94

[Aristote VALAORITIS]
Quinze lettres françaises de Valaoritis, présentées et publiées par Octave Merlier
Athènes, IFA, « Exposition Valaoritis », 1956

Samuel BAUD-BOVY
Études sur la chanson cleftique, avec 17 chansons cleftiques de Roumélie, transcrites d'après les disques des Archives musicales de folklore. Préface de Mme M. [Melpo] Merlier
Athènes, IFA, 1957
Collection de l'Institut français d'Athènes, 53
Centre d'études d'Asie Mineure. Archives musicales de folklore, 21

Anna HADJINICOLAOU-MARAVA
Πάτμος [Patmos]
Athènes, IFA, 1957
Collection de l'Institut français d'Athènes, 63

Raymond MATTON
La Crète au cours des siècles
Athènes, IFA, 1957
Collection de l'Institut français d'Athènes, 88. Villes et paysages de Grèce

MONTAIGNE
Οχτώ δοκίμια του Montaigne. [Huit essais de Montaigne] Texte français avec introduction, traduction et notes par Kléon Paraschos
Athènes, IFA, 1957
Collection de l'Institut français d'Athènes, 28

Georges MOURELOS
Gounaro
Athènes, IFA, 1957
Collection de l'Institut français d'Athènes, 95. Artistes grecs contemporains, 1

SAINT-JOHN PERSE
Ανάβαση [*Anabase*], traduit du grec d'après l'original français par T. K. Papatsonis
Athènes, IFA, 1957
Collection de l'Institut français d'Athènes, 60

SAINT-JOHN PERSE, Edgar Allan POE
Ανάβαση – Ταμερλάνος [*Anabase, Tamerlane*], traduits des originaux français et anglais par T. K. Papatsonis
Athènes, IFA, 1957
Collection de l'Institut français d'Athènes, 60

Dionysios A. Romas

Ζακυνθινά [Histoires de Zante]
Athènes, IFA, 1957
Collection de l'Institut français d'Athènes

Stamatis C. Caratzas

Σμύρνης Τραγωδίες [Tragédies de Smyrne, deux poèmes inédits concernant des troubles à Smyrne], 1788, 1810
Athènes, IFA, 1958
Collection de l'Institut français d'Athènes, 20
Centre d'études d'Asie mineure, Archives musicales de folklore, 12. Ionie, 2

Sévérien Salaville, Eugène Dalleggio

Karamanlidika. Bibliographie analytique d'ouvrages en langue turque imprimés en caractères grecs. I. 1584-1850
Athènes, IFA, 1958
Collection de l'Institut français d'Athènes, 47
Centre d'études d'Asie Mineure, Archives musicales de folklore, 11

Linos Politis

Γύρω στο Σωλομό. Μελέτες και άρθρα [Autour de Solomos. Études et articles] (1938-1958)
Athènes, IFA, 1958
Collection de l'Institut français d'Athènes, 105

Solomos

Éloge de Foscolo et autres textes, traduits de l'italien par Joseph Peretti et présentés par Octave Merlier
Athènes, IFA, 1958
Collection de l'Institut français d'Athènes, 104

Jean Baelen

Psara
Athènes, IFA, 1959
Collection de l'Institut français d'Athènes, 116

Despina Mazaraki

Το λαικό κλαρίνο στην Ελλάδα – Με είκοσι μουσικά παραδείγματα [La clarinette traditionnelle en Grèce], Préface de S. Baud-Bovy
Athènes, IFA, 1959
Collection de l'Institut français d'Athènes, 114
Archives musicales de folklore, 22

Bertrand Bouvier

Δημοτικά τραγούδια από χειρόγραφο της Μονής των Ιβήρων [Chansons populaires d'après un manuscrit du monastère d'Iviron] Publié avec le concours de Mme E. G. Cartalis
Athènes, IFA, 1960
Collection de l'Institut français d'Athènes, 120
Archives musicales de folklore, 24

Raymond Matton

Corfou
Athènes, IFA, 1960
Collection de l'Institut français d'Athènes, 64. Villes et paysages de Grèce

Raymond Matton

La Crète antique (2e édition)
Athènes, IFA, 1960
Collection de l'Institut français d'Athènes, 87. Villes et paysages de Grèce

Georgios Mavrochalyvidis, Iordani I. Kessissoglou

Το γλωσσικό ιδίωμα της Αξού [Le Dialecte d'Axos], Préface de Nicos P. Andriotis
Athènes, IFA, 1960
Collection de l'Institut français d'Athènes, 39
Centre d'études d'Asie Mineure, Cappadoce, 6

Dimitrios Phosteris, Iordani I. Kessissoglou

Λεξιλόγιο του Αραβανί [Vocabulaire d'Aravani], Préface de Nicos P. Andriotis
Athènes, IFA, 1960
Collection de l'Institut français d'Athènes, 89
Centre d'Asie Mineure, Cappadoce, 7

Angelos Sikélianos

Poèmes akritiques. La Mort de Digénis, tragédie. Adaptation française par Octave Merlier. Bois de Spyro Vassiliou
Athènes, IFA, 1960
Collection de traductions éditée sous le patronage du Conseil de l'Europe

Vassileios Tatakis

Η Σύμβολη της Καππαδοκίας στη χριστιανική σκέψη [La Contribution de la Cappadoce à la pensée chrétienne]
Athènes, IFA, 1960
Collection de l'Institut français d'Athènes, 111
Centre d'études d'Asie Mineure, 18. Cappadoce, 18

Lya et Raymond Matton

Athènes et ses monuments du XVIIe siècle à nos jours. Avec 267 photographies hors texte et 21 cartes et plans
Athènes, IFA, 1963
Collection de l'Institut français d'Athènes, Villes et paysages de Grèce

Georges Séféris

Discours de Stockholm
Athènes, IFA, 1964
Collection de l'Institut français d'Athènes

Constantin Dimaras

Histoire de la littérature néo-hellénique – des origines à nos jours
Athènes, IFA, 1965
Collection de l'Institut français d'Athènes

Constantin Dimaras

Histoire de la littérature néo-hellénique. Annexe : bibliographie, index, table analytique
Athènes, IFA, 1966
Collection de l'Institut français d'Athènes

Raymond Matton

Mycènes et l'Argolide antique – Avec 21 plans et cartes, et 224 photographies hors texte commentées
Athènes, IFA, 1966
Collection de l'Institut français d'Athènes, Villes et paysages de Grèce

Paul Claudel

Το ατλαζένιο γοβάκι [*Le soulier de satin*], Drame traduit en grec par P. Prévélakis et édité par l'Institut français d'Athènes pour les cent ans du poète
Athènes, IFA, 1968
Collection de l'Institut français d'Athènes

Georges Théotokas

Montagnes saintes du Proche Orient – Samarie, Sinaï, Athos. Récits de voyages traduits par Renée Richer
Athènes, IFA, 1969
Collection de l'Institut français d'Athènes

Ange S. Vlachos

Partialités chez Thucydide
Athènes, IFA, 1970
Collection de l'Institut français d'Athènes

Yvon Tarabout
La langue de Valaoritis
Athènes, IFA, 1970
Collection de l'Institut français d'Athènes

J. A. Nicolopoulos
Inventaire du fonds grec au Quai d'Orsay. Correspondance politique 1707-1833 – Mémoires et documents 1821-1862
Athènes, IFA, 1975
Collection de l'Institut français d'Athènes

Elisabeth Papageorgiou-Provata
Ο φιλελληνισμός της Τουλούζης (1821-1827) – Η Σύμβολη του τύπου [Le philhellénisme de Toulouse – La contribution de la presse], Thèse de doctorat
Athènes, IFA, 1978
Collection de l'Institut français d'Athènes

Hommage à la Grèce, 1940-1944, textes et témoignages français recueillis et présentés par Roger Milliex
Athènes, IFA, 1979
Collection de l'Institut français d'Athènes

Jeanne Boudouris
Stratis Myrivilis, l'écrivain et l'homme à travers les remaniements et les variantes des sept premières éditions de son roman Η ζωή εν τάφω [La vie au tombeau]
Athènes, IFA, 1983
Collection de l'Institut français d'Athènes

Yannis G. Mourelos
L'Intervention de la Grèce dans la Grande Guerre (1916-1917)
Athènes, IFA, 1983
Collection de l'Institut français d'Athènes

Raymond Matton
Rhodes (5e édition)
Athènes, IFA, 1988
Collection de l'Institut français d'Athènes

Jean N. Kalleris
Les anciens Macédoniens. Étude linguistique et historique. T. 1 (1re édition en 1954) et 2
Athènes, IFA, 1988
Collection de l'Institut français d'Athènes, 81

Pétros Papadopoulos et le Centre de Traduction Littéraire
La Grèce et les livres. Guide des livres d'auteurs grecs en français et des livres sur la Grèce
Athènes, IFA, 1990
Collection de l'Institut français d'Athènes / CTL

Chronique de la soirée en hommage à Roger Milliex et Tatiana Gritsi-Milliex, mercredi 5 décembre 1990 / Χρονικό της τιμητικής βραδιάς για τους Roger Milliex και Τατιάνα Γκρίτσι-Milliex, Τετάρτη 5 Δεκεμβρίου 1990
Athènes, IFA, 1990
Collection de l'Institut français d'Athènes

Pétros Papadopoulos et le Centre de Traduction Littéraire
La Grèce en français. Guide des livres de la littérature grecque traduits en français et des livres sur la Grèce du XVe *siècle à nos jours* (seconde édition refondue et enrichie)
Athènes, IFA, 1993
Collection de l'Institut français d'Athènes / CTL

François Rabelais
Γαργαντούας και Πανταγκρυέλ. Introduction, traduction et notes de Philippe Dracodaïdis
Athènes, IFA, 1994
Collection de l'Institut français d'Athènes / CTL

Pétros Papadopoulos et le Centre de Traduction Littéraire
Από τα Γαλλικά στα Ελληνικά. Οδηγός μεταφράσεων 1945-1995
Athènes, IFA, 1995
Collection de l'Institut français d'Athènes / CTL

Collection scolaire de l'Institut français d'Athènes

Hélène Papanicolaou, Maria Casanova
Notre premier livre de lecture, illustré par Hélène Mourelou-Metaxa, 1946

Hélène Renvoysé
Méthode de prononciation et de lecture

Hélène Mourelou-Metaxa
L'enseignement par l'image et par la chanson

Georges Mourelos
Cahier d'écriture, illustré par Hélène Mourélou

Irène Tsouchlou, Hélène Papanicolaou
Notre premier livre de français. Textes de lecture, exercices de vocabulaire, d'élocution et de grammaire (3e édition)
Athènes, IFA, 1958
Collection scolaire de l'Institut français d'Athènes, 1

Marie Casanova, Hélène Papanicolaou et Irène Tsouchlou
Sons et couleurs. Livre élémentaire de lecture, illustré par Hélène Mourélou (2e édition revue et complétée)
Athènes, IFA, 1958
Collection scolaire de l'Institut français d'Athènes, 4

Notre premier livret de français
Athènes, IFA, 1962

Pierre Burney, Paul Costandinidi
Vers un meilleur français. Méthode bilingue destinée aux étudiants grecs / Βελτιωμένα γαλλικά, κυρίως προφορικά, δίγλωσσος μέθοδος δια τον Έλληνα μελετητήν
Athènes, IFA, 1969
Collection de l'Institut français d'Athènes, 1969

Catalogues d'exposition

Exposition des œuvres offertes par des artistes français en hommage à la Grèce
Institut français d'Athènes, 17-29 avril 1949
Catalogue bilingue composé par Néoclès Coutouzis
Athènes, IFA, 1949

Exposition Fernand Léger. Lithographies – Gouaches – Dessins – Affiches – Livres illustrés
Institut français d'Athènes 8-24 mars 1956
Athènes, IFA, 1956

Exposition Valaoritis
Athènes, IFA, 1956

Exposition du centenaire de Solomos
Catalogue rédigé par Octave Merlier, revu, corrigé, complété et mis en grec par Nassos Detzortzis
Athènes, IFA, 1957

Exposition du décor de théâtre en Grèce
Organisée par l'Association des Anciens Élèves de l'Institut français d'Athènes, 21 décembre 1959-9 janvier 1960
Athènes, IFA, 1959 [bilingue]

Exposition du livre français
Organisée à l'IFA par le Comité Permanent des Expositions du Livre Français, 19 avril-3 mai 1960
Athènes, IFA, 1960

André Chénier et la Grèce
Athènes, IFA, 1963

Gobineau à Athènes (1864-1868)
Exposition commémorative (10-22 avril 1967)
Catalogue établi par Jean-Hervé Donnard

Coéditions Actes Sud-IFA

Andréas Embiricos, *Haut Fourneau*, traduit du grec par Jacques Bouchard, août 1991

Andréas Embiricos, *Argo ou Vol d'aérostat*, traduit du grec par Michel Saunier, août 1991

Réa Galanaki, *La Vie d'Ismaïl Ferik pacha*, traduit du grec par Lucile Farnoux, janvier 1992

Philippe Dracodaïdis, *Le Message*, traduit du grec par Karine Coressis, mai 1992

Takis Théodoropoulos, *Le Paysage absolu*, traduit du grec par Gilles Decorvet, octobre 1992

Emmanuel Roïdis, *La Papesse Jeanne*, traduit du grec par Alfred Jarry et Jean Saltas, décembre 1992

Maro Douka, *L'Or des fous*, traduit du grec par Paule Rossetto, avril 1993

Emmanuel Roïdis, *Un mari de Syros*, traduit du grec par Florence Lozet, mai 1993

Thanassis Valtinos, *La Marche des neuf*, traduit du grec par Lucile Farnoux, septembre 1993

Maria Iordanidou, *Loxandra*, traduit du grec par Blanche Molfessis, janvier 1994

Thanassis Valtinos, *Plumes de bécasse*, traduit du grec par Blanche Molfessis, mai 1994

Emmanuel Roïdis, *La complainte du fossoyeur*, traduit du grec par Blanche Molfessis, mai 1994

Takis Théodoropoulos, *La Chute de Narcisse*, traduit du grec par Gilles Decorvet, mars 1995

Thanassis Valtinos, *Éléments pour les années soixante*, traduit du grec par Michel Saunier, avril 1995

Georges Vizyïnos, *Le Péché de ma mère*, traduit du grec par Hélène Zervas, juin 1995

Alexandre Papadiamantis, *La Fille de Bohême*, traduit du grec par Karine Coressis, février 1996

Maria Iordanidou, *Vacances dans le Caucase*, traduit du grec par Blanche Molfessis, janvier 1997

Pavlos Matessis, *L'Ancien des jours*, traduit du grec par Jacques Bouchard, octobre 1997

Antonis Sourounis, *Pâques au village*, traduit du grec par Blanche Molfessis, avril 1999

Collection Théâtre / *Θέατρο*

Klairi Mitsotaki

Οι παράξενοι λόγοι της κυρίας Μποβαρύ [Propos insolites de Madame Bovary]
Athènes, IFA, 1991, Théâtre I

Catherine Anne

Τίτα-Λου (*Tita-Lou*) traduction de Nikiforos Papandreou
Athènes, IFA, 1991, Théâtre II

Eric Rohmer

Τρίο σε μι μπεμόλ (*Trio en mi bémol*) traduction de Nikiforos Papandreou
Athènes, IFA, 1993, Théâtre III

Lesage

Τουρκαρέ (*Turcaret*), traduction de Andreas Staïkos et Sofia Dionysopoulou
Athènes, IFA, 1993, Théâtre IV

Iakovos Cambanellis

Passage par le dedans (*Ο δρόμος περνάει από μέσα*), traduction de Georges Andronidis et Anne Richard
Athènes, IFA, 1993, Théâtre V

Paul Claudel

Η Ανταλλαγή (*L'Échange*), traduction de Andréas Staïkos et Panagiota Pantazi
Athènes, IFA, 1994, Théâtre VI

Andréas Staïkos

Le petit doigt d'Olympias (*Το μικρό δαχτυλάκι της Ολυμπιάδος*), traduction de Karine Coressis
Athènes, IFA, 1994, Théâtre VII

Bernard-Marie Koltès

Αγώνας νέγρου και σκύλων (*Combat de nègre et de chiens*), traduction de Sylvia Kiousi
Athènes, IFA, 1995, Théâtre VIII

Alfred DE MUSSET

Δεν παίζουν με τον έρωτα (*On ne badine pas avec l'amour*), traduction de Christiane Parisi
Athènes, IFA, 1995, Théâtre IX

COURTELINE

Μπουμπουρός (*Boubouroche : Comedia 1893*), traduction de Efi Giannopoulou
Athènes, IFA, 1996
Collection de l'Institut français d'Athènes/CTL, série Théâtre X

Jean ANOUILH

Λεοκαντιά (Léocadia) (traduit par Aggeliki Anastasiadou)
Athènes, IFA, 1996
Collection de l'Institut français d'Athènes/CTL, série Théâtre XI

MOLIÈRE

Ταρτούφος (*Tartuffe*), traduction d'Andréas Staïkos
Athènes, IFA, 1996, Théâtre XII

MOLIÈRE

Οι σοφολογιότατες (*Les Femmes savantes*), traduction d'Andréas Staïkos
Athènes, IFA, 1996, Théâtre XIII

Jean-Claude BRISVILLE

Διάλογος του κυρίου Ντεκάρτ με τον νεαρό κύριο Πασκάλ (*L'Entretien de M. Descartes avec M. Pascal le jeune*), traduction de Panagiota Pantazi
Athènes, IFA, 1996, Théâtre XIV

Émile ZOLA

Τερέζ Ρακέν (*Thérèse Raquin*), traduction de Klairi Mitsotaki
Athènes, IFA, 1996, Théâtre XV

Michel DE GHELDERODE

Πρίγκιπας Χάλεβιν (*Sire Halewyn*), traduction de Natalia Kapodistria
Athènes, IFA, 1997, Théâtre XVI

Fernand CROMMELYNCK

Ο μεγαλοπρεπής κερατάς (*Le Cocu magnifique*), traduction de Efi Giannopoulou
Athènes, IFA, 1997, Théâtre XVII

RACINE

Βερενίκη (*Bérénice*) traduction de Stratis Paschalis
Athènes, IFA, 1997, Théâtre XVIII

Racine

Φαίδρα (*Phèdre*), traduction de Stratis Paschalis
Athènes, IFA, 1998, Théâtre XIX

Coline Serreau

Παντογνώστης και Ζωντόβολος (*Quisaitout et Grobêta*), traduction de Sofia Dionysopoulou
Athènes, IFA, 1998, Théâtre XX

Maurice Maeterlinck

Πριγκίπισσα Μαλένα (*La Princesse Maleine*), traduction de Xenia Georgopoulou
Athènes, IFA, 1998, Théâtre XXI

Marivaux

Το παιχνίδι του έρωτα και της τύχης (*Le Jeu de l'amour et du hasard*), traduction d'Andréas Staïkos
Athènes, IFA, 1998, Théâtre XXII

Marivaux

Στόμα έχει και μιλιά δεν έχει (*La Commère*), traduction d'Andréas Staïkos
Athènes, IFA, 1998, Théâtre XXIII

Enzo Cormann

Αδελφές ψυχές (*Âmes sœurs*), traduction de Dimitra Bissia
Athènes, IFA, 1999, Théâtre XXIV

Alexandre Dumas

Κην ή Αταξία και μεγαλοφυία (*Kean, ou Désordre et génie*), traduction d'Ismini Frangkioudaki
Athènes, IFA, 1999, Théâtre XXV

Georges Veltsos

Humus (Τα χρώματα, μια αλληγορία πένθους) suivi de *Camera degli sposi*, traduction de Blanche Molfessis
Athènes, IFA, 2000, Théâtre XXVI

Hors série

N. M. Kontoleon, Ph. Kontoglou, E. Stamatiadis

Σάμος. Avec 235 photographies hors texte
Athènes, IFA, 1959

Octave Merlier
Le Quatrième Evangile. La question Johannique
Athènes, IFA, 1961

Octave Merlier
Itinéraires de Jésus et *Chronologie* dans le Quatrième Évangile
Athènes, IFA, 1961

Pénélope S. Delta, Gustave Schlumberger
Lettres de deux amis. Suivies de quelques lettres de Gabriel Millet, Introduction et notes de X. Lefcoparidis, préface d'André Mirambel
Athènes, IFA, 1962

Gérard de Nerval
Le carnet de Dolbreuse – Essai de lecture par Jean Richer
Athènes, IFA, 1967

Jacques Baeyens
Skyros, petite île
Athènes, IFA, 1969

Jacques Baeyens
Les Français à Corfou (1797-1799 et 1807-1814)
Athènes, IFA, 1973

Georges Duby
Orientation récente des recherches historiques en France [conférence 14 octobre 1991]
Athènes, IFA, 1992

Maurice Barrès
Adieu à Moréas
Athènes, IFA / CTL, 1995

Takis Théodoropoulos
Malraux, les métamorphoses de la Grèce secrète – Μαλρώ, οι μεταμορφώσεις της κρυφής Ελλάδας
Athènes, Ambassade de France / IFA-CTL, 1996

Octave Merlier
Lettres de Grèce
Athènes, IFA/CTL, 1996

Georges Stassinakis
Nikos Kazantzaki et la France [conférence]
Athènes, Ambassade de France / IFA-CTL, 1997

VIII. Diplômés du Cours spécial de l'Institut français d'Athènes 1951-1977

Achthoforidou Sophie (1957)
Agapiou-Samouilidou Vasiliki (1966)
Aggelonidis Stylianos (1959)
Antipa-Tsigou Styliani (1974)
Arabatzi Ioanna (1977)
Asprea Amalia (1976)
Athousaki Catherine (1964)
Avgoustaki Vassiliki (1977)
Balta Theodora (1959)
Belmezou Valsamo (1977)
Bidali Anna (1959)
Breha Constantina (1976)
Chrapi Athina (1958)
Chrisohoidou-Clouni Marina (1957)
Dede-Triantafillou Vasiliki (1953)
Dendrinos Constantinos (1972)
Diamantopoulou Aggeliki (1977)
Dimakopoulou Faidra (1976)
Dimtsas Petros (1959)
Economopoulou-Bozaninou Olga (1955)
Evangelatou-Donti Fotini (1957)
Flitzatzidou-Ipodimatopoulou Maria (1964)
Floraki-Seirli Anna (1976)
Florou-Zarkou Hariklia (1955)
Galani Sophie (1977)
Georgantzi Alice (1956)
Giannioti Georgia (1973)
Gilamaraki-Prinou Maria (1962)
Gkiortzi-Agapitou Irène (1954)
Karoussou-Kahrimani Elli (1951)
Karoussou-Karpi Marianthi (1951)
Katsilerou-Karayanni Vasiliki (1955)
Kazakou-Perraki Dimitra (1955)
Kiousopoulou-Karvela Maroula (1961)
Kiriazi-Koronaiou Evangelia (1957)
Kokka-Apostolidou Anastassia (1970)
Kolliniati-Kallianou Catherine (1968)

Kondylas Alexandros (1961)
Konstantara Garoufalia (1974)
Kontaxi Zoi (1976)
Koronaiou-Giaglara Erifili (1962)
Kouria Maria (1977)
Labrou Elisavet (1977)
Louvari-Constantatou Ourania (1976)
Machaira Hélène (1976)
Magina-Plida Vasiliki (1970)
Maliaka Hélène (1977)
Mandyla Sophie (1970)
Manthopoulou Vasiliki (1974)
Massoura-Apostolopoulou Hélène (1952)
Mavraki Maria (1977)
Mega Annie (1976)
Metallinou Catherine (1974)
Metrou-Gonou Angélique (1975)
Moshopoulou Filomeni (1969)
Neaki-Coulon Eleftheria (1961)
Ntikopoulou-Karanasiou Vasiliki (1973)
Paiana-Bakratsi Georgia (1952)
Papadopoulou Hélène (1959)
Papandreou Hélène (1977)
Papaspiliotopoulou-Filippatou (1954)
Papastavrou Hélène (1976)
Papoutsa Catherine (1974)
Perelina Angélique (1953)
Pipiligka-Aretaiou Ioulia (1965)
Porou-Mourtzinou Chrysoula (1959)
Rammou-Blana Vasiliki (1973)
Raptopoulou Zinovia (1966)
Samouilidou-Vazakopoulou Ioanna (1964)
Sednou Maria (1977)
Seferiadou-Printzou Hélène (1963)
Seitanidou Lida (1976)
Sfakianaki Hélène (1977)
Skarpetis Pavlos (1954)
Sotiropoulou-Dritsa Hélène (1958)
Stylianou-Agourou Evgenia (1969)

Syrma Georgia (1969)
Theodoropoulou-Gouma Angélique (1965)
Theofilopoulou Hélène (1954)
Theohari-Adamopoulou Dimitra (1956)
Thomadaki Marika (1977)
Topali-Zapounidi Hélène (1966)
Triiri-Gouma Athina (1956)
Tsaoussi Catherine (1951)
Tsikoura-Harmanda Evgenia (1956)
Tsimitseli Hélène (1963)
Tsimitseli-Fakinou Paraskevi (1963)
Valentzaki-Kallitzaiou Eugénie (1962)
Vassalou Evgenia (1977)
Vassila Irène (1960)
Vegli Athanassia (1976)
Voulgaraki-Pouggi Kalliopi (1951)
Xanthopoulou-Labrinou Olga (1955)
Zafiropoulou-Tomara Maria (1960)
Zalloni-Groullero Irène (1959)
Zavitsanaki Tasoula (1975)

Archives et bibliographie

Fonds d'archives dépouillés

Archives de l'École française d'Athènes :

Archives manuscrites 1-ACE- 1 à 16

Archives Diplomatiques de Nantes :

Archives de l'Institut français d'Athènes, série 754PO/1 (1945-1970)
Cartons : 1, 2, 3, 4, 5, 6, 20, 21 28, 29, 30, 31, 32

Archives de l'Ambassade de France à Athènes, série 48PO/B

Cartons : 95, 95bis, 96.

Archives nationales, F/12

Carton : 14585.

Archives non répertoriées de l'Institut français de Grèce :

Dossiers : « Organisation générale et projets 1991-2003 », « Situation de l'IFA 1996-2003 », « Avant-projet de l'établissement 1998/2000 », « Plan d'action stratégique de l'Institut français d'Athènes 2004-2006 », « DELF-DALF 1990-1995 ».

Dossiers : « Historique et Statistiques » I 31, « Politique culturelle » II 31, « Examens Français » III 63, « Enseignement du français. Coopération universitaire » III 4, « Expo à l'IFA 1956-1981 » V 631, « Certificats-Diplômes livrés par l'IFA ».

Bibliographie

Anestidis 2021 = Stavros Anestidis, « Au départ du voyage du Mataroa : documents du fonds Octave Merlier du Centre d'études d'Asie Mineure », in Maximilien Girard, Claire Béchu (éd.), *La France et la Grèce au xx*e *siècle : des archives à l'histoire*, Athènes, EFA, MMB 15, 2021, p. 327-337.

Arnoux-Farnoux 2013 = Lucile Arnoux-Farnoux, « Το εκδοτικό έργο του Ο. Μερλιέ (1945-1961) » [L'œuvre éditoriale d'Octave Merlier (1945-1961)], *Athens Review of Books* 42, juillet-août 2013, p. 44-47.

Arnoux-Farnoux 2015 = Lucile Arnoux-Farnoux, « Relations intellectuelles et artistiques entre la France et la Grèce au xxe siècle. L'action de deux philhellènes, Octave Merlier (1897-1976) et Roger Milliex (1913-2006) », *Rives méditerranéennes* 50, 2015, p. 53-64.

Arnoux-Farnoux 2018 = Lucile Arnoux-Farnoux, « The Institut français d'Athènes 1945-1955: Cultural exchanges and Franco-Greek relations », in Peter Mackridge, David Ricks (éd.), *The British Council and Anglo-Greek Literary Interactions, 1945-1955*, Londres, New York, Routledge, 2018, p. 227-238.

Arnoux-Farnoux 2021a = Lucile Arnoux-Farnoux, « École française d'Athènes et Institut français d'Athènes : destins croisés », in Maximilien Girard, Claire Béchu (éd.), *La France et la Grèce au xx*e *siècle : des archives à l'histoire*, Athènes, EFA, MMB 15, 2021, p. 287-301.

Arnoux-Farnoux 2021b = Lucile Arnoux-Farnoux, « La réception de la littérature grecque en France du Mataroa à la fin de la dictature (1945-1976) : le rôle des éditeurs et des traducteurs », in Lucile Arnoux-Farnoux (éd.), *Le double voyage : Paris-Athènes (1945-1975)*, Athènes, EFA, MMB 16, 2021, p. 277-298.

Arnoux-Farnoux 2022 = Lucile Arnoux-Farnoux, « Voyage, idéologie et poésie : Éluard en Grèce pendant la guerre civile (1946 et 1949) », in Margarita Alfaro, Vassiliki Lalagianni, Ourania Polycandrioti (éd.), *Voyage et idéologie. Les politiques de la mobilité (Orient, Afrique, Asie – xx*e *siècle)*, Montrouge, Éditions du Bourg, 2022, p. 21-46.

Bacardats, Colombos, Muller 1948 = Suzanne Bacardats, Marise Colombos, Jacqueline Muller, *Cours Moyen. Deuxième année*, Athènes, IFA, Bibliothèque de l'Institut francais d'Athènes, 1948.

Baud-Bovy 1957 = Samuel Baud-Bovy [préface de Mme M. [Melpo] Merlier], *Études sur la chanson cleftique, avec 17 chansons cleftiques de Roumélie, transcrites d'après les disques des Archives musicales de folklore*, Athènes, IFA, Collection de l'Institut français d'Athènes 53 / Centre d'études d'Asie Mineure, Archives musicales de folklore 21, 1957.

Benoit 1850 = Charles Benoit, « Fragment d'un voyage entrepris dans l'Archipel grec en 1847 », *Archives des Missions scientifiques et littéraires* I, 1850, p. 609-632.

Burney, Constandinidi 1969 = Pierre Burney, Paul Constandinidi, *Vers un meilleur français. Méthode bilingue destinée aux étudiants grecs / Βελτιωμένα γαλλικά, κυρίως προφορικά, δίγλωσσος μέθοδος δια τον Έλληνα μελετητήν*, Athènes, IFA, Collection de l'Institut français d'Athènes, 1969.

Camus 2016 = Albert Camus, *Carnets III. Mars 1951-décembre 1959*, édition établie et annotée par Raymond Gay-Crosier, Paris, Gallimard, coll. Folio, 2016.

Casanova, Papanicolaou 1946 = Marie Casanova, Hélène Papanicolaou, *Notre premier livre de lecture*, Athènes, IFA, Collection de l'Alliance française de Grèce, 1946.

Chèze 2017 = Mathilde Chèze, *La France en Grèce. Étude de la politique culturelle française en Grèce du début des années 1930 à 1981*, Paris, L'Harmattan, 2017.

Courbin 1954 = Paul Courbin, « La formation de l'École française d'Athènes », *France-Grèce* 8, 1954, p. 4-7.

Demangel 1950 = Robert Demangel, « L'École Française d'Athènes au seuil de son second siècle », *Revue Historique*, janvier-mars 1950, 203, 1, p. 1-29.

Efthymiou 2015a = Loukia Efthymiou, *La Formation des francisants en Grèce : 1836-1982. Approches d'une histoire culturelle*, Paris, Publibook, 2015.

Efthymiou 2015b = Loukia Efthymiou, « Le rôle de l'École française d'Athènes dans l'institution d'une formation de francisants en Grèce, 1897-1930 », *Documents pour l'histoire du français langue étrangère ou seconde* 55, 2015, p. 121-136, https://doi.org/10.4000/dhfles.4298.

Efthymiou, Manitakis 2017 = Loukia Efthymiou, Nicolas Manitakis, « "La méthode orale" à l'Institut français d'Athènes : innovations pédagogiques dans l'enseignement du français en Grèce (1946-1961) », *Documents pour l'histoire du français langue étrangère ou seconde* 58-59, 2017, p. 121-137, https://doi.org/10.4000/dhfles.4456.

Flitouris 2005 = Lampros Flitouris, « L'institut français d'Athènes pendant la Seconde Guerre mondiale », *Guerres mondiales et conflits contemporains* 218, 2005, p. 37-52.

Gateau 1988 = Jean-Charles Gateau, *Paul Éluard, ou Le Frère voyant 1895-1952*, Paris, Robert Laffont, 1988.

Grégoire 1948 = Henri Grégoire, *Dans la montagne grecque, septembre 1947-juillet 1948*, Bruxelles, La Renaissance du Livre, 1948.

Janin 1949 = Raymond Janin, « Collection de l'Institut français d'Athènes », *Revue des Études byzantines* 7, 1949, p. 270.

Jouanny 1977 = Robert Jouanny, « Éluard en Grèce (Documents inédits) », in *Histoire et littérature. Les écrivains et la politique*, Paris, PUF, 1977, p. 161-181.

Jollivet, Manitakis 2020 = Servanne Jollivet, Nicolas Manitakis (éd.), *Mataroa 1945. Du mythe à l'histoire*, Athènes, EFA, MMB 14, 2020.

Koutsoukou 2008 = Fedra Koutsoukou, *Die deutsche Kulturpolitik in Griechenland in der Zeit des Nationalsozialismus (1933-1944)*, Berlin, Metropol, 2008.

Lacroix 1850 = Louis Lacroix, « Fragment d'une lettre au directeur Daveluy », *Archives des Missions scientifiques et Littéraires* I, 1850, p. 113-118.

Manitakis 2009 = Nicolas Manitakis, « Ξένες κρατικές υποτροφίες. Πολιτιστική προπαγάνδα στην Ελλάδα του εμφυλίου » [La politique de bourses des gouvernements étrangers. Propagande culturelle en Grèce pendant la Guerre Civile (1944-1949)], in Christos Hadziiossif (éd.), *Histoire de la Grèce au xxe siècle. 1945-1952*, Athènes, Bibliorama, 2009, vol. D2, p. 133-155.

Manitakis 2011 = Nicolas Manitakis, « L'exil des jeunes Grecs et le rôle de l'Institut français : un exil doré ? », in Servanne Jollivet, Christophe Premat, Mats Rosegren (éd.), *Destins d'exilés. Trois philosophes grecs à Paris : Kostas Axelos, Cornelius Castoriadis, Kostas Papaioannou*, Paris, Le Manuscrit, 2011, p. 19-45.

Manitakis 2018 = Nicolas Manitakis, « Le développement institutionnel des relations culturelles francogrecques durant l'entre-deux-guerres », in Lucile Arnoux-Farnoux, Polina Kosmadaki (éd.), *Le double voyage : Paris-Athènes (1919-1939)*, Athènes, EFA, MMB 12, 2018, p. 17-31.

Manitakis 2019-2020 = Nicolas Manitakis, « Το τυπογραφείο του Γαλλικού Ινστιτούτου Αθηνών 1949-2001. Ένας ιδιαίτερος τυπογραφικός οργανισμός » [L'imprimerie de l'Institut Français d'Athènes], *Μνήμων* 37, 2019-2020, p. 221-248.

Manitakis 2021 = Nicolas Manitakis, « Du Mataroa à la Junte : les relations intellectuelles et culturelles franco-helléniques sous le signe du renouveau », in Lucile Arnoux-Farnoux (éd.), *Le double voyage : Athènes-Paris (1945-1975)*, Athènes, EFA, MMB 16, 2021, p. 17-34.

Manitakis 2023 = Nicolas Manitakis, « Η γαλλική αρωγή στην εκκόλαψη ενός ερευνητικού οργανισμού : από το Αρχείο Μικρασιατικής Λαογραφίας στο Κέντρο Μικρασιατικών Σπουδών (1949-1959) » [La contribution française à l'incubation d'un centre de recherche : des Archives Folkloriques au Centre d'Études d'Asie Mineure (1949-1959)], *Δελτίο Κέντρου Μικρασιατικών Σπουδών*, 2023 (sous presse).

Matala 2007 = Maria Matala, « La Grèce d'Albert Camus », in *Albert Camus et la Grèce*, Arles, Les éditions de la Nuit, 2007, p. 13-30.

Matthiopoulos 2007 = Evgenios Matthiopoulos, « Οι εικαστικές τέχνες στην Ελλάδα τα χρόνια 1945–1953 » [Les arts plastiques en Grèce 1945-1953], in Christos Hatziiosif (éd.), *Ιστορία της Ελλάδας του 20ου αιώνα*, 4.2, Athènes, Bibliorama, 2007, p. 183-237.

Merlier 1983 = Octavie Merlier, *Octave Merlier : un grand Français, un ami de la Grèce*, Paris, Les Belles Lettres, 1983.

Metaxas-Mourélos 1948 = Hélène Metaxas-Mourélos, *L'enseignement par l'image et par la chanson : premier cahier, cours oral et préparatoire*, Athènes, IFA, 1948.

Milliex 1976 = Roger Milliex, « Avant-Propos », in *Hommage à la Grèce 1940-1944, textes et témoignages français recueillis et présentés par Roger Milliex*, Athènes, IFA, Collection de l'Institut français d'Athènes, 1979.

Milliex 1996 = Roger Milliex, « L'Institut français d'Athènes, fils spirituel de l'École française », *BCH* 120.1, 1996, p. 69-82.

Mossé 2006 = Claude Mossé, *Περικλής. Ο εφευρέτης της Δημοκρατίας* [Périclès. L'inventeur de la démocratie], Athènes, Papadimas, 2006.

Mourelos 1957 = Georges Mourelos, *Gounaro*, Athènes, IFA, Collection de l'Institut français d'Athènes 95 / Artistes grecs contemporains 1, 1957.

Papanicolaou, Mourélos, Tsouchlou = Hélène Papanicolaou, Hélène Mourélos, Irène Tsouchlou, *Enseignement oral et cours élémentaire : livre du professeur*, Athènes, IFA, Bibliothèque de l'Institut francais d'Athènes, 1948.

Petit 1994 = Cécile Petit, *Les relations franco-helléniques culturelles et scientifiques : essai de bilan historique et contemporain*, thèse de doctorat, université de Bordeaux, 1994.

Petritsi 2015 = Eleni Petritsi, *Η βρετανική πολιτιστική πολιτική στην Ελλάδα*, 1945-1967 [La politique culturelle britannique en Grèce, 1945-1967], thèse de doctorat, université Ionienne (Corfou), 2015.

Picard 1948 = Charles Picard, « L'œuvre de l'École française d'Athènes », *Revue Historique* 199.1, 1948, p. 1-21 et 199.2, 1948, p. 189-207.

Plassmann 2012 = Lorenz Plassmann, *Comme dans une nuit de Pâques ? Les relations franco-grecques, 1944-1981*, Bruxelles, Peter Lang, 2012.

Radet 1898 = Georges Radet, *Les débuts de l'École française d'Athènes. Correspondance d'Emmanuel Roux 1847-1849*, Bordeaux, Bibliothèque des Universités du Midi, 1898.

Radet 1901 = Georges Radet, *L'histoire et l'œuvre de l'École française d'Athènes*, Paris, Fontemoing, 1901.

Renvoysé 1948 = Hélène Renvoysé, *Méthode de prononciation et de lecture*, Athènes, IFA, Bibliothèque de l'Institut Francais d'Athènes, 1948 (3e éd.).

Roussel 1921a = Louis Roussel, *La prononciation de l'attique classique*, Paris, de Boccard, 1921.

Roussel 1921b = Louis Roussel, *Karagheuz ou Un théâtre d'ombres à Athènes*, Athènes, A. Raftanis, 1921.

Séféris 1996 = Georges Séféris, *Μέρες Ε' : 1 Γενάρη 1945-19 Απρίλη 1951* [Journal, t. 5 : 1er janvier 1945-19 avril 1951], Athènes, Ikaros, 1996.

Spatharis 2020 = Sotiris Spatharis, *Τα Απομνημονεύματά μου* [Mémoires], [Textes autobiographiques inédits de l'artiste populaire, introduction, édition scientifique et commentaires de Yannis Kokkonas], Héraklion, Panepistimiakes ekdoseis Kritis, 2020.

Valaoritis 1956 = Aristote Valaoritis, *Quinze lettres françaises*, Athènes, IFA, Collection de l'Institut français d'Athènes, 1956.

Zay 2020 = Jean Zay, *Souvenirs et solitude*, Paris, Belin, 2020 (1re éd. 1946).

Index

Abraham, Marcel 106
Agacinski, Sylviane 174
Alexakis, Vassilis 164, 185
Alighieri, Dante voir Dante
Alliez, Eric 172
Amantos, Konstantinos 112
Analis, Dimitris (Dimitri) 157
Andriotis, Nikolaos P. 112
Angelopoulos, Théo 157
Apartis, Thanassis 94
Apollinaire, Guillaume 94
Arhweiler, Hélène 171
Armengaud, Jean-Pierre 165, 175
Aron, Raymond 92
Arroyo, Eduardo 164
Ascaride, Ariane 182
Axelos, Kostas 157, 165, 166
Axioti, Melpo 92
Aymard, Maurice 169

Bacardats, Suzanne 71
Bachelard, Gaston 94
Badinter, Elisabeth 170
Badiou, Alain 171, 194
Baelen, Jean 113
Baeyens, Jacques 118
Barrault, Jean-Louis 119
Baud-Bovy, Samuel 92, 113
Bayamack-Tam, Emmanuelle 172
Baye, Nathalie 182
Bayet, Charles 7
Béart, Emmanuelle 182
Becker, Jacques 179
Benoît, Charles 6
Béquignon, Yves 23
Bérard, Victor 89
Berman, Antoine 176
Bernard, Jean 170
Binoche, Juliette 182
Boissonnas, Fred 89
Boltanski, Luc 169
Bon, Antoine 23
Bonis, Léon 62, 63
Boucheron, Patrick 194
Boudouris, Jeanne 118
Bourdelle, Antoine 94
Bourdelle-Sevastos, Cléopâtre 85
Bourdieu, Pierre 169, 174
Braque, Georges 85
Bresson, Robert 178, 179
Brook, Peter 157
Bruckner, Pascal 170, 171
Büttgen, Philippe 172
Byzantios, Konstantinos (Dikos) 97

Camus, Albert 92, 93
Candilis, Georges 165
Canellis, Orestis 86
Cartier-Bresson, Henri 157, 160
Casanova, Maria 71
Cassin, Barbara 172, 174
Castoriadis, Cornelius 165, 166
Cavafy, Constantin 89
Cavalier, Jacques 36
Cendrars, Blaise 176
Chabrol, Jean-Pierre 164
Chapouthier, Fernand 23, 25, 26
Charbonnières, Guy de Girard de 121
Charpak, Georges 170
Chénier, André 95

Christidis, Christos 110
Chronopoulos, Lambis 115
Claudel, Paul 93, 119, 177
Clément, Catherine 176
Clément, René 178, 179
Clergue, Lucien 164
Cocteau, Jean 93, 178
Colette (Sidonie-Gabrielle Colette, dite) 177
Collaros, Paul 57, 78
Colombani, Jean-Marie 171, 173
Colombos-Bigot, Marie-Louise 70, 71
Costa-Gavras 157, 179
Cottez, Henri 26
Coulentianos, Costas 157, 165
Courbin, Paul 40
Courby, Fernand 21, 22
Courtiau, Jean 10, 13
Courtois, Stéphane 172, 174
Coutouzis, Néoclès 85, 87, 89, 106, 108
Cranaki, Mimica 101
Criticos, Nicolas 57

Dallegio, Eugène 112
Damianos, Alexis 182
Dante 28
Daroussin, Jean-Pierre 182
Daumier, Honoré 84
Daux, Georges 40
De Chirico, Giorgio 94
Debussy, Claude 94
Deguy, Michel 172
Delivorias, Angelos 185
Delmouzos, Alexandre (Alexandros) 112
Demangel, Robert 21, 22, 36, 37
Déon, Michel 164
Derrida, Jacques 172, 174
Descotes, Olivier 187, 193, 197
Detzortis, Nassos 106
Dhôtel, André 23
Dimaras, Constantin 118
Douka, Maro 178
Drossinis, Georgios 29
Drot, Jean-Marie 2, 79, 156, 157, 164, 165, 166, 169, 171, 179
Duby, Georges 169
Ducoux, Henri 18, 61, 62
Duhamel, Alain 170
Dumas, Alexandre 177
Durand, Marcel 176
Durand, Bernard 49, 81
Duroy, Lionel 172
Durry, Marie-Jeanne 94

Ehret, Henri 53, 76, 83, 120, 121
Éluard, Paul 92, 93
Elytis, Odysseas 105
Embirikos, Andreas 93, 178
Engonopoulos, Nikos 91, 157, 159, 178
Estève, Marie-Hélène 56

Failevic, Maurice 179
Fakinos, Aris 164
Fassianos, Alekos 185
Fauré, Gabriel 94
Fauve, Jacques 58, 59, 75, 82, 126, 135
Fernandez, Dominique 172
Ferro, Marc 169
Finkielkraut, Alain 170
Flaubert, Gustave 28
Folin, Jacques de 46
Fomine, Youry 32
Fontaine, Gérard 133
Fontaine, Jean 79
Fonteyne, Frédéric 182
Fonvieille, François 24
Fougères, Gustave 18, 24, 27, 31, 35
Fougeron, André 85
France, Anatole 13
Franck, César 94
Friedmann, Georges 92

Gaïtis, Yannis 157, 163
Galanaki, Rhéa 178
Galanis, Dimitris 84, 85
Gary, Romain 94
Gaulle, Charles de 119, 120, 121, 122
Gennes, Pierre-Gilles de 170
Germain, Sylvie 176
Ghikas voir Hatzikyriakos-Ghikas, Nikos
Gide, André 93
Giffard, Henry 7
Giscard d'Estaing, Valéry 45, 47, 79, 119 122
Gobineau, Arthur de 95
Goulandri, Niki 185
Gounaropoulos, Georges 89, 114
Graindor, Paul 21
Grégoire, Henri 116
Grenier, Jean 94

Grigoriou, Eleftherios 114
Gritsi-Milliex, Tatiana 39, 85, 93
Gros, François 171
Guastalla, Hélène 87
Guérin, Michel 61, 127, 141, 178
Guichard, Léon 24, 26
Guitry, Sacha 28

Haenel, Yannick 172
Haize, Daniel 130, 168
Hatzikyriakos-Ghikas, Nikos 91, 157, 158, 164
Hautchamp, Mikaël 3, 187, 193, 194
Henriot, Emile 92
Holleaux, Maurice 9, 10
Homolle, Théophile 7, 8, 9, 14, 24, 27, 31, 35
Honoré, Christophe 172
Hudelot, François 148
Huet, Maurice 89
Hugo, Victor 13
Huisman, Georges 92
Huppert, Isabelle 182

Ioannidi, Zoé 57
Ioannidis, Dimitris 57
Ionesco, Eugène 100, 164
Iosseliani, Otar 182

Janin, Raymond 117
Jouvet, Michel 170

Kadaré, Ismaïl 169
Kalomiris, Manolis 113
Kanellopoulos, Athanassios 120
Karamanlis, Konstantinos 47, 79, 120
Karantonis, Andreas 116
Kastanakis, Thrassos 89
Kazantzakis, Nikos 89, 110
Kepel, Gilles 172, 174
Kokkos, Yannis 157
Koltès Bernard-Marie 177
Koukoulès, Phédon 112
Koun, Karolos 157
Koundouros, Nikos 182
Kourilsky, Philippe 170
Koutouzis voir Coutouzis, Néoclès
Kupka, Franck 157, 161

Labrune, Jeanne 182
Lacarrière, Jacques 164
La Coste Messelière, Pierre de 21
Lacoue-Labarthe, Philippe 172
Lacroix, Louis 6
Lacroix, Maurice 21
Ladmiral, Jean-René 176
Lambraki-Plaka, Marina 185
Lattry, Mikhail 32
Laumonier, Alfred 21, 23
Le Drian, Marie 172
Leclanche, Jean-Luc 126
Léger, Fernand 87, 92
Legrand, Emile 108
Lehn, Jean-Marie 170
Lejeune, Robert 21, 22, 23, 24
Levesque, Robert 93, 104, 109, 117
Liakopoulou, Marilena 97
Libéraki, Marguerite 89
Littardi, Arnaud 142, 185, 192
Logotheti-Merlier, Melpo 32, 33, 36, 104, 113
Lou, Virginie 172
Louis-Philippe 5

Maalouf, Amin 169
Maeterlinck, Maurice 177
Malabou Catherine 172
Malliarakis, Antoine (Mayo) 164, 165
Malraux, André 120
Mamopoulos, Pierre 113
Manessier, Alfred 101
Manet, Edouard 84
Manthoulis, Robert 164, 182
Margerie, Christian de 46, 79, 81, 95, 96
Marie, André 115, 120
Marivaux 177
Martinez, Martial 152, 153
Masson, André 85
Masson, Jean-Yves 172
Matisse, Henri 84, 85, 157
Matton, Lya 117
Matton, Raymond 113, 114, 117
Mayo voir Malliarakis Antoine
Méliès, Georges 179
Mérigot, Jean 24
Mérillon, Jean-Marie 59, 126
Merlier, Melpo voir Logotheti-Merlier, Melpo
Merlier, Octave 15, 17, 21, 23, 25, 26, 32, 33, 35, 36, 37, 40, 43, 45, 50, 53, 54, 55, 56, 57, 62, 69, 70, 71, 74, 75, 76, 77, 78, 82, 83, 84, 89, 92, 93, 101, 103, 104, 105, 106, 108, 109,

110, 111, 112, 115, 116, 117, 118, 119, 120, 129, 142, 157, 183, 185
Merlier, Octavie 106
Mertens, Pierre 169
Meschonnic, Henri 176
Milliex, Roger 2, 24, 37, 38, 40, 50, 52, 71, 74, 85, 86, 87, 93, 118
Milliex, Tatiana voir Gritsi-Milliex, Tatiana
Mirambel, André 24, 89
Mitrani, Michel 179
Molfessis, Dimosthenis 98, 99
Molière 29, 109, 152, 177
Mondrian, Piet 101
Montherlant, Henry de 93
Moralis, Yannis 87, 91
Moréas, Jean 94
Morin, Edgar 169, 174
Morin, Valérie 129
Mossé, Claude 169, 174
Mouglalis, Anna 182
Mounin, Georges 176
Mourélos, Georges 20, 57, 70, 89, 114
Mourélos, Yannis 118
Mourélou-Metaxa, Hélène 20, 70, 71, 74
Mouriez, Emmanuel 155
Muller-Schidun, Jacqueline 71
Musso, Mireille 139, 140, 154, 155
Myrivilis, Stratis 118

Noailles, Anna de 87
Nogué, Jean 24, 26

Omnès, Yvon 102
Ormesson, Olivier d' 7
Ozon, François 182

Palamas, Costis 28, 91, 103
Papadiamantis, Alexandros (Alexandre) 33, 105
Papadopoulos, Petros 58, 178
Papageorgiou-Provata, Elisabeth 118
Papanicolaou, Hélène 52, 70, 71, 74
Papatsonis, Takis 110
Papoutsakis, Georges 89
Paraschos, Kléon 110
Pâris, Johannès 21, 22, 27, 31
Pasteur Vallery-Radot, Louis 94
Patrikios, Titos 185
Pecker, Jean-Claude 170
Pellegrin, Françoise 184
Peretti, Joseph 111
Pernot, Hubert 23, 33, 108
Petsopoulos, Antonis 62
Peyrou, Pierre 101
Philippe, Gérard 102
Piaf, Edith 164
Picard, Charles 15, 22, 23, 24, 28, 29, 32, 33, 34, 35, 36, 40
Picasso, Pablo 85
Piscatory, Théobald 6
Plassart, André 21, 29
Politis, Kosmas 92
Politis, Nicolas 29
Poniridis, Georgios 113
Pouget, Pierre 53
Poulenc, Francis 157
Poulos, Takis 177
Prassinos, Gisèle 169
Prassinos, Mario 85, 101
Prekas, Paris 99, 100
Prévélakis, Pandélis 119
Proust, Marcel 177

Racine, Jean 177
Radet, Georges 6
Ravel, Maurice 94
Reeves, Hubert 170
Renan, Ernest 29, 170
Renaudin, Louis 21
Renvoysé, Hélène 24, 71
Replat, Joseph 9
Resnais, Alain 179
Revault d'Allones, Myriam 170
Reynaud, Philippe 172
Richer, Renée 118
Ritsos, Yannis 92, 101
Rivière, Marie 182
Rodin, Auguste 84
Rohmer, Eric 179, 182
Roïdis, Emmanuel 178
Romaios, Constantin 112
Romilly, Jacqueline de 94, 169
Rosanvallon, Pierre 194
Rosier, Jacques 179
Rouault, Georges 84, 95, 97
Roulant, Albert 21, 29

Roussel, Louis 10, 13, 15, 17, 18, 21, 22, 23, 27, 28, 29, 30, 32, 33, 34, 35, 36, 115, 116
Roussel, Pierre 35, 36
Roux, Emmanuel 6

Sagan, Françoise 157
Saint-John Perse 110
Sakellariou, Mihalis 106
Salvayre, Lydie 172
Sarraute, Nathalie 157
Séféris, Georges 93, 104, 109, 110, 117, 175
Sellers, Catherine 101
Semprun, Jorge 169
Senghor, Léopold 157
Serres, Michel 172
Sikélianos, Angelos 92, 93, 103, 105, 109, 110, 175
Simon, Claude 169
Skiadaressis, Spyros 110
Skalkotas, Nikos 113
Sokal, Benoît 194
Solomos, Dionysios 89, 90, 104, 109, 110, 111, 175
Sotiriou, Georgios 32, 33, 112
Soulages, Pierre 101
Spatharis, Evgenios 115
Spatharis, Sotiris 114, 115
Spiteris, Tony 86, 87
Staïkos, Andreas 177
Stergiopoulos, Constantin 112
Strombouli, Hellé 20
Suard, Catherine 188
Svoronos, Nicos 165

Tabard, Pierre 101
Tarabout, Yvon 118
Tardieu, Jean 101
Tavernier, Bertand 179
Theodoropoulos, Takis 178
Théophilos 157
Théotokas, Georges 117
Thividopoulos, Dimitris 57
Thomas, Arlette 101
Todorov, Tzvetan 174
Toscan du Plantier, Daniel 182
Toussaint, Jean-Philippe 172
Triantafyllidis, Alexandros 112
Trihoreau, Jacques 167
Tsarouchis, Yannis 87, 91, 157, 162
Tsatsos, Konstantinos (Constantin) 86, 120
Tsouchlos, Vrasidas 57
Tsouchlou, Irène 57, 70, 71

Valaoritis, Aristotelis 28, 89
Valaoritis, Aristotelis I. 89
Valtinos, Thanassis 169, 178
Varda, Agnès 179
Varvoglis, Marios 113
Vassilikos, Vasssilis 94, 185
Vassiliou, Spyros 91, 109
Vaux Saint Cyr, Marie Bernard de 74
Vénézis, Ilias 92
Vercors 39
Vernant, Jean-Pierre 169, 174
Verne, Jules 102
Villon, François 109, 110
Villon, Jacques 84, 88
Vitez, Antoine 157
Vizyinos, Georges 178
Vlastos, Petros 29
Voltaire 177

Xenakis, Iannis 157
Xenopoulos, Grigorios 29

Yourcenar, Marguerite 89, 157

Zammit, Pierre 128
Zannas, Pavlos 177
Zay, Jean 36, 120
Zervos, Christian 85, 89

Table des illustrations

Fig. 1 — L'École française d'Athènes, 1900. © Archives Photographiques ELIA-MIET. p. 7.

Fig. 2 — Autorisation d'ouverture de l'École primaire annexée à l'École française d'Athènes en 1907. © École française d'Athènes. p. 11.

Fig. 3 — Brochure de l'École primaire annexée à l'École française d'Athènes, 1907. © École française d'Athènes. p. 12.

Fig. 4 — Certificat d'études de l'École primaire annexée à l'École française d'Athènes, 1908. © École française d'Athènes. p. 12.

Fig. 5 — Élèves et enseignants de l'École Giffard en 1914. © Archives familiales Courby. p. 14.

Fig. 6 — Brochure de l'Institut supérieur d'études françaises, 1919-1920. © École française d'Athènes. p. 16.

Fig. 7 — Diplôme du Cours supérieur des jeunes filles, 1925. © Institut français de Grèce. p. 17.

Fig. 8 — Projet d'agrandissement du bâtiment de l'Institut supérieur d'études françaises par J. Replat en 1914. © École française d'Athènes. p. 19.

Fig. 9 — Le bâtiment de l'Institut supérieur d'études françaises après les travaux réalisés en 1914-1915. © Institut français de Grèce. p. 20.

Fig. 10 — Vue de la maison des professeurs et du bâtiment de l'Institut supérieur d'études françaises depuis les pentes du Lycabette, vers 1915. © Archives familiales Courby. p. 21.

Fig. 11 — Diplôme du Cours spécial de préparation au professorat de français, 1938. © Institut français de Grèce. p. 26.

Fig. 12 — Invitation à la conférence de Louis Roussel, Institut supérieur d'études françaises, 1922. © École française d'Athènes. p. 28.

Fig. 13 — Revue *Libre* de Louis Roussel, numéro 12, 24 octobre 1923. © Collection particulière. p. 30.

Fig. 14 — Programme de conférences de l'Institut supérieur d'études françaises, 1925-1926. © École française d'Athènes. p. 35.

Fig. 15 — Couverture du programme de l'Institut supérieur d'études françaises, 1940-1941. © Collection particulière. p. 38.

Fig. 16 — Couverture du roman de Vercors *Le Silence de la mer* traduit en grec par Tatiana Gritsi-Milliex. © Collection particulière. p. 39.

Fig. 17 — Annexe de l'Institut français d'Athènes au Pirée, années 1980. © Institut français de Grèce. p. 51.

Fig. 18 — Annexe de l'Institut français d'Athènes dans le quartier de Patissia, années 1960. © Institut français de Grèce. p. 52.

Fig. 19 — Annexe de l'Institut français d'Athènes à Volos, années 1960. © Institut français de Grèce. p. 53.

Fig. 20 — Projet d'agrandissement de l'Institut français d'Athènes, façade sur la rue Sina, par l'architecte Léon Bonis, octobre 1948 (projet non réalisé). © Institut français de Grèce. p. 63.

Fig. 21 — Le nouveau bâtiment en construction, 1952-1954. © Institut français de Grèce. p. 64.
Fig. 22 — Construction de la nouvelle aile, avec la maison du directeur au premier plan, 1952-1954. © Institut français de Grèce. p. 64.
Fig. 23 — Le nouveau bâtiment de l'Institut français d'Athènes après l'achèvement des travaux de 1952-1954. On distingue au fond l'annexe des membres étrangers de l'École française d'Athènes. © Institut français de Grèce. p. 65.
Fig. 24 — Vue générale de l'Institut français d'Athènes, avec la maison du directeur au premier plan, après l'achèvement des travaux de 1952-1954. © Institut français de Grèce. p. 65.
Fig. 25 — Vue arrière du nouveau bâtiment de l'Institut français d'Athènes, avec la terrasse de la maison du directeur au premier plan, années 1950. En bas à droite, le toit du musée des moulages de l'École française d'Athènes, le terrain de tennis et au fond l'angle du bâtiment de l'aile des membres de l'École française d'Athènes. © Institut français de Grèce. p. 66.
Fig. 26 — Secrétariat de l'Institut français d'Athènes après les travaux menés dans les années 1950. © Institut français de Grèce. p. 67.
Fig. 27 — Bureau d'accueil de l'Institut français d'Athènes, après les travaux menés dans les années 1950. © Institut français de Grèce. p. 67.
Fig. 28 — Salle de conférences de l'Institut français d'Athènes (dans le bâtiment construit en 1952-1954). © Institut français de Grèce. p. 68.
Fig. 29 — Le jardin de l'Institut français d'Athènes, années 1950. © Institut français de Grèce. p. 68.
Fig. 30 — Secrétariat de l'Institut français d'Athènes au moment des inscriptions, années 1960-1970. © Institut français de Grèce. p. 69.
Fig. 31 — *Notre premier livre de français*, livre scolaire paru dans la Collection de l'Institut français d'Athènes. © Collection particulière. p. 72.
Fig. 32 — *Sons et couleurs. Livre élémentaire de lecture*, paru dans la Collection de l'Institut français 1958. © Collection particulière. p. 73.
Fig. 33 — Cours de français avec usage de matériel audiovisuel, années 1960. © Institut français de Grèce. p. 77.
Fig. 34 — Couverture du catalogue de l'exposition des œuvres offertes par les artistes français, 1949. © Collection particulière. p. 85.
Fig. 35 — Couverture et page de titre du catalogue de l'exposition Fernand Léger, 1956. © Collection particulière. p. 87.
Fig. 36 — Couverture du catalogue de l'exposition du Livre Français, organisée à l'Institut français d'Athènes en 1960. © Collection particulière. p. 88.
Fig. 37 — Visiteurs à l'exposition organisée par l'Institut français d'Athènes à l'occasion du centenaire de la mort du poète Solomos, décembre 1957. © Institut français de Grèce. p. 90.
Fig. 38 — Exposition organisée par l'Institut français d'Athènes à l'occasion du centenaire de la mort du poète Solomos, décembre 1957. © Institut français de Grèce. p. 90.
Fig. 39 — Carton d'invitation à l'exposition Solomos, 1957 (recto et verso). © Collection particulière. p. 91.
Fig. 40 — Couverture du catalogue de l'exposition Georges Rouault, 1968. © Collection particulière. p. 96.
Fig. 41 — Dessin de la nouvelle aile conçue par l'architecte Dimosthenis Molfessis. © Institut français de Grèce. p. 99.
Fig. 42 — Construction de la nouvelle façade du bâtiment central, rue Sina, et installation de la sculpture *La respiration de la pierre* de Paris Prekas, 1975-1976. © Collection particulière. p. 99.
Fig. 43 — Détail de l'installation de la sculpture de Paris Prekas en présence de l'artiste (à gauche, de profil), 1975-1976. © Collection particulière. p. 100.
Fig. 44 — Couverture de la traduction de Solomos par Robert Levesque, n° 1 de la Collection de l'Institut français d'Athènes, 1945. © Collection particulière. p. 104.

Fig. 45 — Couverture de la traduction de Séféris par Robert Levesque, n° 2 de la Collection de l'Institut français d'Athènes, 1945. © Collection particulière. p. 104.
Fig. 46 — Ancienne imprimerie de l'Institut français d'Athènes. © Institut français de Grèce. p. 107.
Fig. 47 — Bulletin analytique de bibliographie hellénique, fascicule 1, 1946. © Collection particulière. p. 108.
Fig. 48 — Couverture de la traduction en grec d'*Amphitryon* de Molière, 1948. © Collection particulière. p. 109.
Fig. 49 — Couverture de la traduction en grec de huit essais de Montaigne, 1957. © Collection particulière. p. 111.
Fig. 50 — Couverture du livre de Melpo Logotheti-Merlier, *Les archives du Folklore d'Asie Mineure*, paru dans la Collection de l'Institut français d'Athènes, 1948. © Collection particulière. p. 113.
Fig. 51 — Couverture du livre de Samuel Baud-Bovy, *Études sur la chanson cleftique*, 1958. © Collection particulière. p. 113.
Fig. 52 — Couverture du livre de Raymond Matton, *Corfou*, 1960. © Collection particulière. p. 114.
Fig. 53 — Couverture du livre de Lya et Raymond Matton, *Athènes*, 1963. © Collection particulière. p. 117.
Fig. 54 — Visite du Président Charles de Gaulle à l'Institut français d'Athènes. Discours du directeur Henri Ehret, mai 1963. On reconnaît Maurice Couve de Murville, alors ministre des Affaires étrangères, et à ses côtés, l'ambassadeur Guy de Girard de Charbonnières. © Institut français de Grèce. p. 121.
Fig. 55 — Visite du Général de Gaulle à l'Institut français d'Athènes. Sortie du bâtiment de l'Institut français d'Athènes, mai 1963. © Institut français de Grèce. p. 121.
Fig. 56 — Diplômes certifiés par l'Institut français d'Athènes, années 1990. © Institut français de Grèce. p. 151.
Fig. 57 — Couverture du catalogue de l'exposition N. Hajdikyriacos-Ghikas, 1984. © Collection particulière. p. 158.
Fig. 58 — Affiche de l'exposition Nikos Engonopoulos, 1987. © Institut français de Grèce. p. 159.
Fig. 59 — Affiche de l'exposition Henri Cartier-Bresson, 1985. © Institut français de Grèce. p. 160.
Fig. 60 — Couverture du catalogue de l'exposition Franck Kupka, 1987. © Collection particulière. p. 161.
Fig. 61 — Affiche de l'exposition Yannis Tsarouchis, 1990. © Institut français de Grèce. p. 162.
Fig. 62 — Affiche de l'exposition Yannis Gaïtis, 1990. © Institut français de Grèce. p. 163.
Fig. 63 — Affiche du 12e Festival du film francophone, 2011. © Institut français de Grèce. p. 180.
Fig. 64 — Affiche du premier Festival du film d'art d'Athènes, 1983. © Institut français de Grèce. p. 181.
Fig. 65 — Salle de lecture de la bibliothèque de l'Institut français d'Athènes, années 1960. © Institut français de Grèce. p. 183.
Fig. 66 — Affiche du Salon des études en France, 2012. © Institut français de Grèce. p. 190.

Table des matières

VII Préface

1 Introduction

GENÈSE (1907-1946)

5 Sous la tutelle de l'École française d'Athènes
5 Diffuser la langue française : une mission datant du XIXe siècle
7 Une annexe scolaire à l'usage des jeunes Grecs

13 Un développement rapide et régulier
13 Croissance des effectifs et diversification des cours
18 Un établissement modeste
20 Le corps enseignant : du temps des pionniers à la normalisation

24 Une institution assurant des fonctions multiples et diverses
24 Création du Cours spécial de préparation au professorat
27 Mise en place d'un programme de conférences

29 La longue voie vers l'autonomisation
29 De l'École Giffard à l'Institut (supérieur) d'études françaises
40 L'École et l'Institut après la guerre : une séparation consommée

EXPANSION (1946-1981)

44 Montée en puissance
44 Des cours massivement suivis : l'explosion des effectifs
50 Les 30 annexes de l'Institut
55 Un personnel enseignant nombreux et de haut niveau
61 L'agrandissement des locaux

70 Un centre moderne d'apprentissage du français
70 Un laboratoire pédagogique innovant
75 Réorganisation des cycles d'études, renouvellement des méthodes
77 Une œuvre éducative élargie
77 La collaboration avec la Sorbonne : des cours universitaires à distance
78 L'enseignement primaire et secondaire : la « petite école » de l'institut
80 Du Cours spécial au Bureau pédagogique
83 Former des traducteurs et des interprètes
84 L'action culturelle
84 L'organisation d'expositions et de conférences
102 Le public de l'Institut
103 L'IFA éditeur : la Collection de l'Institut français d'Athènes
119 Les visites présidentielles : de Charles de Gaulle à Valéry Giscard d'Estaing

Mutation (1982-2022)

123 Une institution en crise
123 Une fréquentation en baisse : la forte érosion des effectifs
126 La concurrence des *frondistiria* et des cours particuliers
129 La fermeture des annexes et la réduction du personnel
135 La restructuration de l'IFA
135 L'amorce d'un plan de reconversion
136 Sous la tutelle de l'ambassade et du ministère des Affaires étrangères
139 Un nouvel organigramme
140 La recomposition du personnel : des enseignants aux administrateurs
142 Le tournant des années 1990 et la fin du rôle de substitution
143 Réorganisation de l'œuvre éducative
143 À la recherche d'une nouvelle clientèle
145 Cours universitaires et collaboration avec les universités françaises
147 Certifier l'acquisition de connaissances en langue française
147 L'institut comme centre d'examen
149 La ruée vers les nouveaux diplômes DELF et DALF
153 *Frondistiria* : des concurrents devenus des partenaires
154 Les retombées financières

156 Le recentrage vers les activités culturelles
156 Faire de l'IFA une Maison de Culture franco-hellénique
166 Véhiculer une nouvelle image de la France
170 « La France des sciences » invitée à l'Institut
171 Cycles thématiques et débats
173 Nouvelles missions
173 Favoriser les études universitaires en France
174 Assurer la diffusion du livre et de l'écrit
175 Création du Centre de traduction littéraire
178 Promouvoir la production cinématographique française
183 Attirer des lecteurs : de la Bibliothèque de l'IFA à la Médiathèque Octave Merlier
185 L'IFA à l'aube du XXIe siècle
185 Le passage à l'ère numérique
186 À la recherche de partenariats
189 La coopération universitaire, scientifique et audiovisuelle
192 L'IFA comme foyer pour les Grecs francophones
193 Cibler les jeunes, promouvoir l'innovation

ANNEXES

197 Annexe I : Directeurs de l'Institut français d'Athènes
198 Annexe II : Évolution des effectifs, 1925-2001
198 Annexe III : Évolution de la fréquentation des annexes de l'IFA, 1949-2000
200 Annexe IV : Date de fermeture des annexes de l'IFA (1986-2012)
201 Annexe V : Candidats aux diplômes de langue française (Certificat, DES, Sorbonne I, II, III) 1977-1991
202 Annexe VI : Conférences et tables rondes 1946-2018
210 Annexe VII : Ouvrages publiés par l'Institut français d'Athènes
232 Annexe VIII : Diplômés du Cours spécial de l'Institut français d'Athènes 1951-1977

ARCHIVES ET BIBLIOGRAPHIE

235 Fonds d'archives dépouillés
236 Bibliographie

239 INDEX DES NOMS PROPRES

245 TABLE DES ILLUSTRATIONS

Achevé d'imprimer
en juin 2023
par l'imprimerie Sepec numérique
à Péronnas (France)

Dépôt légal : troisième trimestre 2023
Imprimé en France